LA VIE COMME UN GRAND HUIT

Titre original : *The Many Lives of Mama Love*

Première publication : Simon & Schuster, United States
1230 Avenue of the Americas
New York, NY 10020

Certains noms ont été modifiés pour préserver l'identité des personnes concernées.

ISBN : 978-99987-724-6-5

Retrouvez-nous sur arbrequimarche.fr
Contactez-nous via contact@arbrequimarche.fr
Suivez-nous sur @larbrequimarche_editions

LA VIE COMME UN GRAND HUIT

Même l'enfer a une porte de sortie

Lara Love Hardin

Traduit de l'anglais par Bertrand Guillot

Postface de Dominique Simonnot

L'arbre qui marche

Pour mes garçons – Dylan, Cody, Ty et Kaden.
Mon amour éternel

Chapitre 1

S'ÉCHAPPER

Ma toute première addiction, ça a été les livres. Quand je raconte ça aujourd'hui, les gens rigolent. Puis ils hochent la tête d'un air entendu, comme si eux aussi faisaient partie d'une société secrète d'accros à la lecture, dont le plus grand crime serait de rester éveillés tard, une lampe de poche allumée sous la couverture, à tourner compulsivement les pages d'un roman.

Ce qui m'étonne, c'est que personne ne me demande jamais quelle a pu être ma *deuxième* addiction. Parce qu'au fond, on se dit que quelqu'un qui adore lire ne peut pas devenir dépendant. Pas du style à voler sa propre famille, puis n'importe qui, se mettre hors la loi et faire imploser sa vie entière parce que rien ne compte plus que trouver sa dose. Aucune femme n'a jamais perdu son travail parce qu'elle lisait trop. Il n'y a pas de réunion des lecteurs anonymes. Et les prisons ne sont pas remplies de gens qui ont piqué dans la caisse pour acheter de nouveaux livres.

La vérité, c'est que je n'ai jamais eu qu'une seule addiction – la mère de toutes les addictions, peut-être : le besoin de m'échapper. D'aussi loin que je me souvienne, j'ai toujours pensé qu'il y avait mieux à trouver ailleurs. Une meilleure version de moi-même. Les livres m'ont aidée à fuir mon enfance.

Et je ne parle pas ici d'une consolation face à des angoisses existentielles précoces, non : avec les livres, je m'échappais. Littéralement.

Je ne parlerai pas longtemps de mon enfance. La plupart des souvenirs que je peux avoir de cette époque me viennent d'histoires qui m'ont été racontées bien plus tard. Des histoires de violences, de faim, et d'abandon.

Je me rappelle chacun de mes professeurs, pourtant, depuis la maternelle jusqu'au lycée. Je me souviens du premier mot de trois syllabes que j'ai lu à l'école : *policier*. J'étais si fière de moi ! En sixième, j'ai lu *Autant en emporte le vent* – deux fois. Plus de mille pages. Je ne comprenais ni Scarlett O'Hara ni les ressorts de la guerre civile, mais cela ne m'a pas empêchée d'en goûter chaque page, mot après mot. Ce que je savourais, c'était la fuite. Plus il y avait de pages, plus j'étais contente.

De mon adolescence, en dehors de l'école, ma mémoire n'a retenu que quelques images précises. Et seulement des moments de crise : mes frères qui enlèvent le chien de mon beau-père pour le noyer dans un étang. Une voiture de police qui ramène ma grande sœur après l'avoir arrêtée pour ivresse sur la voie publique. Ma tante Janice qui débarque de San Francisco, le visage boursouflé et tuméfié, méconnaissable. Et puis mes frères et ma sœur qui dansent autour du petit doigt de mon beau-père qu'ils viennent de trouver sur la pelouse tandis que ma mère l'emmène aux urgences. C'était un bête accident de tondeuse, et c'est le seul souvenir que j'aie d'eux avec une expression de joie. Je n'ai jamais su pourquoi ils détestaient tant mon beau-père. Ni pourquoi il est parti un jour pour ne plus jamais revenir.

Impossible de me rappeler un seul déjeuner familial, tous ensemble à la même table. Pas de souvenirs de vacances non plus. De la maison, rien ou presque, sinon un vague sentiment de malaise, et de peur. Deux de mes frères et sœurs sont décédés prématurément, le dernier n'a plus toute sa tête : il n'y a presque plus personne pour remplir les blancs de ma mémoire.

Il me reste cette seule image : moi seule dans ma chambre, avec un livre. Et croyez-moi, ça n'avait rien de la petite fille modèle qui lit sous les draps avec une lampe de poche.

Mon addiction aux livres, c'est celle d'une petite fille perdue du Massachusetts qui s'accroche aux pages comme à une bouée, qui relit les mêmes romans encore et encore parce qu'il n'y a jamais assez de pages pour combler le vide de sa vie. Lire, c'était devenir une autre pour quelques heures. J'ai été Harriet l'espionne, Nancy Drew, la Lucy de *Narnia*. J'ai été Scarlett O'Hara jurant qu'elle ne connaîtrait plus jamais la faim. J'ai vécu mille aventures, j'ai utilisé des superpouvoirs. J'ai aussi été cette jeune femme fougueuse qui prétendait ne jamais avoir besoin d'un homme – avant de chercher désespérément l'amant idéal dans toutes les romances qu'elle pouvait trouver. Et puis j'ai lu les grands auteurs : Alcott, Thoreau, Hawthorne, Emerson. Tolstoï et Dostoïevski aussi, mais je dois avouer que les personnages torturés des romans russes me parlaient moins que les héroïnes de romance. J'aimais les happy ends et les personnages aux motivations affirmées. Je lisais comme on regarde la vie des autres par le trou de la serrure. Dans les romans, même les personnages les plus tristes avaient leurs moments de joie et de rédemption, et je les enviais.

Peu à peu, de la lecture je suis passée à l'écriture. J'ai commencé par publier des nouvelles dans le journal du lycée, qui m'ont attiré un peu de cette attention à laquelle j'aspirais tant. Depuis des années, j'avais appris à m'intégrer un peu partout. Je jouais dans l'équipe de hockey sur gazon. Je pouvais être amie avec les élèves les plus cools, avec les premiers de la classe, avec les sportifs – et même avec les fumeurs de joints, même si je ne fumais pas avec eux. En caméléon, je naviguais entre les groupes. J'aimerais pouvoir dire que c'était un don, cultivé par ma curiosité envers les autres. C'était surtout ma réponse au trauma. Je voulais être aimée de chaque personne que je rencontrais. Me sentir en sécurité. Et si on pouvait avoir besoin de moi, c'était encore mieux. Après les cours, je rentrais avec une camarade, un nouvel ami ou un voisin, je faisais mes devoirs sur la table de leur cuisine et je restais dîner avec leur famille. Dans chaque maison, je pouvais prétendre être exactement celle qu'ils pensaient que j'étais. Tous les parents de l'école m'adoraient. Tous, sauf les miens.

J'ai été la première de ma famille à suivre des études supérieures. J'ai contracté un emprunt, et je me suis inscrite dans une fac à cinq mille kilomètres de là. En Californie, je me suis réinventée. J'ai goûté les joies de la résidence universitaire sur le campus de Santa Cruz, j'ai porté des t-shirts décolorés et j'ai appris à jouer au frisbee. J'ai accroché des tapisseries dans ma chambre d'étudiante, et j'ai couché avec le surveillant d'étage. Puis avec son meilleur ami. Longs cheveux blonds, écharpe de hippie au vent, personne n'aurait pu imaginer que j'avais grandi dans le Massachusetts. Pendant la semaine d'intégration, j'ai essayé les champignons hallucinogènes, la cocaïne et le LSD, que les étudiants se refilaient comme des bonbons. Il ne m'a pas fallu longtemps pour ranger au fond d'un placard la fille que j'étais avant. La Lara tourmentée appartenait au passé. Maintenant, j'étais une surfeuse californienne insouciante. *Peace and love.*

Je me suis spécialisée en *creative writing*, parce que cela me permettait de continuer de lire, d'écrire, et d'être une autre. J'ai pensé que je pourrais tenir à distance toutes les blessures de ma famille, et j'ai juré que ma vie ne ressemblerait jamais à la leur. L'éducation serait mon vaccin contre le destin. Longtemps, j'ai cru que si je restais une bonne fille avec de bonnes notes qui dit toujours ce qu'il faut, ma vie ne se transformerait jamais en tragédie à la Anna Karénine.

Mais on ne se tient pas comme ça à distance de soi-même. J'avais toujours viscéralement besoin de m'échapper, et le temps passant, les livres et l'écriture n'ont plus suffi. Je me suis tournée vers le sexe, la nourriture, l'argent quand j'en avais, et plus de sexe quand j'étais fauchée. Puis je suis passée aux opiacés. La vicodine, longtemps, quand j'arrivais encore à gérer. Puis l'héroïne. J'étais accro à tout ça, et à rien de tout ça en même temps.

Ma seule véritable addiction, c'était la fuite. Les livres n'étaient qu'une drogue douce – mon initiation. Le reste ? Le sexe a fait de moi une mère. La nourriture a arrondi mes formes. La vicodine m'a permis de prétendre que j'étais heureuse. Mais tout cela n'était rien comparé à l'héroïne. L'héroïne, elle, m'a donné tout ce que j'avais toujours voulu : la paix, le plaisir, la fuite.

Jusqu'au jour où elle ne m'a plus rien donné.

Mais ce jour-là, il était déjà trop tard. Les gens que j'aimais, les choses que je savais, ce que j'avais construit : tout ça était déjà loin.

Chapitre 2

VACANCES À L'HÔTEL

Quand vous vous apprêtez à braver la loi, la clé du succès est toujours la même : avoir l'air confiant.

La tête haute, j'entre dans le Seaside Inn Resort & Spa comme si je vivais là. Je ne me suis pas douchée depuis trois jours, mes cheveux sont attachés avec un chignon approximatif, mais en franchissant la porte à tambour, je mets mes lunettes de soleil et je m'efforce de ressembler à Miranda Priestly dans *Le diable s'habille en Prada*.

Je trébuche légèrement et me rattrape vite. Je n'ai presque rien mangé ces derniers jours, la faim me donne le vertige. Kaden est avec moi, sa petite main potelée accrochée à la mienne. Notre chien Chase est resté dans le SUV, sous la surveillance du voiturier. Je n'ai pas le moindre centime pour le payer quand nous partirons, mais je préfère ne pas y penser pour l'instant.

— Tu es content de venir passer des vacances ici ? je demande à Kaden. Tes frères adorent le Seaside Inn, ils vont nous rejoindre après l'école.

Kaden ajuste comme il peut son costume de Spider-Man enfilé à la hâte.

— Tu sais, ils ont même un jacuzzi !

Je fais de mon mieux pour paraître nonchalante. On nous a coupé l'électricité, impossible de rester à la maison avec les radiateurs éteints. Et puis les voisins m'ont vue ce matin quand j'ai accueilli le facteur et que j'ai pris leur courrier avec le mien. Je les ai vus sortir de chez eux en courant, j'ai prétendu ne pas avoir fait exprès, mais je sais qu'ils savent. Ça aussi, je préfère ne pas y penser.

J'ai passé la matinée sur mon ordinateur à acheter des bons d'achat Best Western avec une carte de crédit que j'ai volée il y a deux jours dans une voiture pendant une soirée d'anciens élèves. La fille avait je ne sais combien de cartes dans son portefeuille, je croise les doigts pour qu'elle ne se soit pas encore aperçue qu'il en manquait une.

Je n'ai pris qu'une seule carte – franchement, je me trouve vertueuse. Je m'en suis servie pour prépayer l'hôtel, prendre de l'essence et acheter à manger pour Kaden. Plus des snacks pour les garçons quand ils nous rejoindront. J'ai baissé la tête en payant, au cas où il y aurait des caméras de surveillance.

— C'est pour un *check-in* ? demande le réceptionniste.

— Tout à fait.

— C'est à quel nom ?

J'hésite une demi-seconde de trop, le jeune homme incline très légèrement sa tête vers la droite en me regardant. Il ne doit pas avoir plus de 25 ans. Il porte des lunettes à monture métallique – je parie qu'il les a choisies pour qu'elles lui donnent l'air plus âgé. Plus pro. Je connais ce jeu. Je respire un grand coup et lui offre mon plus grand sourire.

— Love, je réponds. Lara Love.

— J'aurai besoin d'une pièce d'identité, s'il vous plaît.

Je lâche la main de Kaden et cherche mon permis de conduire dans la poche de mon jogging. Je prends bien soin de ne pas sortir la carte volée avec.

Le réceptionniste commence à rentrer les informations sur son ordinateur. Je prends Kaden dans mes bras et le hisse pour l'asseoir sur le comptoir en marbre.

Devant nous, le jeune homme continue de taper sur son clavier. Il plisse les yeux quand il s'arrête pour regarder l'écran.

J'avais raison : les lunettes ne sont là que pour la frime. Allez savoir pourquoi, ça me réconforte un peu. Je me retourne vers Kaden.

— Tu verras, il y a un bassin avec des poissons rouges géants.

Le réceptionniste me sourit, je souris à mon tour.

— Je le sais parce que je me suis mariée ici. C'était il y a longtemps… Douze ans, exactement. Mon premier mari.

Il hoche la tête sans s'arrêter d'écrire. Je pense : *N'en dis pas trop*. Je ne dois rien laisser paraître de mon stress – c'est ça qui éveille les soupçons.

— … Je vois que ça a quand même pas mal changé ici !

Il faut que je me taise. Si on ne peut pas rester ici, je n'ai aucune idée de là où on pourrait aller. Entre les huissiers qui veulent saisir ma voiture et le voisin qui sait que je lui ai volé un chèque pour l'utiliser dans une épicerie, ça fait du monde à éviter. Et impossible de retourner chez nous, sans électricité ni nourriture. Tout ce que je veux, c'est pouvoir enfin me retrouver dans cette chambre d'hôtel. Là je pourrai souffler, et réfléchir à la suite. Comme si on était en vacances.

Le réceptionniste me tend mon permis.

— C'est tout bon. Je vois que la chambre est prépayée pour la semaine. J'aurai juste besoin de votre numéro de plaque pour le parking, et d'une carte de crédit pour la caution.

Je resserre mes mains autour de Kaden. *Merde !* J'avais complètement oublié qu'ils demandent toujours ça dans ce genre d'hôtels. Et je n'ai plus une seule carte valide. J'essaie de rester droite et de réfléchir à toute vitesse.

— Vous n'allez rien prendre sur la carte ? je finis par demander. Ma sœur doit me rejoindre ici et j'ai laissé mon sac dans sa voiture. Mais j'ai sa carte à elle avec moi – une longue histoire, je vous passe les détails, mais vous comprenez, ça me gênerait que sa carte soit débitée. Cette semaine, c'est moi qui régale ! Vous pensez qu'on peut changer la carte de crédit un peu plus tard ?

— Bien sûr. Là j'ai besoin d'une empreinte bancaire, mais s'il y a des suppléments à régler au moment du *check-out*, vous pourrez tout à fait payer avec une autre carte.

Ouf.

— Quelle sœur ? demande Kaden.

Je lui souris en grand et ignore la question. Ma sœur est morte il y a vingt ans, mais ce n'est pas le sujet pour l'instant. Tout ce qui compte, c'est de pouvoir accéder à cette chambre. Je sors la carte volée et la tends au jeune homme. Il la passe dans son lecteur sans même regarder le nom. J'ai inventé cette histoire de sœur pour rien.

— Nous n'avons pas grand monde avant les vacances, alors je vous ai installés dans une suite, m'annonce-t-il.

Je ne sais même pas de quelles vacances il parle. Sans doute Thanksgiving, puisqu'on vient juste de passer Halloween.

— C'est gentil, merci ! Ma sœur va adorer cet endroit. Elle vient de la côte Est.

Il faut vraiment que j'arrête de parler.

— Ah, et je dois vous dire aussi que nous faisons bureau de vote pour l'élection présidentielle : il va y avoir pas mal d'activité dans le grand salon pendant les prochains jours. Mais votre chambre est assez loin, ça ira.

— Super ! dis-je. J'adore voter.

Il me regarde en cillant un peu trop, et sans la moindre nécessité, j'ajoute en prenant Kaden à témoin :

— Mon fils et moi, on adore Obama.

Kaden n'a pas de commentaire politique à ajouter. Après ce bref moment de gêne, le jeune réceptionniste me tend une enveloppe sur laquelle il écrit le numéro de notre chambre.

— Deux clés, ça vous suffira ?

— Bien sûr.

— Vous serez ici, ajoute-t-il en dessinant une croix sur un plan de l'hôtel. Vous pouvez prendre votre voiture et contourner ce bâtiment, là, sur la droite. Il y a un parking juste derrière votre chambre. Le room service est jusqu'à 22 heures, et le jacuzzi est juste à côté, ce sera parfait pour Spider-Man. Et le bassin des poissons est là – mais vous le savez déjà...

J'étudie la courbe qu'il vient de tracer sur le plan comme s'il s'agissait d'un problème d'algèbre sur lequel je vais être notée.

— C'est parfait, dis-je. Et merci encore pour le surclassement... On est partis, Kaden ?

— Je veux une petite sœur, chouine mon fils.

— Tu ne trouves pas que trois grands frères, c'est déjà assez ?

Je ris un peu exagérément et lance au clerc un regard complice avant de me rappeler que j'ai gardé mes lunettes de soleil. *Ressaisis-toi, ma grande.*

Quelques instants plus tard, je retrouve le voiturier et son regard pressant.

— Je suis désolée, dis-je, je n'ai absolument pas de cash sur moi. Mais j'arrangerai ça avant le dîner, promis.

— Pas de problème, madame.

C'est pourtant bien un problème. Un parmi tant d'autres.

Notre suite est au rez-de-chaussée et donne sur un jardin. Les lampes ont la forme de coquillages. Au mur, des peintures abstraites figurent ce qui ressemble à des vagues sur l'océan. Mais le Seaside Inn porte un nom trompeur : la première plage publique est à plus de vingt minutes à pied – avec une autoroute à traverser. Qu'importe ! La suite est spacieuse, avec une chambre à deux lits et un grand salon avec un canapé convertible. Une porte-fenêtre donne sur l'arrière où j'ai garé la voiture : pratique pour faire entrer Chase et défaire les sacs avec les jouets, les snacks et la pâtée pour chien. Je range sommairement les affaires, puis j'accroche le panneau « Ne pas déranger » à la porte, ferme à double tour et tire les rideaux devant la porte vitrée. Alors seulement je me laisse tomber sur le lit et inspire profondément. Il reste à régler cette histoire de carte de crédit, et le voiturier à payer, mais pour le moment nous voilà à l'abri. En sécurité. Pendant quelques heures, je pourrai faire comme si tout ce qui se passe hors de cette chambre était loin, très loin de moi.

Dire qu'il n'y a pas si longtemps, j'aurais pu m'offrir de vraies vacances ici, avec ma propre carte et du cash plein les poches pour les pourboires. Mais cette dernière année, tout s'est effondré.

J'allume la télévision, je donne une compote à Kaden et tandis qu'il regarde *1, rue Sésame*, j'attrape mon sac à main et m'enferme dans la salle de bains.

Il reste un bout de papier d'aluminium dans mon sac. Je le déplie avec précaution pour en inspecter la surface. Là où le papier a été brûlé, il reste quelques infimes fragments de pâte d'héroïne. Presque rien, en vrai, mais ça vaut le coup d'essayer. J'attrape mon briquet et mon tube, je passe la flamme sous le papier d'alu en priant pour qu'à la surface les résidus d'héroïne forment de la fumée. Il me suffirait d'un tout petit peu, juste de quoi attendre que DJ débarque ici avec ce qu'il faut.

Je lui ai dit que je m'occuperais de trouver un toit s'il s'occupait de la came. Ce matin, j'arrivais encore à plaisanter : « Va chercher notre subsistance pendant que je nous trouve un abri, ô mon mari », lui ai-je dit. Quelques heures plus tard, dans cette salle de bains, je ne trouve plus ça si drôle. Et ces fichus résidus qui restent désespérément secs.

J'ouvre la porte pour jeter un œil sur Kaden.

— Tout va bien, poussin ?

Il me sourit avec les yeux brillants, ses petites dents couvertes de fruits rouges, et pointe Toccata sur l'écran.

— Je sais, dis-je, moi aussi je l'adore. Je reste dans la salle de bains un moment mais je ressors bientôt, OK ?

Il s'est déjà retourné vers la télévision quand je ferme la porte et m'installe par terre. Je renverse le contenu de mon sac à main sur le carrelage en marbre, et mets de côté tous les objets : ma brosse à cheveux (qui n'a pas servi depuis un moment), mon porte-monnaie (vide), une boîte de pilules (vide aussi), des tickets de caisse de l'épicerie… Il ne me reste qu'à faire le tri, entre la poussière et ces petits débris de fond de sac, pour trouver quelques minuscules boulettes brunes. Je les recueille du bout d'un doigt, une par une, et les émiette sur l'aluminium. Puis je place le tout à l'extrémité de la feuille, et allume le briquet jusqu'à ébullition du produit. Cette fois, une mince vapeur s'échappe de la feuille. J'inhale rapidement avec le tube et retiens ma respiration aussi longtemps que possible. Impossible de savoir si je suis en train de fumer de l'héroïne, des miettes de vieux gâteau ou des peluches de vêtement, mais peu importe, je sens déjà l'angoisse refluer dans ma poitrine.

Quand j'expire enfin, pour un court instant d'extase, tous mes soucis semblent s'être évaporés.

***

Personne ne se voit jamais comme le méchant de l'histoire. À chaque fois que je me racontais mes propres aventures, je tenais le rôle de la gentille, de l'héroïne au grand cœur. *Tout ce que j'ai fait, je l'ai fait pour mes enfants.* Dans mon esprit, mes crimes ne faisaient jamais de victime – ou alors, ce n'étaient que des entités abstraites, banques ou compagnies d'assurances, si grandes qu'elles n'existaient pas vraiment. Impossible pour moi, par exemple, de penser à la femme dont j'ai utilisé la carte au Seaside Inn, parce que je la connaissais. Une mère de famille pétillante, un peu hippie, dont les cinq enfants allaient tous à l'école Montessori. Nous n'étions pas proches : on se saluait à la sortie de l'école ou aux goûters d'anniversaire, voilà tout. Je ne connaissais pas son histoire, je ne savais même pas si elle avait un boulot ou si elle était seulement mère au foyer, je ne savais rien de ses envies ou de ses peurs. Dans l'histoire que je me racontais, elle était forcément riche, insensible à la douleur, sans peine de cœur ni combat à mener. Une mère parfaite avec une vie parfaite, élevant parfaitement sa progéniture dans une maison splendide aux côtés de l'homme idéal. Elle était certainement inscrite au Pilates, elle faisait ses propres yaourts et tenait des conversations profondes avec ses amies proches.

Je ne la détestais pas, non. J'aurais seulement voulu être elle.

***

Il est déjà 9 heures et Kaden est couché depuis longtemps quand DJ se pointe enfin à l'hôtel.

— Pas mal, cet endroit, dit-il.

— Tu en as ?

DJ me lance un regard fanfaron.

— Qui est-ce qui s'occupe de toi, bébé ?

— Toi ? je réponds faiblement.

— Bien sûr. J'ai vendu quelques trucs de la maison et j'ai refait les niveaux.

Ses pupilles en tête d'épingle me disent qu'il a déjà consommé avant de venir ici. Je suis jalouse. Je ne lui demande pas ce qu'il a vendu, je n'ai aucune envie de le savoir, je veux juste pouvoir fumer. J'espère seulement qu'il n'a pas touché aux chambres des enfants.

De son premier mariage, DJ a un fils et une fille. J'ai eu trois garçons avec Bryan. Puis est venu Kaden, notre enfant à tous les deux, le point central de notre petite coopérative familiale. Entre gardes partagées et coparentalité avec nos ex respectifs, nous avons toujours été assez fiers de cette famille composite où les parents ne sont pas « beaux » et où frères et sœurs ne le sont jamais à moitié.

Six enfants, de 3 à 17 ans, sous ma responsabilité.

Je ne parle pas non plus à DJ de la carte de crédit volée, car il vient de poser sur la table une pâte de goudron noir de la taille d'une balle de golf.

— Waouh, dis-je. Tu as vendu ta voiture ?

Il secoue la tête, se contente de gratter l'héroïne et de m'en tendre un peu avec une feuille d'aluminium neuve. Je file vérifier dans la chambre que Kaden est bien endormi, et je tire doucement la cloison entre les deux pièces.

— Les garçons sont venus après l'école ? demande DJ.

— Non. Cody avait basket, Dylan était avec des amis et Ty m'a dit qu'il avait des devoirs à faire.

— Mouais. Tu veux dire que Bryan et Darcy n'ont pas voulu les libérer ?

— Non, je te dis. Ils avaient des trucs d'ados à faire. Et puis ils ont école demain.

J'ai du mal à me convaincre moi-même, mais je préfère imaginer mes enfants trop occupés plutôt que de voir la vérité en face : ma vie est un tel chaos en ce moment qu'ils préfèrent rester chez leur père.

— C'est la même chose avec Hailey et Logan, non ? dis-je.

— Pas pareil, répond DJ en me soufflant sa fumée au visage. Ils sont chez leur mère cette semaine. Alors que les garçons étaient supposés être avec toi.

Ce n'est pas le moment d'entamer un débat sur la garde d'enfants. D'autant que je n'ai pas dit à DJ que Bryan m'avait grillée. Les garçons lui ont raconté que je les emmenais souvent à l'école en retard, et que je ne leur faisais à dîner que tard le soir – quand je ne sautais pas tout simplement le repas. Il a décidé de les garder avec lui pendant quelques semaines, je n'ai pas pu m'y opposer. « Règle tes affaires », m'a-t-il demandé. Ce qui, je le sais, est sa façon de me dire : « Reprends-toi en main parce que je sais qu'il y a un truc qui ne va pas, et je n'ai pas vraiment envie de savoir quoi. » J'aurais préféré qu'il me demande comment j'allais – même si, évidemment, je ne lui aurais rien dit.

Je me sens soudain en colère contre DJ. J'aurais bien envie de lui jeter quelque chose à la tête, mais je ne veux pas réveiller Kaden.

— Tu sais, finis-je par dire, c'est ici qu'on s'est mariés, avec Bryan.

Ce n'est pas comme une lampe dans la figure, mais je sais que ça va le piquer.

— Super. Et cette chambre, c'était celle de votre lune de miel ?

— Peut-être bien.

C'est faux, bien sûr. Nous avions réservé une suite au dernier étage, dans un autre bâtiment. Nos amis avaient couvert notre lit de pétales de rose, mais nous étions si fatigués en entrant dans la chambre nuptiale que nous les avions balayés du revers de la main pour nous coucher. Dylan avait 1 an, j'étais déjà enceinte de Cody, et je n'étais pas en état de faire la moindre folie pour ma nuit de noces – à moins que cela n'inclue un massage des pieds, ou encore plus de gâteau. Mais c'est bien la dernière chose que j'ai envie de raconter à mon deuxième mari.

Après avoir fini de fumer, DJ s'affale sur le canapé et se met à ronfler. Je me lève pour vérifier que tout est bien fermé, et j'écarte les persiennes de la baie vitrée pour vérifier que la voiture est encore là. Les opiacés ne m'assomment pas, au contraire : ils m'ont toujours donné un surcroît d'énergie. Avec eux, je me sens forte, compétente. Normale.

Je sors la carte de crédit de ma poche, et pour la première fois je regarde le nom. J'envoie secrètement toutes mes excuses à Carol Clark, où qu'elle soit. Puis j'appelle Bryan.

— Hé. Désolée d'appeler si tard.

— Pas de souci. Quoi de neuf ?

— On s'est offert un séjour au Seaside Inn. Un petit break avant la frénésie des vacances scolaires, quoi.

Bryan ne répond rien.

— Tu crois que les garçons pourraient venir nous rejoindre demain après l'école pour nager un peu et manger avec nous ? La piscine est chauffée, et il y a un jacuzzi. Je les ramènerai chez toi juste après le dîner.

Le silence, toujours.

— S'il te plaît. Ils me manquent tellement. Je sais que c'était un peu n'importe quoi ces derniers temps, mais maintenant tout va bien, vraiment.

— Tu es sûre ?

— Je te promets. Tout est OK.

Mon regard se pose sur le papier d'alu et l'héroïne à moitié fondue. Je me rappelle ce jour, quand nous étions encore mariés, où j'avais confié à Bryan que j'avais un problème avec la Vicodine.

— J'ai pris trois pilules par jour cette semaine, et ça me fait tellement de bien que ça me fait un peu peur, lui avais-je dit. Je crois que j'ai un problème, je devrais peut-être me faire aider. Tu veux bien les jeter pour moi ? Moi, je n'y arrive pas.

Il avait haussé les épaules, et s'était contenté de les cacher tout en haut de l'armoire à linge.

— Y a rien de grave, avait-il assuré, tout le monde en prend.

Un peu plus tard dans la semaine, après avoir attendu toute la soirée qu'il rentre à la maison, j'avais fini par grimper sur un tabouret pour récupérer le flacon. Cinq ans après cet épisode, nous étions divorcés. Et de trois pilules par jour, j'étais passée à soixante.

Un œil sur DJ qui ronfle toujours sur le canapé, je finis par dire à Bryan :

— Y a rien de grave. Tout le monde traverse une période compliquée de temps en temps.

Il ne saisit pas l'allusion.

***

C'est la sonnerie du téléphone de la chambre qui me réveille, insupportablement stridente. DJ n'est plus dans le lit où j'ai fini par m'endormir à côté de Kaden. Et je laisse échapper le combiné quand je finis par décrocher.

— Allô ? dis-je. J'ai la voix cassée. Je suis complètement déshydratée et j'ai mal à la tête.

— Madame Love ?

— Oui ?

— Nous avons un problème avec votre carte de crédit, dit une voix féminine. Il faudrait que vous veniez à la réception.

Sa voix est sèche et cassante.

— C'est la carte de ma sœur, dis-je.

— Elle a été déclarée volée. Donc il faudrait que nous puissions parler à votre sœur.

— Elle est en train de dormir, là.

— Eh bien, il faudrait que vous veniez toutes les deux nous voir, immédiatement.

Je jette un regard affolé sur la pièce autour de moi.

— OK, dis-je, donnez-moi quelques minutes et je suis sûre qu'on va régler cette histoire. Il doit y avoir une erreur avec la banque. Je vous donnerai une autre carte, et ma sœur pourra appeler la banque devant vous, si vous voulez.

— Ce serait bien, oui.

La voix s'est radoucie.

— Je suis là, je vous attends.

— Un quart d'heure max et j'arrive, dis-je. Mon bébé dort aussi, je dois le réveiller.

— Oh ! Je suis désolée. Bien sûr…

— Pas de souci, ce n'est pas de votre faute. On sera là aussi vite que possible. Dire qu'on était censées être en vacances !

J'ajoute un petit rire que j'espère pas trop faux, et je raccroche.

Je me précipite dans le salon : DJ n'est pas là non plus. Un coup d'œil par la fenêtre de derrière : sa voiture a disparu. Je l'appelle sur son portable, mais il ne répond pas.

Que faire ? Un rapide tour dans la salle de bains et je m'asperge le visage d'eau froide. Mes yeux sont injectés de sang, et je suis blanche comme un linge. Je me pince les joues pour leur redonner un peu de couleur, et j'enfile prestement mon jogging et mon t-shirt. J'ouvre la porte vitrée pour laisser le chien faire ses besoins, puis je le cale dans le SUV. Je baisse la vitre côté passager, je fonce vers la suite, j'attrape tout ce que je peux et je balance tout dans la voiture, directement par la fenêtre. Je fais ainsi quelques voyages : sur le siège passager et au sol s'empilent en vrac les jeux de Kaden, ses livres, ses compotes et nos vêtements. Je balance des tote-bags vides par-dessus tout ça, et retourne à l'intérieur. DJ a dû prendre toute l'héroïne parce que je ne vois rien d'autre qu'une feuille d'aluminium usagée, mon tube et mon briquet. Je les fourre dans mon sac à main. Kaden dort encore, les joues roses, bras tendus au-dessus de la tête. Je le soulève doucement et l'installe à l'arrière du SUV, dans son siège bébé. Il se réveille au moment où je boucle la ceinture.

— On va au jacuzzi ? On va voir les poissons ?

— Bientôt, dis-je. On va jouer un peu au parc d'abord.

Je referme la porte arrière, et je m'installe au volant. Pas le temps de me demander où est DJ. J'enclenche la marche arrière, et je démarre. En chemin, je croise un homme et une femme, habits et regards noirs, qui se dirigent vers notre chambre. La sécurité de l'hôtel, sans doute. Ils tournent la tête pour me voir quand je passe devant eux.

— Je veux pas aller au parc, je veux voir les poissons !

Kaden commence à chouiner dans son siège, je sais qu'un gros caprice se prépare.

— Poissons !! crie-t-il avec toute la puissance de ses 3 ans en frappant des pieds contre le dos du siège passager.

Je finis par rejoindre l'autoroute mais je ne sais où aller. Kaden pleure encore plus fort, et j'aimerais pouvoir pleurer avec lui. Nous sommes fatigués, affamés, et nous avons tous les deux bien besoin de réconfort. Je finis par prendre la sortie qui mène à la maison, mais au lieu de rentrer chez nous, je prends la direction de Willowbrook Park. C'est le parc que Kaden préfère, j'espère qu'un tour de balançoire pourra le distraire un peu.

Il faut que je l'emmène voir des poissons. Il faut que je trouve DJ. Il faut que j'appelle Bryan pour le prévenir qu'il y a eu un changement de plan. Il y a tant de choses que je dois faire et je n'arrive pas à penser correctement, il faut surtout que je trouve de l'héroïne parce que je commence déjà à me sentir mal, avec la nausée qui monte. Toutes les mères du voisinage emmènent leurs gamins à Willowbrook Park : il n'est pas question que je croise quelqu'un que je connais maintenant. Pas dans cet état.

Je me gare aux abords du parc en laissant le moteur tourner. Kaden se calme enfin en voyant d'autres enfants jouer, et c'est moi qui sursaute quand mon téléphone se met à sonner. Heureusement, c'est DJ.

— Tu es où ? je demande sans même dire bonjour.

— Fallait que j'aille récupérer des trucs dans la maison.

— Le courant est toujours coupé ?

— Il ne va pas revenir comme par magie…

— J'ai dû dégager de l'hôtel, je dis à voix basse. On est à Willowbrook. Ils se sont rendu compte que j'avais utilisé une carte volée, j'ai filé par l'arrière, et maintenant, j'ai besoin de… Tu vois… C'est toi qui as tout pris ?

— Ouais, désolé. Je suis pas loin, là, j'arrive.

Kaden est intrigué de m'avoir entendue murmurer. Pour le rassurer, je lui adresse un grand sourire dans le rétroviseur.

— Tu veux qu'on aille aux balançoires ? On va se faire un pique-nique.

Je n'ai que des chips, des compotes et des briques de jus de fruits, il faudra bien qu'il s'en contente. J'essaie de caler les vêtements et les jouets sur le plancher, histoire que personne n'ait l'impression que je suis bordélique ou SDF.

Ma vie est un tel bordel. Et je suis vraiment sans abri.

Quelques minutes plus tard, DJ gare son pick-up à côté de nous. Il a l'air guilleret. Il délivre Kaden de son siège bébé tout en me refilant discrètement le sachet d'héroïne.

— Tu peux régler ton affaire pendant qu'on va jouer, me glisse-t-il.

Qu'ont donc les hommes à tous me demander de *régler mes affaires* ?

Je m'installe sur le siège arrière et suspends des serviettes aux fenêtres pour que personne ne me voie fumer. Le chien commence à gémir, il va falloir le promener. Mais d'abord, je dois me remettre le cerveau à l'endroit, et trouver un plan. Remettre l'électricité en marche à la maison. Appeler Bryan pour qu'il n'amène pas les enfants à l'hôtel. Retrouver la paix. J'aimerais que tout redevienne comme c'était l'an dernier, quand j'étais encore clean, quand j'étais encore à la tête d'une petite affaire qui tournait bien – un cimetière pour animaux domestiques. Quand je n'avais pas besoin de voler, de mentir et de jouer au chat et à la souris avec des agents de sécurité.

Après ma cinquième bouffée, je trouve la solution. Je vais déclarer qu'on m'a dérobé mon porte-monnaie. Cela expliquera que mon permis de conduire ait été utilisé avec une carte volée. L'idée me semble ingénieuse, et aussitôt je me détends. J'appellerai aussi la compagnie d'électricité pour leur dire que je viens d'emménager comme locataire dans cette maison et que j'aurais besoin d'être raccordée immédiatement. Comme ça, je n'aurai rien à payer avant un mois. Je n'en reviens pas de ne pas y avoir pensé plus tôt.

Euphorique, je décroche les serviettes et regarde dehors. Quelle beauté ! Le ciel est bleu, l'herbe est verte et les enfants jouent en riant. Je dirai à Bryan de déposer les garçons à la maison après l'école. Il faudra que je passe faire des courses avant qu'ils n'arrivent, bien sûr – mais quand je vois toutes ces couvertures posées sur l'herbe grasse, et tous ces sacs et portefeuilles laissés sans surveillance tandis que les parents poursuivent leurs enfants à travers le parc, je sais que je pourrai facilement trouver de quoi payer.

À cet instant, tout me semble possible. Je n'ai aucune envie de dormir à l'hôtel, je veux rentrer chez moi, à la maison, avec une grande salle de jeux pour Kaden, là où les enfants ont leur chambre et toutes leurs habitudes, là où Chase a de la place pour courir, là aussi où j'ai mon lit, chaud et confortable.

Kaden et moi ferons des cookies, nous commencerons à nous préparer pour Thanksgiving en fabriquant des dindes en papier cartonné. Je le vois déjà tirant la langue en s'appliquant pour découper le long des pointillés. On les collera ensemble, on fera des coloriages, on regardera *Mulan*, puis je préparerai du popcorn, salé et sucré, et enfin nous prendrons un bain tous les deux pour être tout propres. Ce sera joyeux, ce sera doux, ce sera bien.

Quand les garçons nous rejoindront, je parlerai d'orientation avec Dylan et de basket avec Cody, Ty me racontera les derniers livres qu'il a lus et les mondes merveilleux dans lesquels il aime passer des heures.

À cet instant, oui, je sais que tout va s'arranger. Je vais réparer tout ce que j'ai détruit.

Je veux juste rentrer chez moi.

Chapitre 3

DANS L'IMPASSE

Un million de poings semblent s'acharner sur la porte d'entrée.

— Vite, cache ça ! me souffle DJ.

Il fourre dans mes mains une feuille d'aluminium et un petit sac de congélation rempli de poudre blanche et se précipite hors de la chambre. Est-ce de la cocaïne ou de la meth dans ce sac ? Aucune idée, je n'ai jamais demandé. Je cherche dans la chambre et me rends compte qu'il nous manque une cachette secrète où planquer la drogue en cas de descente de police. Ce n'est pas un squat ni un repaire de drogués, ici : c'est une jolie maison à deux étages au fond d'une impasse cossue, dans la paisible petite ville d'Aptos, Californie.

Je reste figée, la feuille d'aluminium épais en équilibre précaire dans ma main comme un maître d'hôtel tenant à bout de bras un plateau d'argent. J'entends des voix graves au rez-de-chaussée, et je pense : *Kaden est en bas*. L'électricité ayant été rétablie, je l'avais installé dans le salon devant sa série préférée, *Wonder Choux!* avec toutes ses peluches en cercle autour de lui. On chante souvent ensemble la chanson du générique – elle parle d'animaux qui se mettent tous ensemble pour sauver un bébé pingouin coincé sur un iceberg. C'est cucul, mais c'est tout de même moins pire que ce qui passait à la télévision quand les trois grands avaient son âge.

J'aurais bien besoin que les *Wonder Choux!* me viennent en aide, là tout de suite, parce que le danger se rapproche. Je ne peux pas dire que je sois surprise que la police se pointe à la maison. Je ne peux pas dire non plus que j'y suis préparée.

Je cache la feuille d'alu au fond du tiroir à chaussettes de DJ. Dans la salle de bains, je glisse le sac de poudre derrière les réserves de dentifrice, de fil dentaire et de gouttes pour les yeux. Ces drogues ont fait leur trou chez nous comme des invités importuns : j'aurais dû les refouler, mais je les ai laissées entrer et elles se sont installées. Maintenant elles prennent toute la place, et il est trop tard.

DJ m'appelle depuis le rez-de-chaussée. Je sors de la chambre, et me dirige vers l'escalier. À ma gauche, la chambre de Kaden, mon bébé aux boucles blondes si mignonnes, lui qui aime les chiens et les coloriages, et ne peut jamais s'endormir si je ne lui caresse pas lentement le bras du bout des doigts. En face se trouve la chambre que partagent Ty et Cody. Sur la droite, celle de Hailey et Logan, les enfants de DJ. La chambre de Dylan est en bas.

Une vraie petite équipe que nous formons. Mon ex-mari et sa nouvelle femme. Moi et mon deuxième mari. L'ex de DJ et son compagnon. Trois couples, six enfants. DJ et moi aimons dire que nous sommes une famille élargie et progressiste, que nous faisons toujours passer les besoins des enfants avant les nôtres. Mais j'aurais du mal à m'en vanter aujourd'hui, alors que je viens de cacher de la drogue dans la chambre conjugale. La vérité, c'est que je les ai laissés tomber.

J'ai essayé, pourtant, d'être la mère que je n'avais jamais eue. J'ai tâché d'être là, de leur montrer que je les aimais. J'ai acheté la maison, le SUV, j'accompagne quand je peux les activités scolaires et je ne me dispute presque jamais avec les arbitres aux matchs de basket-ball. J'en ai tellement fait pour tenter d'être une mère parfaite. Mais qu'il est difficile pour une mère parfaite d'admettre qu'elle a du mal à assurer.

Les mères parfaites ne se droguent pas.

Et les mères parfaites ne se font pas arrêter par la police.

***

Je marque une pause en haut de l'escalier. Deux policiers en uniforme me regardent fixement.

Alors, comme Scarlett O'Hara pour son premier bal, je descends lentement, marche après marche. Mais je ne suis plus une débutante, et aucun de ces hommes n'a l'allure de Rhett Butler.

L'année écoulée me revient en un flash, et je comprends que tout ce que j'ai fait ces derniers mois m'a conduite précisément à ce moment. Je ne peux pas dire que je ne l'ai pas vu venir. J'ai même pensé plusieurs fois à ce que je ferais quand ils viendraient. Je me voyais passer par une fenêtre de derrière pour descendre une échelle avec Kaden dans les bras avant de m'échapper à travers les bois. Mais je n'ai jamais installé cette fameuse échelle. Peut-être n'avais-je pas vraiment envie de m'échapper, pour une fois. Ou alors je savais déjà que je n'aurais nulle part où aller.

Cette personne qui descend l'escalier, ce n'est pas vraiment moi, me dis-je. Je ne suis pas du genre à voler, à mentir, à repousser les autres, à tromper son mari, à négliger ses enfants et à se défoncer aux opiacés. Mais j'ai bien fait tout ça, oui. Je suis si fatiguée. Je ne mange plus, je ne bois presque pas d'eau, ces derniers jours je n'ai vécu que de beurre de cacahuète, de soda et de vapeur d'héroïne. Je flotte dans mes vêtements. C'est bête, me dis-je : j'avais enfin trouvé le régime idéal pour maigrir, mais avec ce mode de vie, plus personne n'est là pour admirer votre nouvelle ligne. Sans compter que la drogue vous donne le teint gris. Des pieds jusqu'à la nuque, j'ai un corps de rêve. Mais de visage, je suis plus proche de 80 ans que de 40. Il y a quelques mois, une amie qui s'inquiétait m'a demandé comment j'avais pu perdre autant de poids. Je lui ai répondu que j'avais trouvé une méthode miracle et que le secret était de se visualiser comme une femme mince. À l'époque, j'avais trouvé ma réponse plutôt brillante – voilà bien un autre effet de l'addiction : vous croire plus intelligent que vous ne l'êtes. Je lui ai promis que tout allait bien, et il m'a semblé qu'elle m'avait crue.

Il y a si longtemps maintenant que je prétends que tout est OK que je ne sais même plus ce que *OK* veut dire.

Tous les soirs depuis des mois, je me couche en me promettant de tout arranger le lendemain. Demain, je vais quitter DJ. Demain je serai sobre. Et je cesserai de me contorsionner pour tenter d'être cette femme parfaite de banlieue chic que je croyais vouloir devenir. *Demain*, j'affronterai tous les problèmes : l'argent qui a disparu, les trimestres impayés pour l'école des enfants, les retards à la banque, les huissiers qui veulent ma voiture, mon entreprise qui chancelle. Sauf qu'hier j'ai dû voler pour acheter des provisions, de l'essence – et la drogue qui m'a permis de tenir la journée pour que je puisse enfin tout régler demain.

Lavez, rincez. Recommencez.

En descendant cet escalier, je prends conscience de ce qui m'attend en bas. Je vois les menottes qu'agite un des policiers, j'entends le générique de *Wonder Choux!* un peu plus fort à chaque marche. Je comprends soudain que mon stock de lendemain est épuisé. Et une partie de moi est soulagée. Mais quand, arrivée en bas, mon regard croise celui de Kaden qui s'était détourné de l'écran, je vois bien qu'il est inquiet. Il sait que ce qui se passe n'est pas normal.

— Tournez-vous, commande le policier en tirant sans ménagement sur mon bras pour le placer dans mon dos.

En entendant cette grosse voix, Kaden s'est levé au milieu de ses peluches.

— Tout est OK, dis-je tandis que les menottes se referment. Regarde ton dessin animé, je te promets que tout ira bien.

Ma voix se brise sur ce dernier mensonge. Je lui souris aussi largement que je peux. L'adjoint du shérif me pousse vers la salle de séjour. La lèvre de Kaden se met à trembler.

— S'il te plaît, je supplie, regarde ta série, c'est tout.

Un grand « Non ! » m'échappe quand il s'apprête à faire un pas vers moi. J'ai crié un peu trop fort, mais la chanson des *Wonder Choux!* annonce un nouvel épisode, et il finit par se rasseoir.

L'autre policier monte à l'étage, et DJ me suit dans la salle de séjour. Ils ne lui ont pas passé les menottes. Nous nous asseyons côte à côte, et je le vois discrètement tirer un sachet de sa poche pour le fourrer dans le creux du canapé, où il s'en va rejoindre les pièces jaunes, emballages, crayons et autres billes.

— À votre avis, que va trouver mon collègue là-haut ? demande l'adjoint du shérif.

Je pense à la drogue que j'ai si mal cachée. Je pense aux courriers des voisins et aux cartes de crédit que j'ai laissés traîner dans un tiroir de ma penderie. Mais je ne réponds rien, et DJ non plus : nous avons vu tous les épisodes de *NYPD Police Judiciaire*. Je me contente de fixer le mur d'accent, face à moi. Quand nous avons emménagé dans cette maison, avec l'apport bancaire de ma belle-mère, j'ai laissé les enfants choisir la couleur des murs de leur chambre. Pour la pièce familiale, j'avais opté pour une peinture couleur crème, sauf pour ce mur-là, en gris silex pour donner de la profondeur. J'étais fière de faire partie de celles qui avaient un mur d'accent dans leur salon. Certes, la maison n'était pas à mon nom, mais je ne m'étais jamais sentie si proche d'être propriétaire, d'avoir ma maison à moi. Ce mur d'accent me disait chaque jour que j'étais une adulte, une vraie, qui se prenait en main. Mais il mentait.

L'adjoint nous jette des coups d'œil réguliers tout en étudiant nos papiers étalés sur la table basse. Des avis d'impayés, des autorisations d'absence pour les enfants, des cartes du dentiste pour rappeler qu'il est temps de revenir pour un détartrage. Soudain, un cri à l'étage : je sais que l'autre policier vient de trouver la drogue.

L'instant d'après, ils sont encore plus nombreux dans la maison. Il y a du mouvement autour de la porte d'entrée, DJ est menotté à son tour et un officier est en train de nous lire nos droits.

Les menottes me font mal et je peine à garder la tête froide dans tout ce chaos. Je me souviens qu'au collège, j'avais été très impressionnée en lisant un article sur la combustion spontanée. Comment des gens pouvaient vivre leur vie de tous les jours sans se douter de rien, et soudain n'être plus qu'un petit tas de cendres sur le sol. Être là, puis plus là : à 13 ans, cette histoire m'avait obsédée. Les problèmes, les angoisses, les devoirs de maths : tout pouvait disparaître en un instant. La combustion spontanée ne me faisait pas peur. Toute mon adolescence, j'y avais surtout vu un espoir.

***

J'entends des voix d'hommes dans le salon, et je tente maladroitement de me relever sans l'aide de mes bras.

— Mon fils…, dis-je.

L'officier continue sans ciller.

— … Vous comprenez les droits que je viens de vous expliquer ?

DJ acquiesce.

— Pourquoi vous ne nous dites pas tout de suite ce que nous allons trouver ? On gagnera du temps, et ça jouera en votre faveur par la suite. Dites-moi.

DJ fait non de la tête, et je ne sais trop que faire. J'aimerais savoir ce qu'il entend par *jouer en votre faveur*.

— Est-ce que nous sommes en état d'arrestation ? je demande. Est-ce que je pourrais appeler quelqu'un pour venir s'occuper de mon fils, s'il vous plaît ?

Le policier qui était monté à l'étage est de nouveau là, le sachet de drogue à la main.

— On a appelé les services sociaux, ils sont déjà là, dit-il en me lançant un regard sévère.

— S'il vous plaît, je peux juste appeler quelqu'un de la famille pour venir le chercher ? Quelqu'un peut venir dans cinq minutes.

— Il est trop tard pour ça.

— Je vous en prie...

Je me mets à pleurer, et je ne peux pas sécher mes larmes.

— Vous feriez mieux de nous dire ce que vous cachez, insiste l'officier. Ça pourra faciliter les choses pour votre fils par la suite.

— Il n'en est pas question, vous vous foutez de nous ! s'énerve DJ.

Mon corps tout entier tremble. Tout ce que je veux, c'est voir Kaden. Mais l'attitude de DJ ne fait qu'exaspérer l'officier.

— Alors on vous embarque, dit-il.

Il attrape mon coude sans ménagement pour me mettre debout, et m'entraîne vers l'entrée.

Cinq étrangers sont là en bas des marches. Et devant la maison je ne vois plus que des voitures de police. Kaden se précipite vers moi au moment où je m'apprête à passer la porte. Il pleure et tend ses bras en avant pour que je le prenne avec moi mais je ne peux même pas le réconforter avec mes mains entravées dans le dos. Je me laisse tomber sur les genoux, et c'est lui qui m'enlace.

— Ma... maaaaan !

En hoquetant, il enfouit son visage dans mon cou. Autour de nous, une femme et un homme en habits sombres parlent aux policiers. Les services sociaux.

— Je t'aime, mon bébé, dis-je entre deux sanglots. Ces gens sont des amis. Tout va bien, ne t'inquiète pas, ils vont t'emmener dans un autre endroit pour un petit moment mais tout va bien se passer, tout est OK...

Ses pleurs redoublent, incontrôlables. Il met ses bras autour de mon cou, tente de me grimper dessus.

— Je veux pas y aller, maman, s'il te plaît, je veux pas...

À cet instant précis, je me dissocie. Une partie de moi s'envole au plafond et regarde Kaden pleurer, me supplier, tandis que des mains étrangères l'attrapent par la taille et me l'arrachent pour le ramener à l'intérieur. Kaden était là. Il n'est plus là. Et moi j'aimerais rester collée au plafond. Je voudrais une combustion spontanée. Je voudrais surtout pouvoir retourner en arrière et tout refaire autrement.

DJ et moi sommes poussés à l'extérieur. Nos voisins sont sortis sur leur perron. Notre petite impasse est saturée de voitures noires aux portes blanches.

Et tout ce que je parviens à penser, c'est : *Tout ça, c'est moi.*

Tout est de ma faute.

Chapitre 4

BIENVENUE

L'arrière de la voiture de police dégage une odeur à mi-chemin entre la rouille et le vomi. DJ et moi restons silencieux, les mains toujours menottées dans le dos. Je garde la tête baissée : je sais que tous les voisins sont sortis, et je n'ai aucune envie de les voir. L'adjoint du shérif ne dit rien non plus, mais il nous guette dans son rétroviseur. DJ trépigne de la jambe droite, je vois sa cuisse qui tremble près de la mienne. De temps à autre, il lâche un soupir monumental.

Avant d'entrer sur l'autoroute, nous passons devant l'école Montessori. Les garçons n'y vont plus depuis des années, mais je l'ai beaucoup fréquentée ces derniers mois, à l'heure de l'entrée en classe. Je sais que les mères de famille laissent souvent leur sac dans la voiture sans verrouiller les portes. Dès qu'elles franchissaient la porte de l'école, je me précipitais pour rafler tout le cash que je pouvais trouver, une carte de crédit à l'occasion, puis je remontais dans mon SUV blanc, parfait camouflage de mère de famille modèle, où je me racontais que je ne volais que pour nourrir mes enfants – ignorant le fait que je n'en étais réduite à cette extrémité que parce que j'avais déjà dépensé tout mon argent en héroïne. C'était tout de même plus confortable de croire que je ne faisais que voler de l'argent aux banques, ou que 20 dollars ici ou là seraient indolores pour des familles aisées.

Je baisse la tête à nouveau au cas où nous croiserions une connaissance. DJ l'a remarqué.

— On les emmerde, dit-il.

La colère, c'est toujours son réflexe quand il se sent attaqué.

***

La voiture de police ne s'arrête pas sur le parking de la prison mais s'engage juste en face, du côté du tribunal. Je connais l'endroit : quand j'étais à la fac, je suis sortie avec un assistant du procureur, qui m'avait fait faire le tour des lieux : dans un bâtiment, une demi-douzaine de salles d'audience ; de l'autre, les services administratifs du comté : les impôts, le greffe, les bureaux du procureur. Je n'avais pas remarqué cette rampe escarpée entre les deux buildings, que nous empruntons maintenant pour nous retrouver au sous-sol.

— Bienvenue dans le Cimetière, lâche l'adjoint du shérif.

— Qu'est-ce qu'on fait ici ? demande DJ.

— On vous emmène voir des inspecteurs qui ont quelques questions pour vous.

— On ne dira rien à personne.

L'adjoint se retourne. DJ et lui se toisent. Je reste à l'écart.

— Vous ne voulez pas parler aux inspecteurs ?

Un autre policier s'approche de la voiture.

— Un problème ? demande-t-il quand le conducteur baisse sa vitre.

— Le gars dit qu'il ne veut répondre à aucune question.

— Et elle ? demande le policier.

— Elle ne dira rien non plus, lance DJ.

En bonne féministe, je devrais réagir – *Ne parle pas à ma place, s'il te plaît*. Mais là tout de suite, rien ne me vient. L'atmosphère de ce Cimetière me rend nerveuse, et je n'ai aucune envie d'entrer dans le bâtiment. Les policiers et DJ continuent de se chicaner – et quand enfin j'ouvre la bouche, aucun son n'en sort.

— Ce sera plus simple pour vous si vous parlez aux inspecteurs, je vous assure.

— Je l'ai déjà dit à vos collègues : on ne dira rien sans la présence de notre avocat.

DJ prend son air important, il semble sûr de lui mais à ma connaissance, nous n'avons jamais eu d'avocat.

Le policier qui venait d'arriver se contente de hausser les épaules.

— Emmenez-les en face et bouclez-les, se contente-t-il de dire avant de s'éloigner.

DJ sourit comme s'il venait de remporter une affaire après une négociation délicate. Jusque récemment, il était courtier en prêts immobiliers. Ce genre de sourire faux cul lui vient assez naturellement.

Une minute de voiture plus tard, après avoir passé une première grille, nous voilà garés sur le côté de la maison d'arrêt du comté.

— Je vais vous faire entrer une personne à la fois, annonce l'adjoint. Dans cet endroit, je vous préviens : ne regardez personne dans les yeux, ne parlez à personne. Il y a des caméras partout. Si vous laissez tomber le moindre objet, on le verra. Si vous faites un signe à qui que ce soit, on le verra aussi.

Je n'ai aucune idée de ce qu'est cet endroit, et je vois mal quel signe je pourrais bien adresser à quiconque. L'adjoint sort d'abord DJ de la voiture et tous les deux franchissent bientôt une double porte en métal. Je regarde autour de moi en me demandant à qui je pourrais bien faire le moindre signe : je ne vois rien d'autre que des voitures de police portant le nom de toutes les villes du comté. Watsonville, Santa Cruz, Capitola... Trop petite, Aptos relève de la compétence du shérif. Toutes les voitures sont vides. Je regarde par la vitre avant et soudain trois femmes, l'une après l'autre, contournent le bâtiment pour s'arrêter devant moi. Elles portent un pantalon vert et une blouse blanche, comme dans un hôpital. La première me fait signe de la main, mais je ne peux pas répondre. Elle a de grands yeux marron et de longs cheveux noirs attachés en queue-de-cheval. Les deux autres me jettent un œil puis détournent le regard. Toutes les trois portent une sorte de filet noir sur la tête. Elles se concertent avec de grands gestes, puis se séparent, se penchent pour regarder sous les voitures. Elles se redressent promptement en entendant se rouvrir la double porte et disparaissent aussi vite qu'elles étaient venues.

La fille à la queue-de-cheval passe une dernière fois la tête. Dans un grand sourire, elle me salue une dernière fois de la main tandis que l'adjoint du shérif vient ouvrir la porte arrière de mon côté. Ce n'est pas facile de sortir sans se servir de ses mains, surtout quand on n'a pas fait d'exercice depuis longtemps. Je finis par y parvenir, je chancelle un peu une fois sur mes pieds et l'adjoint m'attrape le bras un peu trop fermement.

D'un pas malhabile, je le suis jusqu'à la double porte, qui s'ouvre automatiquement et se referme sitôt que nous l'avons franchie. Devant nous se trouve une autre double porte. Cette fois, pas d'ouverture automatique. Nous restons là, l'adjoint et moi, à attendre sans rien dire.

Après quelques minutes, je prends une grande inspiration et je romps le silence :

— Pouvez-vous me dire où ils ont emmené mon fils ?

Pas de réponse.

— S'il vous plaît, j'ajoute d'une voix étranglée.

Alors, pour la première fois, il se retourne vers moi, et me regarde droit dans les yeux.

— Vous ne le reverrez jamais.

Je me mets à pleurer.

— Je vous en prie, dites-moi juste où il est, dites-moi s'il va bien…

Il me toise de haut en bas. Mon chignon est en bataille, je porte un vieux t-shirt sous un sweat-shirt informe, et pour tout pantalon un jogging trop grand. Mes yeux déjà rouges doivent être gonflés à force de pleurer. L'adjoint me lance un rictus de dégoût.

— Il est mieux sans vous, de toute façon. Vous ne devriez pas être mère.

Il a rendu sa sentence en durcissant encore sa pression sur mon bras. Soudain les portes s'écartent et il me pousse à l'intérieur.

Je voudrais le pousser à mon tour, mais je n'en fais rien. Je voudrais hurler pour protester, mais je reste muette. Je revois Kaden qui se précipite vers moi, implorant, au moment où les services sociaux l'emmenaient avec eux. Dylan, Cody et Ty doivent avoir fini leurs cours, j'imagine qu'on a dû leur raconter ce qui s'était passé. Les mots de l'adjoint font écho dans ma tête.

Je ne reverrai jamais Kaden. Je ne reverrai plus aucun de mes fils. Je ne devrais pas être mère.

Je sais qu'il n'a pas tort, et je baisse la tête. Un tsunami de honte, de chagrin et de culpabilité me submerge, puis tout n'est plus qu'un grand vide que j'accueille avec soulagement.

Je ne suis plus une mère.

Je ne suis plus rien.

***

Après l'épreuve de la photographie et des empreintes digitales, je me retrouve enfermée dans une cellule de la taille d'une cabine d'essayage. La porte est percée d'une petite fenêtre et un téléphone à pièces est accroché au mur. Je m'assois sur un petit banc dans un coin et bouge mes poignets tout juste libérés des menottes.

Rien ne se passe pendant une éternité. De temps à autre, par la fenêtre, je regarde aller et venir des policiers. Je distingue une porte similaire, en face, et devine la silhouette de DJ. Le reste du temps, je fixe le téléphone en me demandant si je suis censée appeler quelqu'un – et surtout, qui.

Je tremble de partout à l'intérieur. Cela doit faire plus de douze heures maintenant que je n'ai pas fumé d'héroïne, le manque commence à se faire sentir. Je n'ai jamais tenté d'arrêter l'héro, mais je l'ai déjà fait un bon million de fois avec les opiacés en pilules, j'imagine que les effets sont les mêmes. Frissons, froid, douleurs, nez qui coule – une sorte de grippe puissance dix. J'ai une constitution solide, cela dit. J'ai toujours été capable de me tenir. Même avec vingt cachets de Vicodine, je pouvais faire croire que j'étais dans un état normal. Je suis issue d'une longue lignée de femmes scandinaves – de celles qui ont survécu au milieu des Vikings.

Finalement je me lève et décroche le téléphone. Je n'ai pas d'argent et compose le 0 pour joindre un opérateur.

— Je voudrais passer un appel en PCV, je demande.

Je donne mon nom et le numéro de la destinataire. Quelques instants plus tard, j'entends la sonnerie assourdie d'un téléphone. Mais personne ne répond.

— Pouvez-vous réessayer, s'il vous plaît ? je demande. Ce doit être parce qu'elle ne reconnaît pas le numéro.

De nouveau cette sonnerie lointaine, puis enfin, une voix angoissée.

— Allô ?

Ma mère a toujours répondu au téléphone comme si la maison était en feu autour d'elle.

— J'ai un appel en PCV de Lara Love, dit l'opératrice. Est-ce que vous l'acceptez ?

Une longue pause avant que ne revienne la voix de ma mère.

— J'accepte, oui.

J'attends quelques secondes que l'opératrice raccroche, quoique je ne sache pas vraiment comment fonctionne un appel en PCV. Peut-être doit-elle rester en ligne pour que ma mère et moi soyons connectées ? Si j'étais à sa place, j'écouterais certainement les conversations. Beaucoup trop tentant.

— Maman ?

— Attends une seconde, dit ma mère.

Je l'entends farfouiller dans ses affaires, actionner son briquet et tirer longuement sur sa Marlboro. Un vieux sentiment d'enfance m'étreint soudain, cette irritation à voir ma mère fumer tout le temps, mais je suis bien mal placée pour la juger.

— Maman...

Ma voix se brise et je sens de grosses larmes monter.

— Je n'ai pas d'argent, dit-elle. Ils ont mis ta caution à 250 000 dollars.

— Quoi ?

— La mère de DJ m'a appelée. Tu sais que je n'ai pas cet argent... Oh, Lara, dis-moi que c'est une erreur ? Carol m'a dit qu'ils avaient trouvé une arme à l'arrière de ta voiture.

— Mais... De quoi tu parles ?

— Tu es accusée de port d'arme illégal. Et de consommation de drogues, et de vol, et...

Je n'écoute pas la suite, et je ne sais que dire.

— Nous n'avons jamais eu d'arme, c'est complètement faux !

Une nouvelle longue bouffée. Ma mère souffle sa fumée sur le combiné.

— Et Kaden ? je demande. Elle a dit quelque chose à propos de Kaden ? Elle sait où il est ? Où sont les garçons ?

— Non.

— Tu pourrais la rappeler pour lui demander, s'il te plaît ? Je suis sûre qu'elle est en contact avec DJ. Et après, je te rappelle.

— J'arriverai pas à gérer ça ce soir, Lara. C'est trop pour moi, je ne peux rien faire. Ça doit être de la faute de DJ.

— Non, maman, dis-je en la coupant. Tout est de ma faute à moi.

Je me remets à pleurer. Mes sanglots résonnent dans la cabine. Ils résonnent aussi avec une douleur aiguë qui remonte de très loin en moi. Je tente de dire « maman » une nouvelle fois mais ma voix se perd dans les larmes et la morve, sans que je parvienne à me reprendre.

Ma mère ne dit plus rien – ou alors c'est moi qui ne l'entends plus. Je finis par raccrocher et me laisse tomber le long du mur. Je suis soulagée qu'elle ne puisse pas me rappeler. Que personne ne puisse me joindre ici. Je me penche en avant et frappe le sol en ciment avec mon front. Je recommence plusieurs fois, je sens la douleur mais je suis trop faible pour me faire vraiment mal, alors je finis par me coucher sur le sol et faire ce que je n'ai plus fait depuis l'enfance : prier.

Et c'est la même prière que celle qui a dû monter des milliards de fois depuis toutes les cellules de toutes les prisons du monde.

— S'il vous plaît… Aidez-moi.

***

Je suis encore en boule sur le sol quand la porte de la cellule s'ouvre enfin, quelques heures plus tard. Une gardienne fait entrer une femme plus âgée, manifestement saoule. Elle porte une robe de cocktail scintillante, ses yeux sont humides et son mascara a coulé de telle sorte que chaque œil ressemble à un smiley. Je me lève aussitôt, pensant qu'il me faut laisser la place, mais la gardienne referme vite la porte : nous voilà deux dans ce réduit minuscule.

— Salut, dit l'autre femme d'une voix enjouée.

Je me rassois aussi profondément que possible sur le banc, les yeux baissés. La femme soupire lourdement et décroche le téléphone.

— Allô ? crie-t-elle dans le combiné. Allô, allô ?

— Il faut faire le 0, dis-je. Ensuite, vous donnez le numéro à l'opérateur pour un appel en PCV.

La femme me sourit et vacille légèrement sur ses talons hauts. Je baisse de nouveau la tête pour donner à son ivresse un peu d'intimité. Elle donne un numéro, et marmonne son nom.

Elle doit le répéter deux fois pour que l'opératrice comprenne. En attendant que son correspondant prenne l'appel, elle se débarrasse de ses chaussures.

— Johnnie, c'est moi, Helen. Joh-niiiiiie ! J'étais au H… Hindquarter, j'ai pris quelques cock… tails avant le dîner – peut-être un v… verre de vin aussi. Ils m'ont arrêtée en disant que je zig… zaguais sur la route. J'suis à la prison, là.

Je n'entends pas la réponse de Johnnie. Helen tente de remettre ses chaussures, mais l'une d'elles lui échappe et roule jusqu'à mes pieds.

— Je suis pas une conductrice en état d'ivresse ! crie Helen dans le combiné. Viens me chercher maintenant, tout ça est r… ridibulle !

Elle raccroche violemment le combiné, se baisse pour récupérer sa chaussure et finit par s'écrouler sur le banc à côté de moi.

— Pourquoi il fait si froid, ici ?

Je hausse les épaules. Je n'ai jamais été douée pour les banalités. Helen me détaille de son regard vitreux, s'arrête sur mes yeux gonflés.

— Qu'est-ce qui t'est arrivé, à t… toi ?

Si je ne réponds pas, cette fois, c'est parce que je ne sais que répondre.

— C'est ta p… première fois en prison ?

Je fais oui de la tête.

— Moi aussi. C'est rizicule, je suis p… pas bourrée. Je suis juste allée d… dîner avec des copines.

La cellule tout entière empeste l'alcool, mais à quoi bon pointer l'évidence. Je me contente d'acquiescer.

— Bon, et toi alors ? redemande-t-elle.

Et cette fois, ça vient.

— J'ai été arrêtée chez moi. Ils ne m'ont pas laissée appeler quelqu'un pour venir chercher mon fils. Il a 3 ans. Je ne sais pas du tout où il est en ce moment.

Helen s'insurge aussitôt pour moi.

— C'est dégueulasse, ils ne peuvent pas faire ça ! Et tu peux appeler personne pour leur dire ?

Pour toute réponse, je me remets à pleurer. Helen passe un bras autour de mes épaules.

— On sera dehors bientôt, tu vas retrouver ton fils et moi, je v… vais récupérer ma voiture. T'y crois, toi, qu'ils l'ont mise à la fourrière ? Ils n'ont vraiment rien d'autre à faire ? C'est s… scandaleux. Je veux ma voiture !

Je lui souris faiblement.

— Voiiiilà. Tu vois, ça ne va pas être pas OK.

Je me perds dans sa double négation et ferme les yeux en imaginant un instant qu'elle puisse avoir raison. C'est à ce moment qu'on ouvre la porte. C'est la même gardienne que celle qui a fait entrer Helen tout à l'heure.

— Love, on y va !

— Tu vois ? dit Helen. Tu vas pouvoir voir ton fils maintenant. Bon courage !

Je lui dis au revoir de la main et franchis la porte. Je sais qu'ils ne vont pas me relâcher maintenant mais je m'en voudrais de gâcher son optimisme éthylique.

***

La gardienne me conduit vers une petite pièce garnie d'étagères sur lesquelles des vêtements marron sont rangés par taille. L'endroit est triste comme une vieille friperie. Elle me donne un pantalon et une chemise marron assortis, puis ouvre un tiroir et en sort une brassière de sport et deux culottes géantes.

— Retire tous tes vêtements et mets tes affaires là-dedans.

Elle me tend un sac en papier usagé et je regarde autour de moi pour voir où je suis censée me changer.

— Allez, vas-y, on enlève tout.

Je me sens idiote, avec ce sac dans une main, les nouveaux vêtements dans l'autre et nulle part où poser quoi que ce soit.

— Ici ? je demande.

Elle me fait signe que oui avec un regard agacé.

Je laisse tomber le sac et empile les vêtements à même le sol. Je vais me retourner mais la gardienne m'arrête.

— Face à moi. Tu enlèves tout et tu mets tout dans le sac.

Je retire sweat-shirt et t-shirt d'un même mouvement et les fourre au fond du sac. Je ne porte pas de soutien-gorge. La gardienne me regarde fixement. J'ôte mon jogging mais garde mes chaussettes. Je ne portais pas de chaussures quand on m'a arrêtée.

— Les chaussettes aussi.

Elles rejoignent les autres vêtements, en vrac dans le sac. Je suis gelée. J'ai perdu tant de poids ces derniers mois que mes hanches et mes clavicules ressortent. Je ne vais plus à la gym depuis longtemps, mais en l'absence de gras, mes abdos semblent parfaitement dessinés. La gardienne m'arrête au moment où j'allais prendre le pantalon.

— Accroupis-toi, dit-elle.

— Pardon ?

— Accroupie. Genoux écartés.

Je m'exécute.

— Maintenant debout, on se tourne et on se penche vers l'avant. Voilà. Écarte les fesses.

Je reste ainsi quelques instants, la gardienne reste silencieuse et je pense à Helen. J'espère qu'elle n'aura pas à se mettre dans cette position, elle s'écroulerait par terre.

— OK, c'est bon. Habille-toi.

J'enfile la culotte géante, passe la brassière au-dessus de ma tête, et commence à déplier pantalon et chemise.

— Le t-shirt d'abord.

Je n'avais même pas vu que sous la chemise se trouvait un t-shirt tout aussi marron. Je le passe. La gardienne pointe du doigt la chemise au tissu raide.

— Tu dois toujours la porter quand tu quittes ta cellule. Et ça, c'est ta carte de détenue. Tu devras la garder avec toi, où que tu ailles.

Je la regarde sans comprendre.

— Maintenant, mets la chemise.

J'obéis et glisse la carte plastifiée dans la poche avant sans même la regarder. Puis elle me tend une paire de sandales en toile sans lacets.

— Enfile ça et suis-moi.

Je glisse mes pieds dans les sandales et grimace en apercevant mes doigts de pied. On voit bien que j'ai laissé tomber la pédicure depuis des mois. Comment pouvais-je imaginer que la prison se vivait les orteils à l'air ?

La gardienne attrape mon sac d'une main gantée et le prend sous son bras. Je marche à sa suite. Arrivées dans le bâtiment principal de la prison, elle confie le sac à un autre gardien, debout derrière un guichet.

— Love, annonce-t-elle.

— Pardon ? rigole-t-il.

— Son nom de famille, c'est Love.

Elle hausse les épaules, et le gardien inscrit mon nom au marqueur noir sur le sac avant de le balancer sur un comptoir derrière lui. Je repère un autre sac marqué Jackson. DJ a dû franchir toutes ces étapes avant moi.

— Allez, on y va, dit la gardienne.

Je la suis à nouveau à travers une série de portes métalliques, qui s'ouvrent sur notre passage, actionnées à distance. Elles se referment derrière moi avec un claquement qui résonne et me fait sursauter à chaque fois. Nous débouchons enfin sur une grande pièce circulaire. Au centre, quelques marches mènent à l'entrée d'une sorte de centre de commande. Deux gardiens sont là derrière des vitres de verre, assis devant de grands ordinateurs. Je regarde plus précisément autour de moi. La pièce est en réalité en forme d'hexagone, avec une lourde porte percée d'un hublot sur chacun des six côtés. Une horloge au mur indique 2 heures du matin. Je me demande où Kaden peut bien passer la nuit. Il y a plus de douze heures qu'on me l'a enlevé. A-t-il réussi à s'endormir ? Je l'imagine tout seul, abandonné. J'imagine des gens qui le traitent mal et une terreur glacée m'envahit. Je regarde partout autour de moi. Il faut que je sorte d'ici. Je dois aller le retrouver.

Derrière une des six fenêtres, je vois DJ qui me fait signe.

— Pas de communication avec les détenus ! crie le gardien en intimant à DJ de s'écarter de la fenêtre. Pas de signe, pas de geste, rien.

Un des gardiens du poste central descend et me tend une couverture, un drap et ce qui ressemble à un tapis de yoga.

— Voilà pour vous. On n'a plus de tasse ni de produit d'hygiène, on les aura dans la matinée.

Il se retourne et crie par-dessus son épaule :

— Ouverture du G !

La gardienne qui m'escorte lui prend le matelas et me le fourre entre les mains.

— On y va, dit-elle en se dirigeant vers un des côtés de l'hexagone.

La porte grince bruyamment en s'ouvrant.

— Bienvenue au bloc G, dit-elle en me poussant vers l'intérieur.

***

Je me tiens à l'entrée d'une pièce semi-circulaire. Une veilleuse au plafond me permet de distinguer, à l'autre extrémité, un escalier qui mène à une longue galerie ouvrant sur six portes. Sous la galerie, six autres portes, toutes fermées. Au centre de la pièce, quelques tables vissées au sol, comme une cafétéria d'école. De l'autre côté, une dizaine de lits superposés forment comme un périmètre autour de la pièce.

Je me retourne : la gardienne est partie. Je n'ai aucune idée de ce que je suis censée faire. D'ici je n'arrive pas à voir si les lits sont occupés ou non. S'ils le sont, en tout cas, personne ne bouge. J'avance de quelques pas, et me fige.

— Hé ! fait une voix étouffée dans le noir.

Je ne vois rien, mais j'entends de nouveau la voix.

— Hé !

Je m'approche un peu des tables et m'arrête devant la rangée de lits superposés. Sur ma gauche, le lit est vide – rien qu'une armature de métal. Je déroule le tapis de yoga sur la grille : c'est la bonne taille. Je lance le drap et la couverture par-dessus. Est-ce le lit qu'on m'a assigné ? Aucune idée.

— Hé !

Le son est encore étouffé mais la voix semble plus proche. Elle vient d'une des portes du bas, sous la galerie. Je m'approche. Chacune des portes a une petite fenêtre carrée au niveau des yeux. Je passe chacune en revue et soudain un visage de femme apparaît dans l'encadrure. Je peux voir qu'elle bouge les lèvres, mais je n'entends rien. Je m'approche encore. Elle me fait un signe de la main, puis pointe le doigt vers le bas. Serait-ce un signe de bienvenue par ici ? Peut-être pourra-t-elle me dire où je dois dormir. Je regarde à mes pieds comme elle semble me l'indiquer, je ne vois rien. Elle désigne le sol encore une fois, lève les yeux au ciel puis me fait signe de m'approcher. Quand je suis à son niveau, elle pointe le doigt vers mes hanches. Je ne sais pas ce qu'elle veut mais je n'ai aucune intention de me déshabiller à nouveau. Je secoue la tête mais elle se contente de répéter le même geste. Puis elle porte le doigt à sa bouche pour m'intimer de me taire. Je ne comprends rien. Me ferait-elle signe d'ouvrir la porte ? J'avance encore plus près, tourne la poignée et tire, mais rien ne bouge. Je réessaie.

Aussitôt elle se met à rire et cette fois sa voix n'est plus étouffée du tout. Un vrai gros rire. Je regarde autour de moi : d'autres visages sont pressés aux fenêtres.

— Viens essayer la mienne après ! crie une fille.

Les rires redoublent. Je n'ai aucune idée de ce qui vient de se passer.

La fille devant moi me rit une dernière fois au visage puis me tend un doigt d'honneur. Je retourne vers mon matelas.

— Viens ouvrir ma porte ! dit une autre.

Des rires, encore.

— Oh, vos gueules ! fait une voix en hauteur depuis un des lits superposés à l'autre bout de la pièce.

Je me retourne encore : en bas ou en haut des lits, elles sont une dizaine à s'être relevées, et tous les regards sont sur moi. Quelques-unes rient encore.

J'apprendrai plus tard le nom qu'on donne à cette rangée de lits superposés : le Périphérique. Là où dorment les détenues les moins favorisées – celles qui n'ont pas de contacts ni de réputation, et les nouvelles comme moi que personne ne connaît et qui sont par défaut suspectes. Je ne sais pas encore qu'on installe là toutes les filles noires, les culs-bénites, les SDF de passage et les cas psychiatriques. La prison est un grand système de classes où règne une ségrégation digne des États du Sud dans les années 1950. Tant de règles que je ne connais pas dans un système auquel je ne comprends rien. Je n'ai jamais appris à naviguer dans un tel monde, à mi-chemin entre une soirée pyjama et l'intronisation dans un gang.

Je me recouche sur mon matelas sans rien dire. Je rabats les draps au-dessus de ma tête. Je ne peux pas savoir qu'il m'aura suffi d'essayer d'ouvrir la porte d'une cellule pour apprendre aux autres tout ce qu'elles avaient besoin de savoir sur moi. Non, je ne suis jamais allée en prison. Et non, je n'ai rien apporté du dehors – pas la moindre dose de drogue cachée dans mon vagin que j'aurais pu négocier pour faire mon trou par ici, accéder à un statut particulier, ou être invitée à rejoindre une des cellules aux portes fermées pour plus d'intimité.

Sous ma couverture, je repasse en accéléré le film de ces douze dernières heures, depuis les coups sur la porte de la maison jusqu'à ce doigt d'honneur. Peut-être que je suis morte, et que c'est ma version personnalisée de l'enfer.

Chapitre 5

ENFER ET MUSIQUE COUNTRY

Hank Williams Jr est là, chez moi.

J'ai mal à la tête, et je ne saurais dire avec certitude si je suis réveillée ou encore endormie. Je tends mon bras sur la droite pour vérifier que Kaden s'est bien recouché près de moi, mais ma main ne rencontre que du ciment froid.

Du ciment froid.

Je me redresse précipitamment, la gorge emplie d'un grand cri muet, et le haut de mon crâne vient râper une grille de métal.

Je pense à Kaden qui a dû passer la nuit avec des étrangers. Je ne peux m'empêcher d'imaginer que quelqu'un lui aura fait du mal. Impossible de ravaler cette grande boule dans ma gorge.

Je reste immobile quelques instants puis tourne la tête pour observer le bloc G.

Sur ma gauche, une femme est assise sur le lit du bas. Elle a les cheveux noirs, longs et filandreux. Elle lèche lentement une sucette et me regarde à travers ses mèches de devant. Ses yeux sont brillants de haine. Dans l'angle de l'escalier qui mène à la galerie, une télévision murale fait face aux tables de la cafétéria et passe des clips de musique country. Devant l'écran, quatre filles chantent à l'unisson et se trémoussent dans une chorégraphie parfaitement synchronisée.

Je cherche du regard le moindre indice qui pourrait me

dire ce que je dois faire. J'ai envie d'aller aux toilettes, mais je n'ai aucune idée de là où elles se trouvent. Et hormis ma voisine à la sucette, personne ne fait attention à moi quand je m'assois sur mon lit.

Comment ai-je pu me perdre à ce point ?

Sur la vidéo, un homme raconte à la serveuse d'un bar qu'il était en liberté conditionnelle et vient de se mettre en cavale. Les quatre filles se lancent dans une série de pas complexes et trois autres applaudissent depuis la galerie.

— Yiii-ha !

Et elles joignent leurs voix pour chanter le refrain – une histoire de vol de voiture et d'accident volontaire.

Un gardien ouvre la porte du bloc, et les trois femmes sur la galerie se mettent à danser et à chanter encore plus fort comme si elles lui jetaient les paroles à la figure.

— Ça suffit maintenant ! Calmez-vous ! crie le gardien, mais les danseuses y vont de plus belle en se jetant en rythme les unes contre les autres.

Dans le dernier couplet, le chanteur finit par rentrer au pénitencier pour y retrouver ses amis. Le gardien n'insiste pas, il se contente d'attendre la fin de la chanson. Passant en revue les cellules du bas, il jette un œil à travers chaque lucarne. Devant la dernière, il ouvre la porte.

— Interdit de couvrir la fenêtre. Enlevez-moi ça, grogne-t-il en désignant une carte postale collée contre la vitre.

Je ne peux pas voir ce que figure la carte, mais sur la face blanche, je peux distinguer trois mots en grandes lettres rouges : TU NOUS MANQUES.

Sentant les larmes revenir, je me recouche, face au mur. Je me demande si Kaden pense que nous sommes partis pour toujours, que nous l'avons abandonné ou qu'il a été enlevé. Il est à cet âge où les enfants détournent la tête quand un étranger leur adresse la parole.

Comment a-t-il pu dormir si personne n'était là pour lui caresser le bras ?

Ces pensées sont insupportables, alors je me redresse sur mon matelas. La fille aux longs cheveux noirs me fixe toujours du regard. Lentement, elle sort la sucette de sa bouche et me montre le bout acéré qu'elle a réussi à tailler avec sa langue.

Puis elle le pointe vers moi, et à plusieurs reprises, les yeux brillants, elle fait mine de me poignarder.

***

Je reste dans le lit toute la journée. J'ai sauté le petit-déjeuner. Je ne mange rien non plus quand arrivent les plateaux du déjeuner. Personne ne vient me parler. Je tourne le dos à la salle, face au mur en ciment. Mais à un moment, impossible de me retenir plus longtemps, il faut bien que je me lève pour aller aux toilettes. Je fais lentement le tour de la pièce, je tente d'avoir l'air détachée quand en réalité je cherche désespérément l'endroit stratégique sans oser demander. L'humiliation de la nuit m'a suffi.

Les détenues cessent de parler quand je passe devant elles. Je suis sûre qu'elles étaient en train de parler de moi. L'addiction, au fond, est une forme extrême d'auto-obsession – tous les toxicomanes sont pathologiquement égotistes et autocentrés. La drogue, c'est notre meilleure amie, notre amant secret, notre maîtresse. Elle donne son sens à la moindre de nos relations avec les autres. Cette personne va-t-elle m'aider ou se mettre en travers du chemin de ma prochaine dose ? Amie ou ennemie ? Comme pour toute obsession, les rituels autour de la drogue sont un réconfort. Comment quelqu'un d'extérieur pourrait-il comprendre à quel point nous sommes radicalement uniques ? Bien sûr que je pense qu'elles parlaient de moi.

En laissant traîner mes oreilles, je glane toutefois quelques infos. Apparemment, Sucette girl n'a pas pris de douche depuis quatre jours, et un groupe de détenues (celles qui dansaient sur le balcon de la galerie) est en train de planifier une opération spéciale. Elles vont l'emmener de force sous la douche tandis qu'une d'elles fera le guet. J'ai toujours été douée pour écouter aux portes et lire sur les lèvres, et je m'y connais en combines. J'ai un master en sous-texte, intrigues et langage corporel : je peux dire par avance que la prochaine douche de ma voisine sera plutôt brutale. Et très froide.

Je me gèle dans cette pièce, mais la plupart des autres détenues n'ont gardé que leur brassière. J'entends aussi dire que Sucette girl a gardé ses vêtements les deux dernières fois que des gardiennes sont venues apporter des tenues de rechange. Entre ça et son manque d'hygiène générale, elle semble être le principal problème du moment dans le bloc G.

Je n'ose pas monter vers la galerie. Je ne sais même pas si j'en ai le droit – mais j'ai bien remarqué le seau et le balai à franges au pied de l'escalier. Une fille aux cheveux courts façon Victoria Beckham a suivi mon regard.

— Avant on avait aussi une grande bassine d'eau de Javel, dit-elle. Mais une fille a fait une connerie et on lui a jeté toute l'eau de Javel dans la gueule.

Je ne sais trop que répondre. Est-elle en train de me menacer ? J'évite de croiser son regard et préfère inspecter l'araignée géante qu'elle s'est fait tatouer sur la gorge. Deux des pattes s'allongent de part et d'autre de son cou. Quand elle sourit, on dirait que ces pattes remontent depuis le dessous de son menton. Serait-ce elle qui a balancé l'eau de Javel ?

Ces femmes n'ont pas l'air particulièrement violentes, mais si ça se trouve, je suis peut-être entourée de dangereuses meurtrières. Quoique la seule qui m'ait vraiment menacée l'a fait avec un bonbon. Une fille qui doit être enceinte d'au moins six mois joue aux cartes avec deux autres détenues qui pourraient passer pour jumelles. Je me demande ce qui se passera quand elle aura accouché. Le bébé sera-t-il envoyé dans une sorte de prison pour enfants, ou sera-t-il pris en charge dès sa naissance par les services sociaux ?

Je souris en retour à la fille à tête d'araignée, comme si je comprenais parfaitement que celles qui déconnent aient droit à un traitement à la javel. Je remarque aussi, près du seau, une tablette sur laquelle est posée une petite casserole d'eau chaude. L'eau ne semble pas bouillante, mais assez chaude pour que deux filles qui ont réussi à introduire en douce du café moulu à l'intérieur de la prison le fassent passer en utilisant un bout de drap en guise de filtre.

Je me dirige vers les téléphones alignés le long du mur. Je sais que je devrais appeler ma mère, après lui avoir raccroché au nez hier soir. Mais ce ne sont pas des téléphones à pièces comme hier, et je reste plantée devant comme une idiote. Je finis par détacher un combiné et le porter à mon oreille.

— Faut que tu composes ton matricule pour appeler. T'as des minutes ?

C'est la voix de la fille-araignée. Je la remercie en souriant, mais elle pourrait aussi bien parler une langue étrangère.

— Ton matricule, sur ta carte de détenue.

Je sors la carte de ma poche. Sous ma photo, il y a un numéro. Je le compose, puis suis les instructions pour un appel en PCV. Cette fois, ma mère décroche du premier coup, mais plusieurs secondes s'écoulent avant qu'elle n'accepte l'appel. J'imagine qu'elle est allée chercher ses Marlboro. Quand enfin elle dit « Allô », je chuchote timidement dans le combiné : « Salut. » Comment faire ici pour avoir un minimum d'intimité ?

— J'espère que l'appel ne va pas coûter trop cher, dit ma mère. Parce que je n'ai pas beaucoup d'argent.

— Je sais, maman. Ça va être rapide. Tu as pu parler à Carol, ou à quelqu'un d'autre ?

— J'ai eu Carol ce matin. La caution est toujours fixée à 250 000 dollars. Pour chacun d'entre vous.

— Mais ça n'a aucun sens !

— Carol est furieuse. Lala, qu'est-ce que tu as fait ?

Il y a si longtemps qu'elle n'a pas utilisé ce surnom de mon enfance.

— Je ne peux pas vraiment parler de ça ici…

Pas devant tout le monde. Et j'ai peur de me mettre encore à pleurer.

— Carol dit qu'avec les charges qu'ils ont retenues, vous risquez vingt-sept ans de prison. Je n'ai pas de quoi payer un avocat, tu sais ça.

Sa voix commence à trembler.

— Je ne sais pas quoi faire…

Si elle se met à pleurer, je ne vais pas tenir. J'ai déjà envie de raccrocher et de me recoucher.

— Appelle-moi un peu plus tard si tu peux. Je vais voir ce que je peux faire.

— Maman…

Je m'arrête un instant, ravale la boule qui gonfle dans ma gorge. Je respire un coup.

— Carol t'a dit où est Kaden ?

Je ne lui demande pas pour les trois grands, je sais qu'ils sont chez leur père. À l'autre bout de la ligne, ma mère reste silencieuse. Je l'entends qui tire sur sa cigarette.

— Non, Lara. Elle n'en sait rien.

Il faut que je raccroche, vite. Hors de question de pleurer devant toutes ces inconnues.

— Je t'aime, maman. Je suis désolée…

— Oh, Lara.

Elle commence une autre phrase mais j'ai déjà reposé le combiné. Mes yeux sont trempés et je navigue péniblement jusqu'à mon lit.

Vingt-sept ans.

Je calcule dans ma tête. Kaden aurait presque 31 ans, Ty 40, Cody 43, Dylan 44. Ce n'est pas possible. Je n'ai tué personne, tout de même. Mes garçons vont grandir sans moi. Je les ai perdus, tous les quatre.

***

Dans l'après-midi, une nouvelle gardienne vient m'apporter un sac transparent. Il y a là un rouleau de papier toilette, une brosse à dents, un petit tube sans inscription qui doit être du dentifrice, une savonnette et un rasoir en plastique. Je sors le rasoir et en démonte la tête pour voir s'il a une lame que je pourrais utiliser, mais non. Au fond du sac restent un bloc-notes avec quelques pages, et un stylo – ou plutôt : la cartouche molle d'un stylo à bille. Pas facile de le tenir pour écrire, mais j'essaie tout de même.

En haut d'une feuille, j'inscris le nom de mes enfants. *Dylan. Cody. Ty. Kaden.* Je passe un doigt sur la feuille en suivant l'encre fraîche. Des images de ces dix-sept années me viennent : fêtes d'anniversaire, leçons de karaté, parties de base-ball, tournois de basket, vacances et kermesses de fin d'année. J'ai fait tout ce que j'ai pu, vraiment, pour être la mère dont ils avaient besoin. Pour être une vraie bonne mère. Mais j'ai échoué. J'ai tout raté, et je les ai trahis.

Mes garçons,

Je suis tellement désolée.
Je vous aime plus que tout au monde.
Je prie pour que jamais vous ne tombiez dans l'addiction.
Prenez soin les uns des autres, toujours.
Je vous aime tant.

Maman

***

J'ai décidé de mettre fin à mes jours, et il me semble que c'est la meilleure décision que j'aie prise depuis longtemps. Ce sera un soulagement. Je ne peux pas passer une journée de plus sans savoir où est Kaden, à ruminer la perspective de ne plus revoir mes enfants avant qu'ils ne soient adultes. Je suis frigorifiée, ma tête menace d'exploser et il me semble que je n'arriverai plus jamais à dormir. J'ai mal dans tout le corps, mais ce sont les pensées dans ma tête qui sont intolérables.

Je relis ma lettre. Je n'ai plus l'étincelle. Même au plus fort de l'addiction, même quand j'étais en manque, il me restait cette petite flamme qui me faisait tenir. Elle a disparu. Je n'ai plus de moteur, plus d'essence, plus d'espoir. Je suis un trou noir qui a avalé toute la lumière, et je veux que ces ténèbres cessent. Ça paraît terrible, dit comme ça. Mais sur le moment, je ne le vois pas ainsi. Ça me semble juste.

Une paix intérieure s'installe peu à peu à mesure que je planifie mon suicide. Mon esprit se détend, la nausée s'éloigne, les tremblements et les douleurs cessent. Je flotte calmement sur un océan de vide.

Je plie la feuille avec soin et la glisse sous mon oreiller. Quelqu'un la trouvera après ma mort, et mes enfants sauront que j'ai pensé à eux jusqu'à mon dernier instant, que je les ai aimés jusqu'au bout. J'imagine leur vie sans moi et je me dis que cela vaut mieux. Ce sera plus facile pour eux d'avoir une mère morte que de la savoir en prison.

Quand tout le dortoir sera endormi, je monterai les escaliers et je me pendrai à la rambarde de la galerie.

À 22 heures, un gardien entre et crie : « Extinction des feux ! » Je suis encore éveillée quand il revient à 23 heures, puis à minuit. J'ai repéré sa routine : il passe en revue le Périphérique, jette un œil par la fenêtre de chacune des cellules du bas, puis monte à l'étage et inspecte les six portes. Sa ronde ne dure pas plus de cinq minutes. Après sa visite de 1 heure du matin, j'attends quelques minutes puis m'assois sur mon lit. Je passe le drap autour de mon cou et l'attache avec six nœuds que j'espère assez solides.

Quelques filles murmurent encore, j'attends que le silence total se fasse. Je sais que dans moins d'une heure tout sera terminé, et je ressens un petit frisson d'excitation. Je n'ai jamais eu peur de la mort. Je l'ai toujours vue comme la grande aventure après la vie – celle où tous les mystères de l'univers seront révélés. Je ne crois ni au paradis ni à l'enfer. Je crois que nous sommes faits d'énergies qui se réincarnent, encore et encore, jusqu'à ce que nous ayons appris tout ce qu'il faut savoir et que nous nous détachions du monde matériel. Il est grand temps pour moi de passer à une autre incarnation.

La seule chose qui m'ait jamais fait craindre la mort, c'est l'idée que mes garçons allaient souffrir si je disparaissais. Mais j'ai déjà disparu. Tout sera plus simple pour eux comme ça. Plus clair.

Les chuchotements n'ont pas cessé. Allongée sur le dos, j'essaie de me rappeler la première fois que j'ai pris un opiacé. J'ai été opérée d'un ligament du genou quand j'étais au lycée, après un match de hockey, mais je n'ai pas souvenir d'avoir pris d'antidouleur après l'opération. J'ai dû en prendre, pourtant. Si je ne m'en souviens pas, c'est sans doute que je me suis contentée de suivre la prescription, et que ça a suffi. Le même ligament a lâché lors de ma deuxième année de fac. Ça s'est fait comme ça, en sautillant dans un couloir. J'étais enceinte de Dylan à l'époque, quatre mois. Il a fallu m'opérer à nouveau, et quand ils m'ont installé une perfusion avec de la morphine, j'ai refusé d'en injecter. Le chirurgien et ma gynéco m'ont tous les deux assuré que ça ne ferait rien au bébé ; les infirmières ont tenté de me convaincre d'appuyer sur le bouton, mais je ne l'ai jamais fait.

La première fois dont je me souvienne, c'était après la naissance de Dylan, et je n'avais mal nulle part. C'était à Visalia, Californie, chez les parents de Bryan. Nous n'étions pas encore mariés – en vérité, nous n'avions passé que quelques jours ensemble l'été précédent, une simple amourette de vacances. Mais à la rentrée de septembre j'avais découvert que j'étais enceinte. Bryan a accepté de le reconnaître sans pour autant s'impliquer comme un père – le mot *géniteur* n'était pas encore à la mode, il faut croire que nous étions précurseurs.

On se connaissait à peine, lui et moi. On avait 24 ans, le portefeuille vide et la tête pleine de rêves d'écriture. Quand Dylan est né, nous sommes allés chez ses parents pour qu'ils découvrent en même temps leur belle-fille et leur petit-fils. Je venais tout juste d'être diplômée, j'accusais encore vingt kilos de trop et il me manquait des milliers d'heures de sommeil, autant dire que je n'étais pas au mieux.

Je ressentais un amour fou pour mon bébé, mais j'étais distante avec son père. Bryan m'avait trompée pendant ma grossesse. Je l'avais appris, ça m'avait blessée et je restais sur mes gardes. J'avais terriblement envie de fonder la famille que je n'avais pas eue, mais je n'avais aucune compétence pour ça. Bryan et moi, c'était censé être le coup d'un soir, mais j'étais soudain tombée amoureuse de la possibilité d'être aimée. La nuit où, complètement saouls, nous avons conçu Dylan, un magnifique petit garçon aux cheveux bouclés m'est apparu en songe. Je me suis sentie envahie d'un amour que je n'avais jamais ressenti auparavant. Le lendemain matin, au milieu de ma gueule de bois, je pensais encore à ce bambin dans mon rêve. Il me manquait déjà. Quand j'ai appris, quelques semaines plus tard, que j'étais enceinte, j'ai su immédiatement que je le garderais, et que ce serait un garçon.

Le père et le grand-père de Bryan ont adoré le bébé. Tout fiers, ils ont pris une photo pour immortaliser quatre générations d'hommes portant le nom de Love. C'était magnifique. J'étais heureuse de savoir que mon fils aurait cet héritage-là. Qu'il aurait une famille. Mais j'étais là à mendier de l'amour comme Oliver Twist qui mendiait pour manger. Les Love me regardaient avec un brin de suspicion, et se faisaient du souci pour Bryan parce que nous n'étions pas mariés. À tout moment, j'aurais pu leur enlever le bébé.

Le deuxième jour, je suis allée dans la salle de bains de l'étage. Sur une étagère, j'ai repéré un grand flacon de Percocet.

Des centaines de pilules. L'étiquette indiquait : 1 À 2 PILULES TOUTES LES QUATRE HEURES, OU SELON LA DOULEUR.

Je n'ai pas entendu la musique qui, dans un film, annonce que l'héroïne est un danger. Je n'ai pas eu la moindre prémonition de ce que cette petite pilule allait provoquer. Nous étions en 1991, et personne ne parlait encore de *crise des opiacés*.

J'ai ouvert le flacon et pris une pilule. Je l'ai avalée avec un peu d'eau, me suis essuyée avec une serviette de bain, et me suis préparée à affronter un autre dîner avec cette famille qui me souriait avec la bouche mais jamais avec les yeux.

Vingt minutes plus tard, une vague de joie et de chaleur a déferlé dans tout mon corps. L'angoisse s'était évaporée. J'ai raconté des histoires drôles. Je me suis passionnée pour l'entreprise familiale des Love – une affaire de distributeurs automatiques. Le Percocet m'avait ouvert l'âme, et je me suis prise à rêver de millions de dîners comme celui-là. Pour la première fois de ma vie, je me sentais chez moi. J'avais trouvé une famille.

J'avais pris une pilule contre la douleur, et la douleur avait disparu.

Le lendemain, à l'heure de se dire au revoir en se promettant de nous revoir bientôt, je ressentais encore le doux effet de cette première pilule. Et des quarante autres que j'avais cachées dans mon sac.

***

En attendant que toutes les voix se taisent dans le dortoir, je pense à la rédemption, aux deuxièmes chances. Je crois à tout cela. Mais ce n'est plus pour moi. La rédemption est faite pour les âmes justes.

Je ne mérite plus rien dans ce monde-ci.

Chapitre 6

RELOOKING EXPRESS

Je me suis trop penchée en haut de la falaise et maintenant je tombe, je tombe inexorablement vers ce monstre à la gueule ouverte qui m'attend en bas. Je bats des mains en l'air, je sais que je viens de commettre une terrible erreur. Je n'aurais jamais dû m'approcher si près du bord, je ne voulais pas me jeter dans le vide. Je m'agite dans l'espoir d'inverser le cours des choses, je veux hurler de toutes mes forces mais je n'entends que les dents du monstre qui claquent tandis qu'il saute vers moi. Un rayon de lumière surpuissant s'échappe de ses yeux et m'aveugle soudain.

Je me lève d'un bond, désorientée, *in extremis* je réprime le cri qui montait dans ma bouche.

Les dents du monstre qui claquent, ce sont les chaises que l'on déplace dans la cafétéria. Les lumières viennent de s'allumer, un gardien lance : « Petit-déjeuner, mesdames, tout le monde debout ! » Un néon me frappe droit dans l'œil, et quand je me retourne dans mon lit, le drap entier vient avec moi. Il me faut encore une minute pour comprendre ce qui se passe. Des chaises. Un gardien. Le petit-déjeuner. Un drap noué autour de mon cou.

Lentement je me rallonge et passe la couverture par-dessus ma tête. Comment ai-je donc pu m'endormir ? Je me rappelle avoir attendu longtemps que les voix se taisent, et puis plus rien. Je tire sur les nœuds du drap, en priant pour que personne n'ait rien remarqué.

Je suis confuse, mortifiée.

J'ai si honte d'être encore en vie.

***

Il ne me faut que cinq minutes pour venir à bout des nœuds, mais j'ai l'impression d'avoir pris une heure. J'imagine que lorsque j'émergerai de sous la couverture, le dortoir tout entier sera là à me regarder. Mais non, bien sûr : elles sont toutes occupées à manger, et personne ne se soucie de la nouvelle du Périph qui se cache sous ses draps. Je ne pense pas une seconde que j'ai une lettre d'adieu sous mon oreiller et que je devrais demander de l'aide, non. Je suis en colère d'avoir raté mon coup et de devoir attendre encore douze ou seize heures avant de pouvoir réessayer. Je me suis déjà désintoxiquée des opioïdes, je connais les effets, je sais que jamais je n'aurais dû m'endormir. Mais je n'y vois pas de miracle ; plutôt une punition. Je frissonne, mon corps tout entier tremble à l'intérieur : pendant toute cette journée inutile, je vais devoir affronter les plus sales moments d'une crise de manque.

***

— S-201761 !

Le gardien braille des chiffres incompréhensibles mais personne ne fait attention à lui.

— S-201761, on se prépare. Départ pour le tribunal dans dix minutes !

Chaque syllabe vient se fracasser sur mon mal de crâne. Je ferme les yeux en attendant qu'il s'arrête. Qu'a-t-il besoin de crier ? Tout le monde est calme au G, les vidéos de country n'ont même pas encore commencé.

— Love !

J'ouvre les yeux et machinalement lève la main comme si j'étais à l'école. Une des filles assises à la cafétéria me voit et éclate de rire.

— Tribunal dans dix minutes. On se prépare, vite, lance le gardien dans ma direction avant de quitter le bloc.

Je n'ai rien compris mais je m'extirpe quand même de mon lit.

La fille qui s'est foutue de moi s'avance vers moi.

— Ton nom, c'est Love ?

Je fais oui de la tête.

— Ha ! Ce numéro qu'il a gueulé, avec un S au début, c'est ce qui est écrit sur ta carte. Si ton nom de famille est Love, il n'y a aucune chance qu'il le dise sauf s'il y est vraiment obligé.

Elle rit à nouveau.

— Tu ferais bien de le retenir par cœur parce que c'est comme ça que tu t'appelles, maintenant. Et n'oublie pas de prendre ta carte avec toi chaque fois que tu sors du G.

— Il… Il a dit que j'avais tribunal ?

La fille hausse les épaules, paumes vers le ciel, et retourne à son petit-déjeuner.

— Hé, dit une autre fille en se levant de table. Je m'appelle Nina.

Elle est petite, à peine plus d'un mètre cinquante, les cheveux châtains, avec une coupe au carré qui semble tout droit sortie d'un salon de beauté.

— Ils emmènent les gens au tribunal le matin, mais tu peux rester à attendre au Cimetière toute la journée. Tu ferais bien de manger quelque chose avant. Et de faire quelque chose pour tes cheveux, aussi.

J'imagine ma tête et je me sens immédiatement honteuse.

***

Deux filles qui se tenaient dans un coin sortent précipitamment des toilettes quand j'y entre. J'apprendrai plus tard que c'est là le seul endroit du bloc G qui échappe aux caméras de surveillance pour celles qui n'ont pas de chambre. C'est là qu'ont lieu les bagarres et que se trament les vengeances, là aussi qu'on échange les drogues et qu'on consomme.

Un semblant de miroir est accroché au-dessus du lavabo. Les toilettes n'ont pas de porte – celles qui ont une chambre fermée ont droit à leurs propres WC et à un vrai lavabo. Pour l'heure, je découvre l'une des joies de la prison : faire ses besoins en public. J'ai la chance d'avoir une vessie endurante, je peux passer des jours entiers sans aller aux toilettes. J'aimerais tout de même trouver une source d'eau potable : je me sens faible et déshydratée. Mais inutile d'y penser. Je dois supporter cette journée, ensuite je pourrai finir ce que j'ai commencé la nuit dernière.

Je m'inspecte dans le miroir. J'ai gardé le même chignon depuis le matin de mon arrestation, et je n'ose pas le défaire. Je n'ai ni brosse ni peigne. Le miroir, en métal et non en verre, me renvoie une image sans doute plus flatteuse que ce à quoi je ressemble en ce moment. Mes yeux me font mal, constamment humides avec le manque d'héroïne. Je me penche en avant pour m'asperger d'eau et ce simple geste me fatigue. Je tapote vaguement mon chignon avec mes mains mouillées. Que pourrais-je faire d'autre ?

Je sursaute quand une autre fille entre dans la salle d'eau.

— Hé, dit-elle.

— Hé.

— T'as fini, je peux utiliser le miroir ?

Elle a apporté avec elle une tasse et une boîte de crayons de couleur. Je fais signe que oui et me dirige vers la cuvette des toilettes – même les plus grandes vessies ont leurs limites. Assise sur la cuvette, je regarde la fille prendre un pinceau noir, le tremper dans la tasse puis l'utiliser comme eye-liner. Avec le crayon rouge, elle trace deux cercles sur ses joues et répartit la couleur avec ses doigts. Elle le trempe dans la tasse, et il se transforme en rouge à lèvres. Puis c'est le crayon blanc qui lui sert d'anticernes.

J'ai fini depuis un moment mais je reste là, fascinée par son relooking. Et puis, ce n'est pas l'endroit le plus inconfortable du bloc.

— Tu vas au tribunal ? me demande la fille quand elle a terminé.

— Oui.

— Moi aussi. Tu veux que je te maquille un peu ? Le prends pas mal, mais ce serait pas du luxe.

Je me lève enfin, remonte mon pantalon et tire la chasse.

— Je veux bien, oui ! dis-je.

Elle s'écarte un peu tandis que je me lave les mains. Il n'y a rien pour les sécher alors je les frotte contre mon pantalon.

— Attends une seconde, je vais chercher un peu plus d'eau chaude, dit-elle.

Elle revient quelques instants plus tard, sa tasse à la main.

— Faut de l'eau vraiment chaude pour les crayons, du coup je dois la prendre dans la casserole, pas au robinet.

J'acquiesce comme si je comprenais parfaitement.

— Alors, qu'est-ce que je te fais ?

— Hum… Un peu de couleur sur mes joues, peut-être ?

— T'as raison, t'es un peu grise, dit-elle avec un sourire. Meth ?

— Non.

— H ?

J'opine.

— Comment tu t'appelles ?

— Lara.

— Et ton nom de famille, c'est vraiment Love ?

J'opine à nouveau. Elle rit.

— Moi c'est Kiki. Ou P'tite K. Bouge pas, dit-elle en prenant le crayon noir. J'ai pas de mascara, ils sont en rade au magasin. Mais c'est mieux que rien. Y a toujours plein de gars, au Cimetière, faut faire bonne impression.

Je secoue la tête comme si je le savais déjà.

— Quand est-ce que t'as été arrêtée ?

— Hier matin.

— C'est bizarre qu'ils t'appellent déjà au tribunal, normalement ça prend au moins plusieurs jours. T'as déjà passé la classification ?

Je ne sais absolument pas de quoi elle parle, mais j'essaie de rester calme pendant qu'elle s'affaire, alors je me contente de dire que non. Elle ne me demande pas pourquoi j'ai été arrêtée, je ne dis rien et ne pose pas de question non plus.

— Laisse-moi faire juste un petit truc pour ces yeux, OK ? dit-elle en trempant déjà plusieurs crayons dans la tasse. Un peu de marron dans les plis, ça ne fera pas de mal… Voilà… Un peu de blanc pour atténuer le rouge… Tu devrais te sentir mieux dans quelques jours. Le sevrage de H, c'est le pire. Je te passerai une bouteille d'eau chaude quand tu rentreras, ça t'aidera pour les frissons. On barbote des bouteilles de jus d'orange du petit-déj', et on les remplit avec l'eau de la casserole. Ça sert bien pour les règles. Bon, tu verras, avec le temps on est toutes synchro donc il y a toujours un risque de pénurie une fois par mois, mais c'est déjà ça. Et ça aide vraiment pour l'héroïne. Les *bitches* qui carburent à la meth se contentent de dormir pendant deux semaines quand elles arrivent, c'est pas juste.

J'enregistre toutes ces infos en me regardant dans le miroir. Je me trouve déjà bien meilleure mine qu'il y a quelques minutes.

— Incroyable, dis-je. Merci !

Kiki range ses crayons et s'apprête à sortir.

— C'est ta première fois ? demande-t-elle.

Je hoche la tête.

— T'en fais pas. Les premiers jours, c'est les pires. Mais ça ira de mieux en mieux, tu verras.

Sa gentillesse me tirerait presque des larmes, mais je ne voudrais surtout pas saloper son travail.

— Un conseil, quand même : méfie-toi de Daddy. Elle aime bien rendre la vie difficile aux nouvelles. Elle va te faire la misère si elle t'aime pas.

Je ne sais pas qui est Daddy, je ne connais que Nina et la fille-araignée – et maintenant Kiki. Et je n'ai aucune idée de ce que signifie *faire la misère* par ici. Mais je sens qu'il vaut mieux ne pas demander.

Kiki est jeune, grande, blonde, elle pourrait être mannequin s'il existait une mode des uniformes de prison.

— Quel âge as-tu ? je demande.

— 19 ans.

— Waouh.

Elle n'a que deux ans de plus que Dylan.

— Je sais, ouais. Mais bon, j'en suis déjà à une dizaine de passages ici – et je te parle pas des centres pour mineurs. Et toi, quel âge ?

— 41.

— Waouh toi-même !

— Je sais…

— Tu seras sûrement dehors avant ce week-end, t'inquiète.

Elle me gratifie d'un franc sourire, celui que je lui offre en retour me semble bien faible. Nous sortons ensemble de la salle d'eau, et j'espère que son maquillage au crayon de couleur pourra tenir jusqu'à ce soir. Ce serait bien de mourir avec un peu d'allure.

***

Sorties du bloc G, Kiki, moi et une autre fille marchons le long de la ligne jaune. Je ne connais pas le plan général de la prison, mais elle semble être composée de plusieurs ailes, et ne manque ni de portes ni de couloirs. Nous débouchons sur une grande salle où une gardienne nous passe les menottes. Pas dans le dos, c'est déjà ça. Mais elle a serré si fort que mes poignets me font mal avant même qu'on entrave mes chevilles avec une chaîne en métal.

Nous montons dans un fourgon dont l'arrière est divisé en deux sections séparées par une grille de métal. Kiki m'explique qu'il y a généralement des hommes de l'autre côté. Elle est déçue, après tout le soin qu'elle a mis à se maquiller.

Arrivées au Cimetière, nous sommes confiées à de nouveaux gardiens. Kiki et l'autre fille rejoignent une cellule située sous le tribunal, et moi dans une autre. Je n'ai aucune idée de ce qui m'attend. En attendant, j'examine la pièce. Elle n'est faite que de ciment, à l'exception d'un lavabo et d'une cuvette de toilettes. Un banc est incrusté dans le mur sur la droite. Sur le mur de gauche, une horloge m'indique qu'il est 8 heures du matin.

Je devrais être morte.

La chaîne m'empêche de faire les cent pas, alors je reste assise, à trembler à cause du manque. J'attrape le rouleau de papier toilette et je m'essuie le nez comme je peux. Des échos de voix me parviennent depuis une bouche d'aération en haut de l'un des murs. Je reconnais Kiki et l'autre fille, mais impossible d'entendre ce qu'elles se racontent.

Je me concentre sur l'horloge. Neuf heures. Dix heures. Onze heures. Trois heures longues comme trois jours. J'imagine que c'est ainsi qu'on devient folle, seule avec ses pensées et une horloge qui tourne. J'essaie de fredonner toutes les chansons de country que j'ai déjà apprises en une journée – tout est bon pour oublier l'endroit où je me trouve. Midi. 13 heures. M'auraient-ils oubliée ? Je me lève vers la minuscule fenêtre de la porte : je ne vois qu'un long couloir. Personne. Il y a longtemps déjà que la bouche d'aération est silencieuse. Kiki doit déjà être de retour au G.

Je retourne sur le banc, me couche sur le côté et tente de ramener mes genoux à ma poitrine pour me tenir chaud. Chaque cellule de mon corps pleure de douleur. Comme une rage de dents quand on ne sait même plus quelle est la dent touchée : une douleur vague qui vous lance soudain sans raison, tend votre corps tout entier puis revient, palpitante, à un état supportable, comme une lente agonie. Je n'en peux plus de cette attente, je n'en peux plus du manque. Je suis à la fois sur les dents et épuisée.

Peu avant 14 heures, la porte s'ouvre enfin et je me lève. Une gardienne me tend un sac en papier.

— Déjeuner, dit-elle.

— Savez-vous combien de temps je vais rester ici ?

— Aucune idée. Les sessions d'urgence de la Protection de l'enfance, c'est toujours la loterie.

Elle referme la porte avant que j'aie le temps de lui poser plus de questions. Mon cœur se met à battre plus fort. *Protection de l'enfance.* Cela signifie-t-il que Kaden sera là ? Et si oui, est-ce vraiment une bonne chose ? S'il me voit, il voudra être avec moi, je ne pourrai pas bouger, et je ne supporterai pas qu'il croie que je ne veux pas le prendre dans mes bras. Qu'il croie que je le rejette. Mais j'ai tellement envie de le voir, de savoir s'il va bien.

Le sac contient un sandwich et une pomme. Je n'ai pas vraiment faim, et aucune envie de me débattre avec les menottes pour tenter d'avaler un sandwich sans goût. Je fais glisser le sac jusqu'à l'extrémité du banc et vais pour me recoucher, quand la porte s'ouvre à nouveau.

— Love. On y va.

Je me lève et marche péniblement vers la porte. Le garde me conduit à travers un long couloir, jusqu'à une porte devant laquelle se trouve un policier. Et à côté de lui : DJ.

— Tenez-vous le long du mur, ordonne le garde.

Je prends place près de DJ, la bouche trop sèche pour dire quoi que ce soit. DJ n'a pas l'air en meilleur état que moi. Et il est clairement excédé.

— Ça va ? me demande-t-il.

Je hoche la tête et mes yeux s'embuent.

— On ne parle pas ! commande le policier.

— C'est ma femme, grogne DJ.

— Je m'en fous. Pas de communication.

Je les regarde se toiser tous les deux. DJ a les yeux rouges et une barbe de trois jours. C'est déjà un autre homme. Plus dur. Plus amer. Plus en colère.

— Conneries, marmonne-t-il.

Le policier ouvre enfin la porte et nous introduit dans la salle d'audience. Le juge est une femme mais ce n'est pas elle que je veux voir. Je passe en revue la salle. Pas de Kaden. Pas de Dylan non plus, ni Cody, ni Ty. Personne que je connaisse.

Le policier nous escorte jusqu'à une rangée de chaises sur le côté – là où se tiendrait le jury s'il y avait un procès. Il nous fait asseoir chacun à un bout, et s'en va en rappelant que nous n'avons pas le droit de communiquer entre nous. Du coin de l'œil, je vois bien que DJ cherche à attirer mon attention, mais quoi qu'en dise la liste des charges qui pèsent contre moi, j'ai toujours été du genre à respecter les règles. « Putain de conneries », répète DJ dans sa barbe, et je n'ai pas besoin de le voir pour sentir la rage qui monte en lui. Je garde les yeux baissés mais secoue légèrement la tête : j'aimerais que mon idiot de mari comprenne qu'il doit la boucler. Ceci est un tribunal des affaires familiales. Nous allons être jugés en tant que parents, ce n'est pas le moment de donner l'image d'un mâle blanc privilégié qui peine à maîtriser son agressivité.

Je sais bien que je suis à une sucette verte de ressembler à ma voisine à l'hygiène douteuse et que le maquillage express de Kiki a déjà dû s'effacer, mais je tente tout de même de relever mes cheveux, et d'afficher sur mon visage mon plus beau sourire de parfaite mère de famille. Mon cou se ressent encore de la pression du drap, j'espère au moins que les nœuds n'ont pas laissé de marque apparente.

***

Face à la juge se trouvent deux grandes tables. Un homme et une femme sont installés devant celle de gauche ; à droite, ce sont deux femmes. Derrière, sur les bancs du public, quelques personnes dont le visage ne me dit rien. Tous sont en costume

– des employés du tribunal, j'imagine. L'un d'eux me regarde ostensiblement.

La juge annonce un numéro d'affaire, et la femme de la table de gauche se lève pour s'avancer à la barre.

— Dans l'affaire Kaden Love Jackson, enfant mineur placé sous protection…

Je m'avance sur mon siège pour tenter d'entendre ce qu'elle dit, mais je ne parviens à capter que des bribes.

Trois ans et onze mois… Urgence… Placement… Charges multiples… Maison jonchée de déchets… Désordre… Négligence grave… Laissé seul… Drogues… Recommande le retrait.

Plusieurs détails sont faux. La maison était plutôt en ordre, et Kaden n'était pas abandonné à lui-même. Mais peu importe à ce stade. Je suis une mauvaise mère parce que je porte des menottes et un uniforme de prisonnière. L'avocate continue de détailler mes défaillances parentales. Toutes les mères se font culpabiliser un jour ou l'autre, ça fait partie du jeu, mais l'avocate est une championne du monde. Je fixe mes genoux du regard tandis que mes joues brûlent. Je sais, moi, que je me jetterais sous un bus pour sauver un de mes fils. Je leur donnerais ma vie, et pourtant je n'ai pas su arrêter l'héroïne pour eux. Je ne sais pas comment réconcilier ces deux vérités.

Peut-être la réponse la plus simple est-elle la meilleure, après tout. Je ne suis pas une bonne mère. Je suis une horrible mère. Je dois aimer la drogue plus que mes enfants – voilà pourquoi je suis là aujourd'hui, au lieu de préparer un goûter et de conduire les uns et les autres à leurs activités.

Oui, traitez-moi de mère indigne.

DJ, lui, s'insurge. Il crie au mensonge, et un huissier menace de le sortir de la salle. Je crois que je préférerais qu'ils le fassent. Tout va si vite et je ne sais même pas ce qui doit se décider ici. Une femme se lève depuis l'autre grande table, elle se présente comme l'avocate de l'enfant mineur.

Kaden a une avocate.

— Et, hum… les autres enfants ? demande la juge en fouillant dans un dossier comme si elle avait perdu quelque chose.

Je retiens mon souffle – Dylan, Cody et Ty ont-ils été emmenés eux aussi ? Et Hailey et Logan ?

— Ils n'étaient pas au domicile lorsque les prévenus ont été interpellés et sont sous la garde de l'autre parent. Ils ne sont donc pas sujets à une mesure de protection de l'enfance.

La juge relève la tête de son dossier.

— Votre Honneur, l'ex-mari de la prévenue et sa femme ont engagé la procédure d'accréditation pour devenir famille d'accueil et se proposent d'accueillir l'enfant. Nous recommandons ce placement dans un foyer où il a des demi-frères, sous réserve d'inspection du logement, laquelle aura lieu cet après-midi.

Je lève la tête et du regard implore la juge d'accepter cette proposition. Un huissier tend à DJ et à moi une enveloppe de papier kraft. Impossible de l'ouvrir avec les menottes. Je me redresse sur mon siège et tente d'avoir l'air d'une mère respectable. Finalement, la juge se tourne vers nous :

— La cour accepte le placement de Kaden Love Jackson et ordonne la réunification parentale dans un délai d'un an compte tenu de l'âge de l'enfant, sous réserve de satisfaire d'ici là à tous les critères fixés par les services de protection de l'enfance.

L'autre femme de la table de droite se lève.

— Votre Honneur, étant donné que l'enfant aura 4 ans dans un mois et que les parents sont incarcérés, nous aimerions demander un délai plus long pour la réunification parentale. Si nous étions un mois plus tard, le délai serait de deux ans avant que l'autorité parentale ne soit révoquée.

— Mais nous ne sommes pas un mois plus tard. Je crains que le délai ne soit basé sur l'âge de l'enfant au moment du placement.

Je ne comprends rien à ce qui se joue là, mais j'ai bien entendu que Kaden allait pouvoir rester avec ses frères et non avec des inconnus. Il n'aura pas peur. Il sera en sécurité. Il ne sera pas seul.

J'inspire profondément pour la première fois en deux jours. Quand j'expire, mon souffle se brise et des larmes me jaillissent des yeux. Je les chasse comme je peux, et croise le regard de l'inconnu qui m'observe depuis le début à l'arrière de la salle. Il m'adresse un bref signe de la tête, mais je détourne les yeux. L'huissier me tend un mouchoir, et je le remercie.

J'essuie mes yeux et me tourne discrètement vers DJ. Je vois tout de suite qu'il n'est pas content que notre fils aille habiter chez mon ex-mari. Il fusille du regard l'avocate de Kaden. De toute mon âme, je le supplie d'accepter de considérer la situation dans son ensemble. De voir combien tout ça est une bonne nouvelle.

***

L'huissier ouvre la porte et nous fait signe de sortir. Je regarde une dernière fois la salle et croise le regard de la juge.

— Le temps presse, me dit-elle. Bonne chance.

Une fois dans le hall, DJ explose.

— C'était n'importe quoi, putain. Ils peuvent pas prendre notre fils comme ça. Révocation de l'autorité parentale, et puis quoi encore ?

— On ne parle pas ! aboie un policier.

— Tout ira bien, dis-je. Bryan va s'occuper de Kaden, et il sera avec ses frères !

La gardienne de tout à l'heure me ramène dans une autre cellule et referme la porte. Assise sur le banc, l'enveloppe sur les genoux, je fixe l'horloge. *Le temps presse*. À chaque minute qui passe, je sens la pression monter dans ma poitrine, elle remonte vers ma gorge, mes yeux, je tente de résister et finalement je fonds en larmes.

Je pleure pour toutes les décisions stupides qui m'ont conduite ici. Je pleure pour celle que j'ai été et celle que je suis devenue. Je pleure de gratitude pour Bryan qui vient de sauver Kaden. Je pleure parce que je suis entravée, mais je sais bien que même si je le pouvais je n'oserais pas lire ces papiers qui décident de l'avenir de mon enfant, alors je pleure de me sentir aussi lâche. Je pleure pour tout ce que j'ai gâché. Parce que je ne me suis jamais sentie si seule et si perdue. Je pleure pour mes quatre fils en pensant au terrible tournant que je viens de faire prendre à leur vie.

À la maison, j'ai gardé des albums de chaque anniversaire et de toutes nos vacances, de la moindre visite au zoo, des costumes d'Halloween, des chasses aux œufs de Pâques et des veillées de Noël. Un jour, quelqu'un m'a demandé pourquoi je gardais tant de photos. En riant j'avais répondu : « Pour que les garçons puissent dire, quand ils seront adultes, qu'ils ont eu une enfance heureuse. » Aujourd'hui toutes ces photos n'ont plus de sens. Mon arrestation a tout changé. L'avenir, et le passé.

Je pleure surtout parce que tout est de ma faute. Il n'y a personne au monde que je haïsse plus que la femme repoussante que je vois dans le miroir tordu au-dessus du lavabo de cette cellule. Elle mérite sa douleur, et son châtiment. Aucun tribunal ne peut me juger plus sévèrement que je le fais moi-même. Je n'ai pas besoin de procès, je me suis déjà déclarée coupable. La peine est déjà prononcée.

Quand enfin je cesse de pleurer, je suis rincée. Le devant de ma chemise est mouillé de larmes, et je tremble encore de tous mes membres. Mais mon esprit est apaisé. Un vide s'est fait en moi.

Dans la cellule, il n'y a plus que le temps qui court au cadran de l'horloge.

Chapitre 7

LES FILLES PERDUES

La première fois que j'ai volé quelque chose, j'avais 13 ans. J'avais laissé tomber les pantalons de velours et ma coupe sage à la garçonne, j'étais entrée dans l'adolescence avec de longs cheveux blonds ondulés à la Farrah Fawcett, une poitrine poussée un peu trop vite et une batterie de complexes. Je ne m'intéressais pas à la mode, mais j'avais une passion pour les vêtements. Pour ceux des autres, surtout. Ma mère n'avait jamais le temps de faire des courses pour moi, et quand je la suppliais d'aller faire du shopping, elle se contentait de me donner quelques-uns de ses vêtements à elle. J'aurais tant aimé porter de petites robes blanches comme Brooke Shields dans *Le Lagon bleu* ; dans les faits, j'étais plutôt habillée comme une chanteuse de country – chemise large et veste à épaulettes.

Je rêvais d'être comme ma tante Jodee, qui n'avait que dix ans de plus que moi et habitait seule en Californie depuis l'âge de 16 ans. Elle vivait en hippie en se moquant totalement de ce que les gens pouvaient penser d'elle, tandis que j'affrontais le monde avec appréhension, cachée derrière ma frange. Je ne voyais Jodee qu'une fois tous les deux ou trois ans, mais j'adorais tout chez elle, à commencer par sa façon de s'habiller : jeans délavés, débardeurs légers et t-shirts colorés, le poignet droit couvert de bracelets.

Peu avant mes 14 ans, j'ai passé quelques jours chez elle, et j'ai volé son jean préféré dans le combi Volkswagen où elle habitait. Le lendemain, elle a retourné son van pour le retrouver, et je l'ai aidée à chercher. De retour dans le Massachusetts, j'ai sorti le jean du fond de ma valise et l'ai enfilé sans attendre. Toutes les femmes du côté de ma mère sont plutôt petites, et il m'allait à la perfection. De temps à autre un remords me venait en repensant à Jodee, mais je chassais vite ce souvenir. Je portais le jean tous les jours, et souvent avec ce petit haut en coton blanc que je lui avais aussi dérobé. Dans ces vêtements, je me sentais quelqu'un d'autre, et il n'y avait rien de mieux au monde.

Je me remémore cette histoire dans le fourgon qui me ramène au bloc G. Au fond, j'étais peut-être née délinquante. Avais-je cela dans mon sang depuis le début ? Y aurait-il une continuité entre le jean de Jodee, le courrier de mes voisins et ces vingt-sept années de prison que je risque désormais ? Je suis épuisée rien que d'y penser.

***

Il est trop tard pour le dîner, mais une dizaine de filles sont encore attablées quand je fais mon retour au G. Kiki et Nina sont là, avec d'autres dont je ne connais pas le nom.

— Vivian pensait qu'ils t'avaient libérée, dit Kiki en désignant sa voisine aux longs cheveux noirs avec une raie au milieu et de grands yeux ronds.

Je reconnais la fille qui m'avait attirée à sa porte le premier soir. Sa peau est si pâle qu'on la dirait translucide.

— Eh non, dis-je. Je reste.

— Tu as eu Marigonda ? demande une fille.

— Qui ça ?

— Le juge Marigonda.

— Non. C'était une femme – la juge Guy.

Elles poussent toutes un cri de surprise.

— T'étais au tribunal familial de Watsonville ?

— La Protection de l'enfance de Santa Cruz, dis-je, et je les vois échanger des regards que je ne comprends pas.

— T'as fait quelque chose à ton gosse ?

La femme qui vient de parler se lève. Elle est petite, trapue, les cheveux rasés – comme un Bouddha dans un uniforme de prison.

— Réponds-moi. T'as fait du mal à un enfant ?

— Arrête, Daddy, intervient Kiki.

Je ne sais que répondre, et je sens tous les regards sur moi. Je lève la tête et prends une inspiration mal assurée.

— Quand ils m'ont arrêtée… Ils ont pris mon fils, dis-je. Il va avoir 4 ans. Je ne lui ai jamais fait de mal… Je n'ai même pas pu appeler quelqu'un pour s'en occuper…

Je déglutis.

— Et maintenant ils disent que je pourrais en prendre pour vingt-sept ans.

Les tremblements reprennent et je baisse la tête. Qu'elles viennent me frapper si elles veulent. Je m'en fiche.

Le silence se prolonge quelques instants, puis elles se mettent toutes à parler en même temps.

— Ces enculés…

— Ils prennent les gosses juste pour ouvrir un dossier de plus et justifier leur paie. Ils n'ont pas voulu que mon José aille avec ma mère. Maintenant il vit chez une étrangère et il l'appelle mamie.

— Moi, ils m'en ont pris trois.

Nina se lève et vient me prendre dans ses bras.

— Tu devrais t'allonger, on va te préparer une bouteille d'eau chaude. P'tite K nous a dit que t'étais en détox de H. Tu veux des ramens ?

Je hoche la tête et la laisse me conduire jusqu'à mon lit. Je reste plantée debout tandis qu'elle borde le drap et la couverture. Elle soulève l'oreiller pour le remettre droit. Elle remarque la lettre que j'ai écrite aux garçons mais ne dit rien et repose l'oreiller.

— Retire ta chemise, tu seras mieux, dit-elle.

Elle prend l'enveloppe que je tiens encore entre mes mains et la pose à l'extrémité du lit. Je me retrouve en t-shirt. Elle plie ma chemise et la dépose sur l'enveloppe.

— T'as la peau sur les os, meuf, va falloir te remettre à manger.

Je tremble encore en me glissant sous les draps. Kiki revient avec une bouteille de soda remplie d'eau chaude, la cale contre moi et retourne s'asseoir. La chaleur me fait du bien. Je me concentre sur la sensation, et tourne la tête du côté des tables.

— Eh, Love, fait Vivian.

— Oui ?

— Ils t'ont donné combien de temps ?

— Combien de temps pour quoi ?

— Pour retrouver ton fils. La réunification.

— Oh ! Un an.

Les filles restent silencieuses mais j'entends Nina murmurer : « Oh putain… »

Je finis par regarder les vidéos de country jusqu'à ce que ma bouillotte de fortune refroidisse. Nina vient s'assurer que tout va bien.

— Tu sais, me dit-elle. J'ai été violée par des mecs de mon quartier avec qui je traînais, et je suis tombée enceinte. Ma famille a eu tellement honte qu'elle m'a foutue dehors. Je n'avais nulle part où aller, alors les services sociaux ont pris mon fils. C'est là que je me suis mise à la meth. Il a presque 6 ans, maintenant.

Nina doit avoir 22 ans au maximum, ses joues ont gardé une rondeur enfantine.

— C'est pas normal, dis-je. Est-ce qu'ils ont arrêté les gars qui t'ont fait ça ?

Elle me regarde avec un drôle d'air.

— T'es marrante, toi. Tu viens de quel coin ?

— Aptos.

Elle se met à rire.

— Eh les filles ! lance-t-elle. Madame vient d'Aptos !

Le rire devient général mais je n'y sens rien de méchant, alors je m'y mets aussi.

— Le gang des mères de famille, dis-je – et un instant je me fige, craignant que cette blague puisse mal passer.

Mais le rire de Nina redouble.

— T'as raison. Aptos, le putain de gang des bourgeoises, ha !

Je souris.

— Tu vois Leah, là-bas ? Elle est enceinte de six mois. Elle a droit à un double matelas et du rab de lait.

Leah me salue et pose la main sur son ventre. Je me demande toujours ce qu'ils feront du bébé. Le laisseraient-ils avec elle ? J'imagine que si Kaden était ici, je ferais tout pour lui faire une place dans ce lit.

— Dis-moi, Nina...

— Oui ?

— Où est-ce que je peux prendre une douche ?

— Là-bas, dit-elle en pointant du doigt un rideau près de la vitre qui donne sur le poste de garde. Mais je te préviens, enlève pas tes *shoes*...

— Et comment on fait pour les serviettes ?

— Ils ne t'en ont pas donné ?

— Non. Je n'ai que ça.

Je lui montre le sac avec la brosse à dents, le squelette de stylo et le rasoir démonté.

— Attends, tu n'as pas non plus de tasse et de cuichette ?

— Une quoi ?

— Une cuichette. Comme si une cuiller et une fourchette avaient un bébé ensemble, tu vois le genre ? Le bout est rond, avec de toutes petites dents pour éviter qu'on poignarde quelqu'un avec.

Je hoche la tête. Elle ne dit pas un mot en voyant mon rasoir démonté.

— Eh, Daddy ! crie-t-elle en se retournant. La cantine n'a

pas donné de serviette à notre lady d'Aptos. Pas de tasse et de cuichette non plus. Et les produits d'hygiène.

Daddy se lève lentement et se dirige vers la vitre. Elle cogne dessus et fait signe au gardien de venir. Sitôt est-il entré que quelques filles se mettent à danser devant les clips de country.

Daddy et le gardien échangent pendant quelques minutes. Elle tourne la tête vers moi à plusieurs reprises, mais je n'entends rien de leur conversation. Le gardien finit par hocher la tête avant de ressortir, et les danseuses s'arrêtent.

— Tu peux m'expliquer cette histoire de danse ? je demande à Nina.

— Ils nous mettent ça toute la journée pour nous emmerder. C'est eux qui ont la télécommande, dit-elle avec un signe de tête vers la vitre qui donne sur le poste de garde. Nous, on fait semblant qu'on adore ça pour pas qu'ils croient qu'ils ont gagné, tu comprends ?

— Je vois. Ils faisaient pareil avec les prisonniers de guerre.

— Qu'est-ce que tu racontes ?

— Les prisonniers de guerre. Je ne sais pas pourquoi, mais je me souviens d'avoir appris que la musique est souvent utilisée comme une arme de torture.

— Waouh, fait Nina. T'as raison – sauf que nous, on retourne l'arme contre eux. Et puis, on finit par s'y faire. Les textes des chansons sont pas mal, parfois. Au début, on faisait semblant d'aimer, maintenant je crois qu'on aime toutes ça pour de vrai. Évidemment, tu gardes ça pour toi. Pas un mot aux matons.

La porte s'ouvre à nouveau, et le gardien confie des affaires à Daddy. Nina se précipite pour me les apporter. Il y a là une tasse en plastique avec une fourchette-cuiller, un échantillon de shampooing, un savon et une serviette rêche. Elle dépose le tout à mes pieds sur le lit.

— Merci, dis-je.

Soudain, un cri jaillit depuis le lit d'à côté. C'est Sucette girl, qui a une meilleure tête qu'hier. L'intervention dans les douches a manifestement eu lieu pendant que j'étais au tribunal.

— J'ai plus de lait, on a volé mon lait ! crie-t-elle en retournant ses draps.

Elle sort de son lit et se dirige droit vers Vivian qui regarde un clip.

— Quelqu'un m'a volé mon lait, tu peux m'aider ?

Vivian ne détourne pas les yeux de l'écran pendant une bonne minute. Sucette girl reste debout près d'elle en gigotant, puis elle se précipite vers la tablette où se trouve la casserole et revient avec sa tasse de café.

— J'ai plus de lait ! crie-t-elle en la posant avec fracas.

Un peu de liquide brun déborde sur la table.

Vivian finit par se tourner vers elle. Elle tend le bras, attrape la tasse. Puis elle soulève son t-shirt, attrape un sein et fait gicler du lait dans le café. Sucette girl prend la tasse et s'en retourne vers son lit.

— Ils ont pris le bébé de Vivian juste après l'accouchement, me chuchote Nina avant de retourner avec les autres.

***

Il est près de 8 heures et je prie pour que Kaden soit avec ses frères. Et si Bryan et Darcy n'avaient pas obtenu l'agrément d'urgence ? L'inspection avait lieu cet après-midi, a dit l'avocate. Le doute m'est insupportable, alors je me lève et me dirige vers les téléphones.

J'ai terriblement besoin de parler à mes enfants, et en même temps cela me fait trop peur. J'appelle en PCV le téléphone fixe de Bryan. C'est Dylan qui répond. Il accepte l'appel.

— Dee ?

— Maman ?

Je ne sais pas quoi dire à mon fils de 17 ans. C'est si étrange. Si gênant.

— Tout va bien ? je demande.

— Ouais. Et toi ?

— Ça va, je mens. Est-ce que Kaden est avec vous ?

— Oui, il est là.

— Il va bien ?

— Il a l'air, oui. Il n'arrête pas de dire qu'il a dormi dans un panier pour chat. Il croit que tu l'as abandonné.

— Je suis désolée, Dee. Tellement désolée.

— C'est OK, Maman.

— Je t'aime, Dylan, tu sais. S'il te plaît, tu dis à tes frères que je les aime aussi ? Et embrasse Kaden pour moi. Dis-lui que je l'aime et que je le reverrai bientôt. Dis-lui que tout va s'arranger, d'accord ? Je suis tellement, tellement désolée !

Je ne sais que dire d'autre. Jamais je ne me suis sentie si maladroite avec lui. Mon aîné, l'enfant qui a fait de moi une mère, le vrai amour de ma vie.

— Je n'ai que quelques minutes pour parler, mais je voulais juste dire… Pardon, vraiment.

Un silence à l'autre bout.

— Ça va aller, mam'. Prends soin de toi. Faut juste que tu te remettes de tout ça.

— Oui. Je t'aime, Dee. À bientôt.

— À bientôt, mam'.

En raccrochant je me rends compte qu'il n'a pas dit « Je t'aime ».

Je retourne dans mon lit. Je suis contente que personne ne puisse me joindre ici. Je n'aurai à parler aux gens que si c'est moi qui les appelle. C'est une forme de liberté, en un sens. Je n'ai aucune idée de ce qui se passe à l'extérieur, je n'ai qu'à me préoccuper de prendre une douche et de revenir me coucher. La base de la base.

La douche a un débit minuscule, mais le filet d'eau chaude suffit à me faire du bien. J'ai toujours préféré pleurer dans l'eau – dans l'océan, un jacuzzi, ou sous la douche – et mes genoux vacillent en même temps que les larmes commencent à monter. Je m'assois à même le sol – Nina m'a bien avertie de ne pas me déchausser, mais je m'en fiche. Je me mets en boule et laisse l'eau couler sur le sommet de mon crâne. Comme un baptême. Je repense à cette lettre sous mon oreiller. À mon projet de pendaison.

Et dans ma tête résonne la voix de Dylan qui me demande de prendre soin de moi.

Eh merde. Je ne vais pas me suicider.

Je ne sais absolument pas comment je vais réussir à supporter ce qui m'attend encore, mais une chose est sûre, maintenant : je ne pourrai pas y échapper. Je pense à Kaden qui croit que je l'ai abandonné. À ces douze mois que le juge m'a donnés pour le récupérer. Quant aux trois autres… Officiellement, ils ne m'ont pas été retirés et aucune menace ne pèse sur mon droit à rester leur mère, mais les retrouverai-je seulement un jour ? Ne les ai-je pas perdus en un sens, eux aussi ?

Et ne suis-je pas perdue pour eux ?

***

En prison, je suis entourée de filles si jeunes que les voir ici ne peut que vous briser le cœur. Des filles qui me demandent de leur expliquer à quel moment du cycle elles peuvent tomber enceintes. Des filles qui ont des enfants, beaucoup d'enfants, mais qui me regardent d'un air interdit quand je prononce le mot *ovulation*. Des filles remplies de honte parce que, comme Nina, elles ont été violées en réunion, bizutées par un gang, cognées, battues. Ce sont des dures, *à-la-vie-à-la-mort*. Ce sont aussi des filles perdues, des filles abandonnées, des filles avec des cicatrices sur le visage à force de se gratter pendant les nuits blanches passées avec leurs petits amis dealers de meth – ces fiancés qui disparaissent sitôt qu'elles tombent enceintes ou quand elles se font coincer à leur place. Des filles généreuses qui confondent l'amour avec la violence, une claque dans la gueule ou un couteau sous la gorge, des filles qui croient qu'on les aime quand on leur dit : « Garde ce sac pour moi bébé, et montre-toi cool avec le mec qui viendra le chercher. » Jusqu'à ce qu'un jour la police enfonce la porte et les envoie en prison. Ce sont des dures, oui, mais à l'intérieur elles sont seules, elles ont peur, et elles rêvent désespérément de choses qu'elles ne savent pas nommer.

Toutes les filles que j'ai rencontrées jusqu'ici au blog G sont des filles perdues. Kiki, Nina, Sucette girl, Vivian, Leah, la fille-araignée – même Daddy. Je suis une fille perdue, moi aussi, mais quand je remonte dans mon lit en m'accrochant à ma bouteille d'eau plus très chaude, j'ai l'impression fugace de m'être un peu retrouvée.

***

Le lundi suivant, je suis de nouveau conduite au tribunal. J'ai droit à une avocate commise d'office, Elizabeth. Elle est enceinte, et son ventre déjà bien gonflé me laisse l'espoir que là-haut dans les bureaux on pense que mon cas pourra être réglé rapidement. DJ a sa propre avocate. Une nouvelle fois, je passe la journée entière au Cimetière pour un quart d'heure d'audience. L'assistant du procureur me regarde comme si je venais de frapper son chien, et sourit au juge quand celui-ci décide de continuer les poursuites.

Je ne tarde pas à intégrer la routine du bloc G. Petit-déjeuner à 5 heures, déjeuner à midi, dîner à 17 heures. La journée s'étire en une longue chanson de musique country que vient brièvement interrompre une nourriture flasque et sans goût. Le samedi, un sandwich-crudités constitue le point d'orgue gastronomique de la semaine. Le reste du temps, nous avons surtout droit à une tranche de viande douteuse coincée entre deux morceaux de pain blanc. Au dîner, la même viande est servie panée avec des légumes en conserve – généralement des haricots. Le petit-déjeuner s'apparente à une soupe d'œufs brouillés. Quant aux pommes qui accompagnent le déjeuner, elles sont farineuses et souvent gâtées. De temps à autre, une distribution d'oranges crée l'événement : on s'amuse à jongler, et on se lance des défis : qui réussira à éplucher son orange pour que la peau reste en un seul morceau ? L'odeur des agrumes apporte toujours un peu de joie au G.

Après deux semaines, la plupart des symptômes du manque ont disparu, mais pas l'insomnie. Pour moi qui ai toujours eu le sommeil léger, dormir sur le Périphérique est un châtiment. Quand je parviens enfin à m'endormir, la ronde du gardien vient me réveiller presque à chaque fois. Je comprends mieux pourquoi les filles du Périph sont folles. En contrepartie, me voilà aux premières loges pour observer tout ce qui se passe au bloc pendant la nuit – les gardiens qui font durer leurs rondes, par exemple.

Les gardiens contrôlent les visites, les repas, le courrier et l'accès de chaque détenue au magasin central – donc aux papiers, aux crayons et aux timbres qui permettent de rester en contact avec l'extérieur. Ce sont eux qui décident de nous donner ou non du savon ou du shampooing, et tout ce qui constitue un confort minimal.

Si vous ouvrez un manuel de prévention des violences domestiques, vous y trouverez le mode d'emploi de cette maison d'arrêt.

Il vous dénigre et se moque de vous en public ? Il vous menace par des paroles ou par des actes ? Il surveille vos sorties et vos fréquentations ? Il vous décourage de voir vos amies ou votre famille ? Il confisque votre argent et contrôle toutes les dépenses ? Il vous empêche de prendre vos propres décisions ? Il vous traite de mauvais parent, menace de s'en prendre à vos enfants ou de s'enfuir avec eux ? Il vous interdit de travailler ou d'étudier ? Il vous rend responsable de ses violences ou prétend qu'il ne s'est rien passé ? Il vous frappe, vous menace avec un couteau ou une arme ? Il vous force à avoir un rapport sexuel quand vous n'avez pas envie ou vous impose des pratiques avec lesquelles vous n'êtes pas d'accord ?

La maison d'arrêt coche toutes les cases. Bingo.

Le résultat, c'est un bâtiment tout entier rempli de détenues traumatisées, sous la coupe de gardiens qui n'ont pas conscience de ressembler autant aux mêmes hommes qui, d'une façon ou d'une autre, ont conduit ces femmes au bloc G.

***

Une petite cour en ciment est rattachée au bloc G. Elle n'est pas beaucoup plus grande qu'un terrain de squash, et nous marchons autour comme si c'était une piste d'athlétisme. Certaines, en attente d'un transfert pour la prison (la vraie, je veux dire – techniquement, je suis ici dans une *maison d'arrêt* destinée à la détention provisoire et aux courtes peines), font de l'exercice dans l'espoir d'être choisies pour les brigades du feu. L'État de Californie recrute des détenues de la prison centrale de Chowchilla pour aider à combattre les incendies. La paie est de 2 dollars par jour – une misère. « Mais c'est toujours mieux que de rester enfermée, m'explique Grace, qui vient d'être condamnée et attend qu'un fourgon pénitentiaire vienne la chercher. Et puis, 2 dollars, c'est mieux que 0 dollar. » Je refuse de penser à la prison, mais si je dois y aller, je crois que j'irai volontiers combattre le feu.

Dans la cour, je rejoins le cercle des promeneuses. J'ai tenté de faire des pompes, mais mes bras sont encore trop faibles. Dans un coin, une série de marches mène à une porte condamnée. Le haut de l'escalier échappe aux caméras de surveillance : c'est là que les filles se regroupent pour fumer leurs cigarettes de contrebande.

Le tabac, comme tout ce qui est interdit au bloc G, arrive de deux façons : soit caché dans le vagin d'une fille qui savait qu'elle allait atterrir ici ; soit dissimulé dans un des « repas spéciaux » servis à certaines. La cuisine de la maison d'arrêt est tenue par d'autres détenues de Blaine Street – un établissement spécial à la sécurité allégée, pour les condamnées considérées comme non violentes. Les deux bâtiments se jouxtent, sans toutefois être directement connectés. Celles qui travaillent à la cuisine peuvent marcher librement d'un établissement à l'autre – je réalise que c'est elles que j'ai vues le premier jour avec leur pantalon vert, quand j'étais dans la voiture. Tout le monde ici voudrait purger sa peine à Blaine Street, avec son jardin, sa salle de gym et sa propre cuisine, et où les cellules ressemblent à de vraies chambres. Les résidentes de Blaine Street assurent une grande partie de l'intendance de notre maison d'arrêt. Elles s'occupent du ménage des couloirs et des bureaux, elles préparent les repas et les plateaux, et entretiennent les abords des bâtiments. Elles ont quatre pièces de vie, chacune avec sa télévision. Et elles ont le contrôle de la télécommande.

Il existe un équivalent masculin, Rountree Medium Facility, mais il est situé à une vingtaine de kilomètres. Les détenus « non violents » qui y travaillent sont escortés chaque matin vers la maison d'arrêt. Ce sont eux qui gèrent les approvisionnements, et qui servent les repas à chaque bloc. On les repère à leur uniforme beige.

Si une détenue a besoin d'un régime spécial, à cause d'une allergie ou pour raison religieuse, ses repas sont marqués à son nom : un vecteur parfait pour passer des messages ou des produits de contrebande. La drogue circule ainsi, emballée dans un sachet plastique et cachée dans un sandwich spécial destiné à telle ou telle. Les cigarettes prennent le même chemin, de même que les *avions*, ces courts billets pliés en quatre et destinés à une personne en particulier, ou à l'ensemble du bloc. Le système est bien rodé : un détenu qui reçoit un plateau spécifique peut passer un avion au préposé à la distribution des repas ; celui-ci le mettra à son tour dans un menu spécial destiné à une détenue d'un autre bloc, laquelle détenue distribuera *in fine* l'avion à sa destinataire. Le trafic est aussi dense que sur Internet, et la logistique commerciale plus fiable qu'Amazon. Nulle détenue bénéficiant d'un menu spécial n'oserait garder pour elle un message ou de la drogue.

J'en suis à ma quatrième semaine au G quand je reçois mon premier avion. Une détenue végane – une fille discrète qui a démoli la tête de son copain – passe près de ma table et le glisse sur mon plateau. C'est un message de DJ, avec mes initiales en petites lettres dans un coin. Quelques phrases seulement : il m'appelle « ma gazelle », il dit qu'il m'aime et qu'il va bientôt nous sortir de là. Je le lis et m'en débarrasse rapidement dans les toilettes. Les gardiens fouillent régulièrement les lits sur le Périph, et personne ne prend le risque de se faire pincer avec un avion sous son matelas.

Je repense à ce message tout l'après-midi. « Ma gazelle », voilà qui sonne étrangement de la part d'un homme qui a grandi dans une banlieue chic de la Silicon Valley et a passé sa vie dans les crédits immobiliers. J'imagine qu'il s'adapte lui aussi à son nouvel environnement mais tout de même, ce mot étrange me perturbe.

Cette nuit-là, j'apprendrai qu'il existe un troisième moyen d'introduire ici des messages ou des produits de contrebande. Je suis encore éveillée quand le gardien de nuit entre pour la ronde de 3 heures. Une inhabituelle odeur de frites semble l'accompagner. Je ferme les yeux quand sa lampe de poche s'approche de mon lit afin qu'il me croie endormie. Puis je le suis du regard tandis qu'il inspecte les cellules fermées. Quand il monte à l'étage, je vois qu'il tient à la main un sac McDonald's. J'entends une porte qui s'ouvre, puis se ferme. Quand le gardien redescend, une vingtaine de minutes plus tard, le sac n'est plus là. Je n'ai pu voir dans quelle chambre il est allé et je ne peux pas dire ce qui s'est passé, mais après un mois ici, j'ai bien compris qu'avec les gardiens rien n'est jamais gratuit.

***

Une fois par semaine, il est possible de quitter le G pour participer au programme de rétablissement des Narcotiques anonymes, dans une des salles de cours de la maison d'arrêt. La cinquième semaine, je me décide à y aller. Je suis nerveuse – pas à cause du sujet, mais parce que j'ai peur d'y rencontrer un visage connu. Avant la rechute qui m'a conduite ici, j'ai participé à ces ateliers pendant six ans. C'est aux Narcotiques anonymes que j'ai rencontré DJ. Une année, je me suis même portée volontaire pour recruter et former des animateurs d'ateliers dans les prisons. Le choix est délicat : d'un côté, passer quelques heures loin du bloc G et de ses clips de country ; de l'autre, être vue en chemise de détenue par une femme que j'aurais moi-même formée, au risque de devenir, pour tous les animateurs des NA, *l'exemple à ne pas suivre* qu'on citerait dans tous les ateliers – celle qui a replongé et qui maintenant dort en prison. L'opportunité d'échapper à une nouvelle chanson de rodéos et de barmaids finit par l'emporter : je m'inscris pour l'atelier. Des filles du bloc H sont là aussi. Certains ateliers non mixtes proposés par la prison sont communs à nos deux blocs, tout comme les célébrations religieuses. Je n'ai pas tardé à comprendre qu'une vieille rivalité oppose les deux blocs, comme deux tribus ennemies. Chaque camp est persuadé d'avoir la meilleure *street cred*, plus de classe et moins de balances que l'autre. Je ne doute pas que les filles du bloc H sont exactement les mêmes que celles du G. Mais aussi ridicule qu'elle puisse être, cette rivalité inutile nous paraît à toutes de la plus haute importance.

Nous marchons le long de la ligne jaune, nos cartes à la main, nous attendons en silence jusqu'à ce qu'un gardien nous ouvre la salle. Deux femmes en habit civil se tiennent près du tableau blanc. Je reconnais aussitôt Cheryl, une amie des NA. Je m'arme de courage et d'un sourire, et j'avance vers elle.

— Salut Cheryl.

— Sal… Oh, mon Dieu, Lara !

J'écarte les bras pour un *hug* mais elle recule d'un pas.

— On n'a pas le droit de faire ça, dit-elle.

Je le sais très bien : c'est moi qui le lui ai appris, un samedi matin chez moi tandis que les garçons regardaient un dessin animé. Je lui ai servi du café et des beignets en lui expliquant tout ce à quoi elle devrait faire attention si elle voulait tenir des ateliers en prison.

Je rougis d'embarras et bats en retraite vers le fond de la salle. Assise sur ma chaise, je sens une colère monter en moi. J'en veux à Cheryl, et à toutes les femmes présentes dans la pièce, à la terre entière. J'en veux surtout à ce maudit programme : les *douze degrés*, la communauté, les platitudes, la Puissance supérieure, l'hypocrisie de l'anonymat, les applaudissements systématiques… En vérité, je le savais déjà, les NA sont un lieu de commérages de la pire espèce où les gens montent des histoires en épingle pour remplacer la drogue et tromper l'ennui. Un mélange parfaitement malsain. Je passe tout l'atelier les yeux fermés, reniant chaque minute passée aux NA et me promettant de ne plus jamais y remettre les pieds pendant au moins vingt-sept ans. Ça leur apprendra, à eux et à Cheryl.

Si je ne m'étais pas inscrite aux NA, je n'aurais pas rencontré DJ. Si je n'avais pas rencontré DJ, je n'aurais jamais fumé d'héroïne. Si je n'avais pas fumé d'héroïne, je n'aurais jamais volé de carte de crédit. Je n'aurais jamais été arrêtée pour usurpation d'identité. Et si je n'avais pas été arrêtée, je ne me serais jamais retrouvée en tenue de prisonnière dans cette réunion stupide.

Cette boucle tourne encore dans ma tête sur le chemin du retour. Et je me fiche de savoir que ma logique est faussée. Car bien sûr, si je n'étais pas allée aux NA et si je ne m'étais pas mariée avec DJ, Kaden ne serait pas là. Mais j'ai bien trop de colère en moi pour penser droit.

De retour au bloc, il reste encore plus de deux heures avant l'extinction des feux. Je fais les cent pas autour du Périph. À chaque tour, je ralentis le pas devant les téléphones, mais je ne sais pas qui appeler. La plupart des filles sont occupées à un jeu de cartes auquel je ne comprends rien. Les autres sont rassemblées autour de la casserole et se préparent un souper à base de nouilles en sachet et d'autres ingrédients, achetés à la cantine ou discrètement ajoutés aux repas spéciaux. Les chips épicées semblent être un accompagnement incontournable de ces *pasta parties*. Je découvre qu'il y a mille façons de mettre à profit une casserole d'eau chaude en prison, et cette créativité culinaire m'épate à chaque fois.

Kiki repère mon manège et me demande ce qui ne va pas. Je me contente d'agiter les bras en l'air pour désigner le bloc G, la prison, l'univers. Elle comprend. Tout le monde ici comprend.

— Grace a laissé un livre quand elle a été transférée, tu le veux ?

— Quel genre de livre ? je demande.

— Je sais pas. Ça change quelque chose ?

Elle n'a pas tort : je m'en fiche. Je ne me rappelle même pas la dernière fois que j'ai eu un livre entre les mains. Avec les enfants, je n'avais presque plus le temps de lire ; avec l'héroïne, encore moins. Quelques semaines avant d'être arrêtée, j'avais commandé quelques guides de parentalité avec une carte volée.

— OK, dis-je. Je vais le prendre, merci.

Elle monte dans sa chambre et redescend avec une édition de poche. Je prie pour que ce ne soit pas une fiction historique ou une romance à la noix. Je jette un œil au titre : *Le Pouvoir du moment présent*.

Je ne sais pas qui est Eckhart Tolle, mais j'ai toujours eu un faible pour les livres de développement personnel, et les circonstances me semblent idéales pour ce que promet la couverture : un *guide d'éveil spirituel*. Je remercie encore Kiki et emporte le livre sur ma couchette.

« Le passé ne m'est pas d'une grande utilité et j'y pense rarement », dit la première phrase. Je suis immédiatement intriguée. Si ce livre peut m'aider à ne pas ruminer le passé, je suis partante. Je viens de passer les deux dernières heures à refaire le chemin qui m'a conduite ici. Chaque nuit, je revis le jour de mon arrestation. Le passé ? Je ne pense qu'à ça – sauf quand je m'accorde une pause pour désespérer de mon avenir.

Je lis jusqu'à l'extinction des lumières, et je reprends le

livre dès qu'elles se rallument le lendemain matin. Vingt-quatre heures plus tard, j'ai déjà avalé les trois cents pages. Tout ce qu'écrit Tolle résonne en moi. J'ai besoin d'une réalité supérieure. Je veux mettre fin aux mélodrames. J'aimerais dégager un espace intérieur au milieu de mes pensées. Cesser de créer de la souffrance dans le présent et dissoudre celle du passé. Je veux l'illumination, et la paix. Je veux lâcher prise et vivre dans l'instant présent, pas dans l'angoisse et les regrets. Je veux vivre dans la vérité – spirituelle ou émotionnelle. Donnez-moi toutes les vérités.

***

Je lis et relis *Le Pouvoir du moment présent*, et m'efforce d'appliquer ses principes. Chaque fois que revient la peur de l'avenir, je respire à pleins poumons, je me concentre sur les sensations et me rappelle qu'à l'instant présent, je ne vais pas trop mal. « La souffrance se nourrit de la souffrance et ne peut se nourrir de la joie », écrit Tolle. Alors je guette et je goûte précieusement les quelques moments joyeux que peut offrir la vie ici. Quand arrive Thanksgiving, je tâche de me réjouir qu'on ait ajouté une glace sur nos plateaux, plutôt que de ressasser la douleur de passer pour la première fois cette fête sans mes enfants.

Le livre m'offre une sorte de liberté que je n'avais jamais ressentie auparavant – un répit pour mon cerveau perpétuellement inquiet. J'ai passé ma vie entière à anticiper les malheurs à venir, et maintenant que le pire malheur est advenu, je prends conscience que j'y ai survécu. Et malgré toutes les lourdeurs de la vie en prison, je me sens un peu plus légère.

Quelques jours plus tard, de nouveau convoquée au tribunal, je ne baisse pas les yeux quand le procureur me fixe avec mépris. Je lui rends son regard, je reste dans le moment présent et je lui envoie des ondes de paix et d'amour. Je prends conscience de tout ce qui m'entoure, je cherche la vie qui se niche dans chaque chose, dans chaque moment.

Dans la minuscule cellule où on m'enferme après l'audience, je m'applique à respirer pleinement et à méditer pour supporter le vide de ces heures d'attente. Tout n'est qu'une suite de moments présents. Mais qu'il est dur de vivre en prison sans savoir combien de temps cela va durer ! Une vraie torture mentale. Alors, régulièrement, je me demande : *que ferait Eckhart ?* Puis je respire par le ventre, et tente de tenir à distance les pensées qui m'assaillent.

Tolle écrit que l'attente est un état d'esprit duquel il faut se défaire. On voit bien qu'il n'a jamais passé de temps dans une de ces cellules.

Je suis encore concentrée sur ma respiration quand la porte s'ouvre. Je me lève d'un bond, contente de rentrer enfin au G, mais le policier n'est pas venu pour moi : il fait entrer une femme qui porte une blouse aux rayures vertes et blanches. Elle prend place à côté de moi. Jamais encore je n'avais partagé une cellule du Cimetière, et la promiscuité est troublante.

— Hé, dit-elle.

Je lui rends son salut, elle me regarde sans rien dire pendant un long moment puis dégage ses cheveux en arrière.

— Je m'appelle Gina.

— Et moi, Lara.

Un nouveau silence s'installe et je ne sais comment le rompre. « Comment allez-vous ? » semble assez peu approprié.

Au bout de quelques minutes, Gina se met à pleurer. Je lui tends le rouleau de papier toilette.

— Ça va aller ? dis-je.

La question est idiote mais il fallait bien dire quelque chose.

— J'ai tué ma fille. J'ai pas fait exprès, je jure. Mon Dieu, non ! Je voulais pas.

Elle est secouée de sanglots. Je reste là, choquée et un peu épouvantée. Mais ses sanglots sont bouleversants, et mes yeux ne tardent pas à se mouiller à leur tour.

— Ça va aller, dis-je. Ça va aller.

Elle relève la tête vers moi.

— Elle me manque tellement. J'ai pas fait exprès, je me souviens même pas de ce que j'ai fait.

J'avais entendu parler d'une femme du bloc O – l'unité médicalisée – qui avait tué sa fille de 3 ans en l'étouffant avec des oreillers dans une chambre d'hôtel. La femme du O, c'est Gina.

Elle continue de pleurer et je me rends compte que je n'ai pas peur d'être enfermée ainsi avec une meurtrière. Sa douleur et son chagrin sont réels, palpables. Je pense à mes enfants et me réjouis qu'ils soient encore en vie. Ils sont en sécurité, avec des gens qui ne leur feront aucun mal. Je tente de rester présente avec Gina, en pensée je lui envoie toute ma compassion. De temps en temps, je lui murmure ces trois mêmes mots : « Ça va aller. »

Nous sommes deux mères assises sur un banc avec des menottes.

Nous savons toutes les deux que je mens.

C'est bien beau, la vérité. Mais parfois seul un mensonge peut nous permettre de tenir le coup.

Désolée, Eckhart Tolle.

Chapitre 8

MAMA LOVE

Quand vous passez de mari et femme à coaccusés, on peut raisonnablement dire que la phase de romance est derrière vous. DJ se montre un peu plus nerveux et plus agressif à chaque audience. Je peux comprendre : ces journées au Cimetière sont accablantes. Mais en se conformant exactement à l'image que l'accusation veut renvoyer de nous, il ne risque pas d'arranger notre cas.

C'est en désintox que nous nous sommes rencontrés. Il en était déjà à sa troisième arrestation pour conduite en état d'ivresse, et sa mère avait eu recours aux services d'un avocat influent qui avait négocié pour lui une cure de cinq mois plutôt qu'un séjour en prison. Elle avait même acheté un matelas spécial pour lui – je l'ai testé. Je sais bien ce qu'on dit : sortir avec un type en désintox, c'est comme pêcher dans un lac pollué. Mais quand votre vie entière n'est que désintox, comment faire autrement ?

Avec Bryan, l'histoire s'était terminée avant d'avoir vraiment commencé. Nous étions jeunes et fauchés, et à peine diplômée j'avais accouché trois fois en moins de cinq ans. Qui pourrait supporter ça sereinement ? J'étais enceinte de Cody quand nous nous sommes mariés, et Dylan m'a accompagnée jusqu'à l'autel. Je savais déjà que Bryan et moi n'étions pas faits l'un pour l'autre, et je suis sûre qu'il le savait aussi, mais nous n'avions pas les mots pour nous le dire, ni les outils pour nous en sortir. J'avais déjà des doutes bien avant qu'il ne me passe la bague au doigt, mais il m'avait paru plus simple de dire oui plutôt que de le quitter.

Quand il m'a trompée, j'ai tenté de lui pardonner, mais je me suis émotionnellement détachée de lui. Je me protégeais pour ne pas souffrir, et dans le même temps je faisais tout pour sauver notre couple, pour que nos enfants voient leurs deux parents ensemble. Mais l'un et l'autre, c'était trop pour moi.

Il m'a trompée encore. Et encore.

Je savais qu'en restant je me condamnais à attendre toutes les nuits à la fenêtre en me demandant où il pouvait être. Que je me condamnais à ne plus jamais être aimée.

Bryan Love n'était pas un sale type. Mais il n'avait pas d'amour pour moi. Alors je suis partie. Avec deux garçons et un nourrisson, j'ai emménagé en sous-sol dans la maison d'un ami au milieu d'une forêt.

Nous nous sommes mis d'accord sur une garde partagée. J'avais 28 ans, trois enfants et une immense tristesse, mais un week-end sur deux, quand les garçons étaient avec leur père, je sortais en ville.

Je suis sortie avec un musicien. J'ai fait la fête. Je me suis lâchée.

Je me suis persuadée que j'étais devenue la mère la plus heureuse du monde.

***

Je me rappelle nos conversations avec DJ, allongés sur la pelouse du centre de désintox. Nous rêvions tous les deux d'un jardin avec une jolie clôture blanche et d'une petite vie de famille tranquille et ennuyeuse. J'étais mère célibataire depuis plus de cinq ans ; lui avait deux jeunes enfants d'un premier mariage. Il quittait le centre tous les matins pour rejoindre son agence de courtage, et une fois la cure terminée il m'a emmenée passer des week-ends entiers dans des hôtels de luxe ou des cabanes au bord d'un lac. Un jour, en rentrant du travail, j'ai trouvé ma chambre entièrement redécorée, avec une nouvelle couette et des coussins. Je me sentais enfin entre de bonnes mains. Avec lui tout était plus intense – c'était le tourbillon que j'avais toujours voulu.

Bien sûr, je savais qu'il avait des problèmes d'alcool. Il avait arrêté à trois reprises. Il avait trompé sa première femme lors d'une cure. Mais ces coussins !

Quand par accident je suis tombée enceinte de Kaden, DJ m'a offert une bague, et nous avons filé à Hawaï. Une part de moi aurait aimé une cérémonie de mariage sans gueule de bois le lendemain, mais j'y ai vite renoncé, et j'ai dit oui à l'ombre d'un palmier, au pied d'un grand volcan. J'allais vivre la vie de famille dont je rêvais. Tous les mauvais souvenirs étaient maintenant derrière nous.

Nous avons créé notre cimetière pour animaux grâce à l'argent de sa mère. Nous avons acheté la maison d'Aptos.

Quand Kaden est né, nos nouveaux voisins ont fait la cuisine pour nous. Leurs enfants sont devenus les meilleurs amis des nôtres. Tout était parfaitement parfait.

Kaden n'avait que 2 mois quand DJ a dû repartir en désintox au Nouveau-Mexique, parce qu'il avait commencé à fumer de l'héroïne. Tout ce temps, je me suis occupée de mes enfants et des siens, et j'ai développé toute seule notre business. Quand il est revenu, ce n'était plus pareil. Je voyais l'héroïne comme une trahison, et je n'arrivais pas à lui pardonner. J'avais toujours été comme ça : j'aimais sans réserve jusqu'à ce qu'on me blesse, après quoi je faisais semblant d'aimer en guettant le prochain coup. Je n'avais jamais appris à dépasser ce genre de situation. Je ne savais pas provoquer une discussion, ou exprimer mes sentiments profonds. J'étais mal à l'aise avec mes propres émotions, alors je les gardais pour moi. Je ne voulais surtout pas me montrer vulnérable.

DJ avait changé, lui aussi. Il avait ses propres démons, ses peurs enfouies. Pendant des mois, nous avons joué la comédie sans oser regarder sous la surface. Nous avons gardé le sourire en prétendant que tout allait comme nous le voulions. Il s'est remis à fumer de l'héroïne en cachette. J'ai discrètement repris des cachets de Vicodine. Nous faisions tous les deux comme si de rien n'était, tout en essayant de prendre l'autre sur le fait.

Un soir en rentrant, je l'ai trouvé devant la porte avec un kit de test urinaire. J'étais outrée qu'il ose me suspecter.

— Je n'ai pas envie de pisser maintenant, j'ai dit froidement.

— Pas grave. Tu pourras le faire tout à l'heure, a-t-il dit en déposant le flacon sur la table.

J'étais furieuse.

— Rappelle-moi qui de nous deux a replongé, déjà ? Lequel a laissé l'autre toute seule avec cinq enfants et une boîte à faire tourner ?

DJ n'a pas cédé.

Ma colère n'était pas feinte, mais en vérité j'étais surtout terrifiée. Ces pilules, c'était mon secret, et j'en avais besoin. C'est d'elles que je tirais mes superpouvoirs de mère active de banlieue chic. Et je me disais que c'était tout de même mieux que les autres mères qui se promenaient en habit de yoga avec des gourdes pleines d'eau coupée à la vodka. Ou celles qui surveillaient leurs enfants au parc avec du chardonnay dans des tasses en plastique. Croyez-moi, il y a plus d'alcool autour des terrains de foot des poussins qu'un soir de finale du Super Bowl.

Comme je ne buvais pas, je me sentais vertueuse.

Mais pour l'heure, j'étais en panique, cherchant désespérément un moyen de me débarrasser de ce test.

— Je vais promener le chien, ai-je fini par lancer. Je ferai ton test après, si ça peut te faire plaisir.

J'ai mis sa laisse à Chase. Dans la cuisine j'ai attrapé un Tupperware que j'ai caché sous mon sweat-shirt, et je suis sortie.

Il faisait déjà sombre dehors. Régulièrement, Chase s'arrêtait dans l'impasse et levait la jambe – alors j'attrapais le bocal en vitesse et le passais sous le jet. Je pensais que le tout ne prendrait que quelques minutes, mais la quantité de liquide était si faible à chaque fois que je ne suis rentrée qu'après une bonne heure.

De retour à la maison, j'ai confié Chase à DJ, pris le flacon qu'il me tendait et d'un pas théâtral me suis dirigée vers les toilettes. La porte fermée, j'ai versé l'urine du chien dans le flacon – heureusement, elle était encore chaude – puis j'ai caché le Tupperware dans un placard et tiré la chasse. En sortant, j'ai tendu le flacon à DJ avec un air de défi. Je suis restée à côté de lui, épouse exemplaire, en attendant le résultat du test.

Chase était négatif.

— Je n'en reviens pas que tu aies douté de moi, ai-je dit. La prochaine fois que tu veux accuser quelqu'un, tu ferais mieux de te regarder dans le miroir.

Étrangement, en prononçant ce gros mensonge, j'y croyais. Je me voyais vraiment comme celle que je prétendais être. Il ne me serait pas venu à l'idée de dire : « J'ai un problème et j'ai besoin d'aide. » Je n'avais jamais dit ça à quiconque – jamais à voix haute.

J'ai accepté avec magnanimité les excuses de DJ.

***

Aujourd'hui, DJ et moi rentrons du Cimetière dans le même fourgon. Le chauffeur a mis l'autoradio et il ne réagit pas quand nous chuchotons à travers la grille.

— Faut qu'on s'évade, dit DJ.

— Pardon ?

— Je veux qu'on se tire de là. Pas question que je fasse de la taule. On pourrait prendre une bagnole et s'enfuir au Costa Rica.

Je n'ai aucune envie d'aller en prison non plus, mais je

nous vois mal en cavale – et je ne suis même pas sûre qu'on puisse aller au Costa Rica en voiture. J'ai toujours été nulle en géographie.

Des tentatives d'évasion, il y en a déjà eu. Au moins une. Une fille du G m'a raconté qu'elle avait réussi à s'enfuir de Blaine Street. Elle a été rattrapée dans un *diner* à cinq cents mètres de là, et maintenant elle n'a plus le droit de mettre les pieds à Blaine. À ce que je sache, personne ne s'est jamais évadé de notre maison d'arrêt.

Je jette un coup d'œil au chauffeur et place un doigt sur mes lèvres.

— Je vais y réfléchir, je murmure.

C'est vraiment dur d'être enfermée sans savoir jusqu'à quand. J'envie les filles du G qui ont eu leur peine prononcée et qui chaque soir ajoutent une croix sur leur calendrier. Elles peuvent avancer. Moi, je ne suis qu'au purgatoire, et je fais du sur-place.

Juste avant de descendre du van, DJ me glisse un avion. Je m'affole un instant : les gardiens procèdent toujours à une fouille quand on rentre du Cimetière. Je le cache vite fait dans mon soutien-gorge, en espérant que la gardienne n'aura pas la main trop baladeuse pendant la palpation. J'en veux beaucoup à DJ d'avoir pris ce risque. M'écrire par sandwich aurait été tellement plus sûr.

Par chance, la fouille reste légère et je me précipite sur mon lit pour lire le billet. Quand je le déplie, une deuxième feuille pliée avec soin tombe sur le drap.

Salut gazelle,

Je t'aime, et tu me manques à fond. Tu te souviens du truc que je n'avais jamais essayé ? Eh bien, j'ai essayé, c'était dingue ! Voici un petit cadeau de Noël en avance – qui est-ce qui prend toujours soin de toi, hein ? Ouvre-le discrètement, et avec précaution !

Je relis le mot encore et encore en essayant d'y voir autre chose que ce que je crains de comprendre. Ce qu'il n'a jamais essayé, c'est de s'injecter de l'héroïne. Je suis sous le choc. *DJ qui se pique ?* Et il le fait en prison, là où se partagent forcément les seringues. Mon pouls s'accélère et j'ai la gorge sèche. Je brûle de voir ce qu'il a pu cacher dans l'avion-dans-l'avion. Il n'y a que six semaines que j'ai décroché, mais je suis clean. Savoir que DJ ne l'est pas me rend à la fois furieuse et jalouse.

Tout le monde au bloc G cherche à se retourner la tête d'une façon ou d'une autre. Il y en a qui tentent de fumer les peaux de bananes après le petit-déjeuner. D'autres arrachent des pages de la Bible et se roulent des cigarettes de café parce que quelqu'un leur a raconté que ça pouvait vous faire décoller. Quand le service médical fait sa tournée, une fille sous méthadone garde le sirop dans sa bouche et en crache un peu dans celle de trois autres détenues. Une autre, un jour, n'a pas rendu son inhalateur de salbutamol à l'infirmière. Elle a tout vaporisé sur le rebord du lavabo jusqu'à ce que le produit sèche en formant une espèce de poudre qu'elle a sniffée.

Dès qu'une fille parvient à faire entrer de la drogue au G, elle se précipite à l'étage où Daddy, Vivian et Kiki lui font la fête, avant de l'inviter dans une des chambres pendant que Nina fait le guet. Je mentirais si je disais que je me sens bien sans l'héroïne, mais je ne vais pas trop mal non plus. Je ne suis pas invitée aux drogue-parties sur la galerie, et ça me va. J'ai envie d'être clean. Du moins… J'en *avais* envie jusqu'ici. Maintenant que je tiens le cadeau de DJ dans mes mains, la tentation revient. S'il y a bien un endroit où on a besoin de s'évader mentalement, c'est ici. Je file aux toilettes, dans le coin à l'abri des caméras. Mes mains tremblent en dépliant le papier. À l'intérieur se trouve un petit pochon en plastique rempli de poudre blanche. De la meth ? Une part de moi est déçue de ne pas trouver cette pâte brune d'héroïne que j'aurais pu sucer comme une pastille – je ne sais même pas si ça se fait, mais qu'importe. Je jette les deux avions dans la cuvette des toilettes et garde le pochon dans ma brassière.

Et maintenant, que faire ?

Je retourne sur mon lit et ferme les yeux.

Quand DJ et moi en étions encore à nous droguer en cachette l'un de l'autre, j'ai fouillé son sac de sport un jour où il emmenait les enfants à l'école. À l'intérieur d'une chaussette, j'ai trouvé trois petits sachets de la taille d'un pois chiche, avec à l'intérieur une pâte noire presque visqueuse : du goudron d'héroïne. J'avais l'impression d'avoir gagné une chasse au trésor.

Le temps que DJ termine sa tournée de covoiturage, j'ai foncé dans la cuisine et fait brûler un peu de sucre brun dans une casserole, jusqu'à ce qu'il ressemble au goudron d'héroïne. J'ai confectionné trois petits sachets comme ceux que je venais de trouver, et les ai remis dans la chaussette. Toute la matinée, j'ai gardé les sachets dans ma poche en jouant avec eux comme si c'était un chapelet. Un peu plus tard, j'ai regardé sur Google comment on pouvait fumer l'héroïne, et je me suis enfermée dans ma chambre avec une paille, un briquet et du papier d'aluminium. Je n'ai pas ressenti cette montée magique que peut provoquer la vicodine sur un estomac vide, mais une vague de chaleur assez réconfortante. Je venais d'arrêter les pilules pour la millionième fois en me jurant de ne plus y retoucher, et cela m'a semblé une bonne alternative. Plus douce. L'héroïne me procurait un peu de l'euphorie des opiacés, mais je devais en fumer beaucoup pour la ressentir. À moins que ce ne soit parce que ma technique n'était pas encore au point ? Je n'aurais pas su dire si cette première fumette me faisait vraiment de l'effet ou si ce n'était que de l'autosuggestion. Mais ce soir-là, j'ai embrassé DJ et nous ai préparé un bon dîner. Je n'ai jamais su si le sucre brun l'avait fait triper ou non : il ne m'en a pas parlé.

Nous avons continué à jouer notre rôle. À nous jouer l'un de l'autre.

Nous avons gardé nos secrets. Puis tout a explosé.

Je revois encore le jour où j'ai fini par lui dire que je savais qu'il fumait de l'héroïne. Et cet autre où je lui ai dit que je voulais la fumer avec lui. C'était parti.

Tout notre argent y est passé.

Je me suis transformée en cambrioleuse, aussi bien pour financer notre consommation que pour entretenir notre joli vernis social. DJ achetait la drogue, mais c'était moi la vraie criminelle, moi qui volais des cartes de crédit et ouvrais le courrier des autres au cas où j'y trouverais de l'argent.

Une année de misère, de chaos et de mensonges.

Il avait suffi de trois petits sachets pour que je perde tous ceux que j'aimais.

***

La cellule de Vivian est ouverte. Je me lève et me dirige vers elle.

— Quoi de neuf ? demande-t-elle en levant un sourcil quand je toque à la porte.

— J'étais au tribunal avec mon mari cet après-midi, dis-je.

— Oui ?

Je jette un coup d'œil par-dessus mon épaule pour vérifier qu'il n'y a pas de gardien et qu'aucune fille ne nous regarde. Vivian comprend. Elle descend de sa couchette et ferme la porte derrière moi. Je tire le sachet de ma brassière et le tends vers elle, la paume ouverte.

Elle me sourit comme si j'étais sa meilleure amie.

— Prends-le.

— Quoi ?

— Prends-le, toi. Je n'en veux pas.

Elle hésite, méfiante.

— J'essaie de rester clean, dis-je.

— OK. Respect. Qu'est-ce que tu veux en échange ?

J'aurais volontiers répondu « Rien » mais j'en ai déjà assez appris sur cet endroit pour savoir que ça ne se fait pas. Au bloc G, l'altruisme provoque surtout la suspicion.

Je n'ai toujours pas d'argent sur mon compte, bien que DJ m'ait dit que sa mère allait m'en donner un peu. Je n'ai encore rien pu demander au magasin central.

— Tu aurais du papier, des enveloppes et des timbres ?

— Je peux te trouver ça. Quoi d'autre ?

Je n'ai besoin de rien d'autre en réalité. Je voudrais seulement pouvoir écrire à mes garçons – et peut-être au monde en général. Mais pour Vivian, l'échange n'est pas encore équitable.

— Donne-moi deux pattes d'ours[1].

Elle m'offre un grand sourire, et accepte le deal.

***

Cette nuit, dans mon lit, je tente une nouvelle fois de méditer. J'inspire longuement, je me concentre sur le chemin du souffle dans mon corps, j'essaie de bloquer les pensées qui courent dans ma tête, ou de les observer pour m'en détacher en me demandant quelle sera la prochaine.

Mais j'ai beau croire dans les vertus de la métacognition, elle est difficilement praticable quand la moitié des détenues des cellules privatives sont défoncées avec la drogue de DJ, et que la fête dure toute la nuit.

Alors je passe la couverture par-dessus ma tête et je laisse venir les larmes. Ce sera ma méditation pour ce soir.

***

Depuis notre arrestation, les différentes audiences au tribunal n'ont débouché sur rien. Notre requête pour faire diminuer le montant de la caution a été rejetée. 250 000 dollars, ça me semble démesuré quand on sait que le seul accès de violence de toute ma vie a consisté à balancer une laitue iceberg à la tête de mon petit copain quand j'avais 16 ans.

1 Pâtisserie fourrée aux amandes.

Inutile de préciser que personne n'a payé pour moi. Ma belle-mère le pourrait, mais il semblerait qu'elle m'en veuille encore trop pour l'envisager. Elle me rend responsable de la situation de DJ.

Noël approche, et je ne suis pas plus avancée que le jour de mon arrivée. Le 12 décembre, je tente d'appeler Kaden pour son anniversaire, mais chez Bryan le téléphone sonne dans le vide. Il y a des jours comme ça où le monde extérieur semble avoir disparu. Ces jours-là, la vie se résume à trois repas et des clips en continu. Je suis à la fois molle et tendue. Tout ce temps qui tourne sans que je puisse rien faire ! Il me reste moins d'un an pour changer les choses sous peine de perdre Kaden pour toujours. D'un trait de plume, un juge pourrait décider que je ne suis plus sa mère. À moins que je puisse justifier d'un certain nombre de visites supervisées, que je reste clean, que je puisse trouver un toit, un travail, entamer une thérapie, suivre des cours d'éducation parentale… Rien d'insurmontable en soi. Mais tout cela reste impossible depuis le bloc G.

Je voudrais seulement savoir ce qui va se passer, d'une façon ou d'une autre. Ne pas savoir, c'est le pire. L'autre jour, j'ai pensé à ce moment quand on se balance sur une chaise, qu'on va un tout petit peu trop loin et qu'on se ressaisit soudain pour ne pas tomber. Je ne me suis pas ressaisie, je ne suis pas tombée : je reste coincée dans cet instant de panique muette.

La tension monte dans le bloc à l'approche des fêtes. Ici comme à l'extérieur, ici plus encore sans doute, Noël ravive des blessures familiales jamais résolues. Les conflits se multiplient autour de la casserole. L'autre jour, une bagarre a éclaté parce qu'une fille avait trempé directement son crayon de maquillage au lieu de verser l'eau dans sa tasse d'abord. La saleté des douches devient insupportable. Et les jurons pleuvent de plus en plus devant le poste de télévision, où le manque de nouveautés dans la rotation des clips exaspère tout le monde.

La tension du jour est provoquée par l'arrivée dans la nuit d'une certaine Elena. Si j'ai bien compris, Daddy la soupçonne d'avoir balancé un ami d'ami. Une histoire de fausse monnaie et de traquenard dans la chambre d'un motel. Depuis ce matin, elle ne cesse de provoquer Elena, mais celle-ci ne répond pas, concentrée sur l'écran de télévision. La rage de Daddy va croissant. Remontée sur la galerie, elle houspille encore la nouvelle depuis la rambarde. L'autre continue de l'ignorer. N'y tenant plus, Daddy redescend en brandissant le poing, mais soudain elle glisse sur la dernière marche et s'étale de tout son long. Tout le monde se met à rire, y compris ses lieutenantes.

Daddy déteste qu'on se moque d'elle.

Je bondis de ma chaise pour aller l'aider. Elle est rouge de colère et de honte, du bas des joues jusqu'au sommet de son crâne chauve. En la relevant, je lui murmure :

— Le vrai pouvoir, Daddy, c'est le calme.

Elle se raidit. Nous sommes tête contre tête.

— Si tu n'as plus de contrôle sur toi-même, tu perds ton contrôle sur elle.

Sans un mot, Daddy me tire vers l'intérieur des toilettes. Plus personne ne rit.

— Explique, me dit-elle.

— Si tu t'énerves contre Elena, tu lui donnes du pouvoir sur toi. Sur tes émotions. Elle devient plus forte que toi.

Daddy hoche la tête.

— Si tu te bats avec elle, tu te feras dégager d'ici et tu ne contrôleras plus rien.

Je bluffe : je n'ai aucune idée de ce que feraient les gardes en cas de vraie bagarre. Mais je dois lui proposer une alternative. Je me rappelle la fois où j'ai versé un paquet entier de céréales sur le sol de la cuisine pour clouer le bec aux garçons le temps de prendre un appel professionnel sans que mon client sache que j'étais à la maison avec trois enfants.

— Faut que tu crées une dissonance cognitive. Surprends-la, et elle réagira autrement.

Je ne suis pas certaine de ma définition de la dissonance cognitive, mais le mot impressionne.

— OK, j'ai compris, dit-elle. Cool.

Elle sort des toilettes, je marche à sa suite sans la moindre idée de ce qu'elle compte faire. D'un pas assuré, elle se dirige vers Sucette girl, assise à côté d'Elena, lui fait signe de bouger. Elle s'assoit lentement, et regarde Elena sans rien dire.

Quand arrive le déjeuner, Daddy ne touche pas à son plateau. Elle ne quitte pas sa cible du regard. Quand Elena change de table, elle la suit.

Le manège continue ainsi tout l'après-midi.

Et pendant le repas du soir.

Elena est de plus en plus nerveuse. Plus personne ne parle quand Daddy refuse de dîner, les yeux fixes.

Soudain Elena se rue vers le bouton d'appel d'urgence. Deux gardiens interviennent aussitôt.

— Sortez-moi, demande-t-elle en commençant à ranger ses draps. Il faut que je change de bloc.

Les gardiens savent que quand une fille demande à être exfiltrée, c'est que les autres ont décidé de l'expulser. Ils ne posent pas de question. Ils ne veulent pas de vagues, et surtout pas de rapport à taper. Ils scrutent la salle pour repérer une éventuelle menace, mais personne ne moufte. Daddy s'est désintéressée de la scène, elle regarde la télévision.

— OK, fais tes affaires, conclut un gardien.

Après le départ d'Elena, Daddy monte à l'étage et donne des ordres. Je reste spectatrice tandis que des couchettes sont déplacées de cellule en cellule. La fille-araignée descend s'installer dans la cellule voisine de celle de Vivian. Celle qui l'occupait rejoint le Périph. Je ne comprends pas ce qui se passe, jusqu'à ce que Daddy vienne vers moi.

— Prends tes affaires, dit-elle.

— Quoi ?

Je suis sous le choc. Est-elle en train de me débarquer à mon tour ?

— Tu vas t'installer avec Patricia.

Patricia est une vétérane des gangs, très calme. Elle occupe une grande chambre à deux lits à l'étage, mais se mêle peu des histoires du bloc. Les autres filles lui témoignent du respect en raison de son âge. J'attrape mes quelques affaires et Daddy roule mon tapis-matelas sous son bras. Je n'arrive pas à croire que je vais avoir une chambre avec une porte. Du calme. Plus d'intimité.

Je dépose mes affaires sur mon nouveau lit et me retourne pour la saluer.

— Qu'est-ce que tu veux ? me demande-t-elle avec un grand sourire.

Sur son matelas, elle dépose tout un tas de produits du magasin central : chips, barres chocolatées, ramens, pattes d'ours, sucettes. Un trésor.

Je prends un Snickers et retire lentement l'emballage. De ma vie je n'ai jamais rien mangé d'aussi bon.

***

Une fois installée à l'étage, tout change. Je discute longuement avec les filles et j'apprends à mieux connaître chacune d'entre elles. Je passe du temps accoudée à la rambarde à observer le Périphérique et la cafétéria, et échange les derniers ragots avec Daddy. Nous maintenons l'ordre. Mes trente-deux chefs d'inculpation me donnent une crédibilité que je ne mérite pas quand on sait qu'il y a moins de deux mois j'ignorais encore l'expression *street cred*. Je m'en accommode volontiers.

Je développe un début d'assurance.

Je raconte aux filles comment j'ai réussi à décoder l'algorithme des cartes de crédit – cette suite de chiffres pairs et impairs que toutes les banques utilisent – pour générer des numéros de cartes existantes sans en posséder une moi-même. Ce n'est pas si compliqué mais l'histoire les fascine, à croire que pour elles je suis devenue la criminelle la plus dangereuse de tout le comté. Ma complète méconnaissance des codes de la rue de Santa Cruz devient un avantage : comme je ne sais qui craindre, qui traiter avec déférence ou qui regarder de haut, je traite toutes les filles de façon impartiale. Depuis mon poste d'observation à l'étage, la structure sociale du bloc m'apparaît clairement. Je repère les sous-groupes, les cliques, les gangs, les solitaires, et j'apprends à maîtriser tous les langages de la prison. Je peux être une gangster, une dévote ou une vieille sage. Je peux me maquiller avec Kiki et Nina et flirter avec les gars de Rountree qui livrent les repas. J'apprends aussi à parler avec les gardiens d'une façon qui laisse entendre que je n'ai rien à faire ici. Il me suffit d'être polie et de glisser des mots qu'ils n'ont probablement jamais entendus – ce qu'ils n'admettront jamais pour ne pas perdre la face devant une détenue.

Je deviens également la préposée officielle à l'accueil des nouvelles, et m'assure qu'elles ont bien tout ce dont elles ont besoin. S'il leur manque quelque chose, comme moi le premier jour, je frappe à la vitre et demande à un gardien d'aller le chercher. Je suis l'amie de tout le monde sans être proche de personne. Exactement comme au lycée, je me glisse dans d'autres peaux pour survivre. Mais vingt-cinq ans plus tard, je suis surtout une mère privée de ses enfants. Alors j'écoute les autres. J'exerce mon empathie. Quand la rumeur circule que je suis titulaire d'un mastère, des filles qui ont quitté l'école au lycée viennent me demander toutes sortes de conseils. Je finis par y gagner un surnom.

Mama Love.

Daddy elle-même m'apporte les courriers qu'elle a reçus du tribunal, ensemble nous examinons les options qui s'offrent à elle, nous parlons de la prison. Quand les autres voient que Daddy s'en remet à moi, une discrète et pacifique transition s'opère dans l'ordre du bloc. Au moindre problème collectif, on me consulte. Un souci d'approvisionnement avec le magasin général ? Une fille est accusée d'avoir manqué de respect à une autre ? Quelqu'un veut bouger du Périphérique ? Quelqu'un voudrait changer de bloc ? On se tourne vers moi. Daddy est là, bien sûr. Mais c'est mon jugement qui finit par prévaloir.

Dans ma chambre, j'écris un poème d'une page à propos de filles du G accros à la H. Les filles me demandent de le leur lire à voix haute, encore et encore. Personne n'a jamais écrit sur elles, leurs vies et leurs épreuves ne sont jamais couchées sur le papier. Quand elles apprennent qu'une de mes nouvelles a un jour paru dans un *vrai livre*, je les entends parler de moi à leur famille dans leurs conversations téléphoniques. Je n'ai pas le cœur de leur dire qu'avoir été publiée au milieu d'un recueil chez un petit éditeur ne fait pas de moi une écrivaine, ni qu'avant ce poème d'une page, je n'avais rien écrit depuis près de dix ans.

Je ne suis pas écrivaine, mais maintenant que ma position sociale au G me permet d'avoir du papier à volonté, je me mets à écrire. Je commence un roman pour ados dans lequel deux anges gardiens entament une liaison défendue tandis que les deux adolescents qu'ils ont pour charge de guider tombent également amoureux. J'envoie les dix premières pages à Ty en lui proposant de l'écrire à quatre mains. À 13 ans, il a déjà écrit un premier petit roman, et je sais qu'il écrit comme seuls le font ceux qui aiment non seulement les histoires, mais aussi les mots pour eux-mêmes. Je le vois déjà faire des études de lettres et parler cinq langues. Je me réjouis surtout de penser que son amour de la lecture n'a rien à voir avec celui qui était le mien à son âge. Je me dis qu'il ne lit pas pour échapper à un trauma. Mais qu'en sais-je, au fond, avec sa mère en prison ?

J'écris des lettres à mes fils en leur demandant d'en lire certains passages à Kaden. Il n'est pas toujours facile de leur parler au téléphone. Il y a cette distance toujours gênante – et ils restent des ados qui n'aiment pas parler au téléphone. Quand ils me passent Kaden, il me dit qu'il aime ses frères mais qu'il voudrait rentrer à la maison.

« Bientôt, je promets. Je t'aime. »

***

Le vrai pouvoir, c'est le calme. La phrase devient bientôt un mantra dans tout le bloc. Les querelles s'estompent et font parfois place à une sorte de compétition à qui sera la plus calme. Je dois leur rappeler que le vrai pouvoir n'a rien à prouver.

Aucune d'entre elles ne peut savoir que je me sens plus impuissante que jamais. Mon avenir est dans les limbes, et dans les limbes, il n'y a pas de pouvoir.

Chapitre 9

NOUVELLE ANNÉE, NOUVELLE MOI

Après mon premier Thanksgiving sans les enfants vient le premier Noël loin d'eux. Et après les 4 ans de Kaden le 12, je manque l'anniversaire de Cody le 30. Je suis désormais une mère qui rate les anniversaires de ses enfants parce qu'elle est en prison.

Darcy m'a envoyé une carte de Noël, avec une photo d'elle entourée de mes quatre fils. Ils sont sur la plage, portent un bonnet de père Noël et font un château de sable. Je tente de me concentrer sur le positif : les garçons sont tous ensemble, et ils vont bien. Mais je sais aussi pourquoi elle m'a envoyé cette photo – et ce n'est pas pour me souhaiter de joyeuses fêtes.

Bryan n'était certainement pas le mari idéal, mais c'est un père fantastique. Darcy, elle, ne pouvait pas avoir d'enfant. Nous nous sommes plutôt bien entendues elle et moi quand elle s'est installée avec Bryan, mais au cours de la dernière année, avec ma rechute, nos relations se sont passablement dégradées. Darcy a payé un avocat, très cher, et Bryan m'a assignée en justice pour modifier notre accord de garde. Darcy et lui voulaient plus de temps avec les enfants en arguant de ma toxicomanie. Ils avaient raison, bien sûr, mais j'ai nié en bloc et prétendu que j'allais très bien. Je voulais surtout régler cette affaire avec Bryan, sans juge ni avocats, comme nous l'avions toujours fait. Darcy n'avait pas à s'en mêler. Mais la machine était lancée. Impossible désormais de leur demander de prendre les enfants pendant un mois le temps d'une cure de désintox : ils l'auraient utilisé contre moi devant la juge aux affaires familiales. J'étais coincée.

Et maintenant, me voilà coincée au bloc G.

Les garçons m'ont déjà dit qu'ils n'aimaient pas Darcy, mais je m'efforce de ne pas penser à ce qu'ils m'ont raconté sur elle. Qu'elle leur crie dessus tout le temps. Que la maison n'est jamais assez propre à son goût. Qu'elle s'enferme souvent dans sa chambre et s'embrouille avec leur père. Qu'elle pique des colères noires s'ils s'avisent de toucher à ses aliments spéciaux. Est-ce la vérité, ou des ados qui exagèrent ? Là où je suis, je préfère ne pas savoir.

Darcy et moi avons longtemps prétendu que tout allait bien entre nous, pour les garçons, mais je sentais qu'elle éprouvait de la rancune quand je me montrais une bonne mère, et qu'elle célébrait secrètement mes échecs. Elle m'en voulait d'être la mère quand elle n'était que la belle-mère – mais ni elle ni moi ne pouvions rien changer à ça. La procédure judiciaire a traîné en longueur, puis mon arrestation a réglé l'affaire une fois pour toutes.

Je sais que Bryan prendra soin de Kaden tant que je serai ici. Je sais aussi que Kaden est entre de bonnes mains avec ses frères. Dans ce tableau, Darcy m'apparaît comme un mal nécessaire. Mieux vaut elle plutôt qu'une parfaite inconnue. Depuis deux mois, en pensée, je lui envoie de l'amour, en espérant qu'elle en aura pour Kaden. Deux mois que je compte sur elle et que je la crains en même temps.

Et maintenant, voici cette photo. Elle tient Kaden dans ses bras et son regard semble planté droit vers moi.

Maintenant, me dit cette carte, elle a tous mes enfants en même temps.

Elle a gagné.

***

Je mets de côté mes griefs contre Darcy et tâche de me concentrer sur l'instant présent. La prison est un endroit parfait pour apprendre à méditer : ce sera ma résolution pour la nouvelle année. Je m'y suis déjà exercée sur mon lit tout le mois de décembre : d'abord cinq minutes, puis dix, puis trente – jusqu'à réussir à passer une heure à méditer en ayant l'impression que seules cinq minutes se sont écoulées. Une façon d'accélérer le temps et de battre la prison à son propre jeu. Une façon de me sentir bien, surtout. Une séance d'une heure me procure une sensation planante – ce n'est pas l'euphorie des médicaments ou de l'héroïne, mais ça s'en rapproche. Je me demande combien d'heures de méditation vaudraient vingt cachets de Vicodine.

Quand les gens me parlent, je me concentre pour être pleinement présente et leur envoyer de bonnes ondes. Je pratique avec les gardiens, avec le juge et même avec le substitut du procureur quand mon cas est de nouveau renvoyé, la veille de Noël. J'envoie tout l'amour que je peux à Daddy, Nina, Kiki ou Vivian. J'en donne aux nouvelles détenues qui arrivent effrayées. Je m'assure qu'elles comprennent bien comment tout fonctionne au G, je les aide comme personne peut-être ne les a jamais aidées. Toute la journée, j'envoie des ondes d'amour au monde entier. À mes enfants, mes voisins d'Aptos, DJ et Bryan. Hier j'en ai même envoyé à Darcy, mais j'ai repensé à sa carte et j'ai tout repris. Je ne suis pas le Dalaï-lama, tout de même.

Je reçois quelques conseils, aussi. Les filles me disent qu'avec la prison qui m'attend, je devrais dès maintenant me mettre à l'exercice pour pouvoir postuler aux brigades du feu. Dans la cour, nous multiplions pompes et squats, et nous tournons en rond, indéfiniment. Personne n'arrive à calculer à combien de tours correspondrait un kilomètre – les estimations varient entre trente et cinq cents.

Le matin de Noël, je me lève tôt et tourne pendant des

heures. Je médite en marchant. Je médite toute la journée pour ne pas penser à la vie dehors, loin du bloc G.

***

Pour rompre la monotonie entre Noël et le jour de l'An, Daddy et moi avons imaginé un petit plan. Leah, enceinte, simulera des contractions sévères comme si elle allait accoucher. Comme elle en est déjà à sept mois, Daddy pense que le cas sera trop délicat pour l'infirmerie de la prison : elle est certaine que les gardiens enverront l'équipe paramédicale et ses infirmiers sexys. De quoi permettre à tout le bloc de se rincer l'œil. On a les distractions qu'on peut.

Nous réglons tous les détails dans ma cellule. Leah est enceinte pour la première fois, elle a besoin de savoir à quoi ressemblent les douleurs de l'accouchement.

— Tu vois les douleurs des règles ? je lui demande.

— Oui.

— Eh bien, ça n'a rien à voir.

Je repense à Dylan, Cody, Ty et Kaden et tente d'expliquer à Leah cette douleur qui ne ressemble à aucune autre, cette pression qui semble monter du bas du dos pour s'agripper au ventre et ne plus lâcher.

— Ça se resserre et ça te tord, parfois ça fait tellement mal que tu n'arrives plus à respirer.

C'était censé n'être qu'un jeu mais Leah commence à penser à ce qui l'attend quand elle accouchera vraiment, et je vois qu'elle prend peur. Alors je m'apprête à la rassurer en lui promettant que tout cela vaut le coup, car juste après elle tiendra ce bébé dans les bras et elle ressentira un amour qu'elle n'a jamais ressenti auparavant – mais je m'arrête en me rappelant que son bébé lui sera retiré après l'accouchement. Elle va donner naissance en étant menottée sur un lit. Elle tombera amoureuse et elle aura le cœur brisé au même moment.

***

La promesse de l'équipe paramédicale a excité tout le bloc. Le 1er janvier, Daddy presse le bouton d'appel d'urgence.

— Leah va accoucher, elle a mal, venez vite !

Leah a été installée sur un des matelas libres du Périphérique afin que tout le monde puisse profiter du spectacle. Les gardiens rappliquent aussitôt.

— J'ai mal, j'ai maaal ! gémit Leah.

Ils tentent de la mettre debout mais elle crie plus fort.

— Je peux pas bouger !

Sa performance relève plus d'un spectacle de collège que de Hollywood, mais cela suffit pour convaincre les gardiens. Au talkie-walkie, l'un d'eux demande qu'on appelle les urgences.

Dix minutes plus tard, des infirmiers débarquent au bloc G. Des pompiers aussi – quatre en tout, jeunes et parfaitement bâtis. Les gardiens confinent toutes les détenues dans les cellules mais nous les regardons à travers les vitres tandis qu'ils s'affairent autour de Leah. Deux infirmiers les rejoignent bientôt avec un brancard. Incrédules, nous assistons à son exfiltration. Elle nous adresse un doigt d'honneur en passant la porte du bloc.

Quand les gardiens déverrouillent les cellules, Daddy leur demande où les infirmiers ont emmené Leah.

— Dominican Hospital, dit un des gardes.

Aussitôt, c'est le rush vers les téléphones. Trois filles appellent leurs dealers pour leur dire de se pointer aux urgences de l'hôpital. Une des nôtres est dehors, et tout le monde sait qu'elle ne tardera pas à rentrer quand les médecins comprendront qu'elle n'est pas en train d'accoucher.

Ça ne faisait pas partie du plan, et je sens soudain s'effriter mon influence dans le bloc. Tout le monde sait ici que je ne touche pas à ce que m'envoie DJ. Daddy avait-elle tout prévu dans mon dos depuis le départ ? Quand je lui pose la question, elle m'assure que non.

La perspective d'un arrivage de drogues dans le bloc ne m'enchante pas. Rester clean ici est un défi. J'en suis à plus de soixante jours et je suis fière de moi, mais quand la drogue est à portée de main, l'envie me démange et la méditation ne peut rien y faire. « Si vous ne voulez pas vous faire couper les cheveux, ne restez pas à côté du salon de coiffure », répétait-on souvent aux NA. Mais comment faire quand vous êtes enfermée dans le salon de coiffure vingt-quatre heures sur vingt-quatre ?

À 22 heures, Leah n'est toujours pas rentrée, et je finis par me coucher sans savoir si elle a croisé une escouade de dealers à l'entrée des urgences.

Ce sont des cris qui me réveillent. Patricia et moi nous levons aussitôt. Je m'étais endormie avec mes vêtements, elle ne porte que sa culotte et sa brassière. Dix gardiens s'activent en criant, les portes des cellules ont été ouvertes et les lumières sont allumées.

— Vous deux, vous descendez ! hurle un maton en entrant dans notre cellule. Tout de suite !

Patricia veut attraper ses vêtements mais le maton hurle encore.

— Tu touches à rien !

Ça crie aussi au fond dans la cellule de Daddy, mais je n'ai pas le temps de me retourner qu'un garde me pousse dehors, et bientôt nous voilà toutes hors du bloc. Ce n'est pas la première fouille intégrale depuis que je suis ici, mais les fois précédentes, des fuites avaient permis de se préparer, et chacune avait le temps de cacher ses produits de contrebande dans diverses planques du bloc.

Mais pas ce soir.

D'autres gardiens nous escortent jusqu'au grand hall qu'il faut traverser avant d'être transférées au tribunal. Dans un coin de la pièce se trouve une sorte de cage géante. On nous y parque comme des animaux, et un gardien verrouille la porte avec un cadenas géant. Je me tourne vers les anciennes pour savoir si tout cela est normal : aucune n'a jamais vu ça. Leah n'est pas avec nous, elle doit encore être à l'hôpital. Je repense aux coups de fil de tout à l'heure, et aux filles qui racontaient à leur dealer le bon tour qu'on avait joué à nos gardiens. À force de rester ici, on finit par oublier qu'ils écoutent toujours tout.

Il fait un froid de canard dans la cage, et la pauvre Patricia frissonne à moitié nue. Je hèle une gardienne et lui demande gentiment si elle peut lui chercher des vêtements.

— OK, je vais voir, dit-elle.

Il reste donc encore un peu de bonté par ici.

Je la remercie avec un sourire forcé, et en profite pour lui demander l'heure.

— Pourquoi, t'as un rendez-vous ? ironise-t-elle avant de s'éloigner en riant.

Il doit être 2 ou 3 heures du matin. Des filles tentent de se rendormir, recroquevillées sur le sol. Daddy, Kiki et Vivian chuchotent. J'ai envie de savoir ce qu'elles racontent, mais je pense à Patricia d'abord. La gardienne finit par apporter une chemise, et un grand manteau beige.

— Waouh, dis-je. Je n'avais jamais vu ça.

— C'est un manteau de Blaine Street, m'explique Patricia. Pour qu'elles ne prennent pas froid dehors quand elles viennent chez nous.

Le manteau est immense, en toile épaisse à l'extérieur doublée de flanelle à l'intérieur. C'est chaud, luxueux, inconcevable.

Nous restons enfermées dans la cage pendant plusieurs heures. Daddy est énervée parce qu'elle a laissé un briquet dans sa cellule et qu'elle sait que cela sera décompté de son crédit de remise de peine. Le jour pointe déjà dehors quand nous sommes finalement ramenées au G juste avant la relève de 7 heures. Rien n'a filtré de ce que les gardiens auraient pu trouver.

Quand nous entrons dans le bloc, c'est le chaos. Les matelas du Périph ont été mis à terre, et tout ce que les cellules fermées pouvaient contenir a été balancé par la porte. Livres, lettres, papiers juridiques, vêtements et brosses à dents gisent pêle-mêle sur le sol. Les photos de famille péniblement collées au mur avec du dentifrice ont été arrachées. Les étagères minutieusement bâties avec des emballages de serviettes hygiéniques ont été écrasées. Les produits de la cantine ont été éparpillés. On dirait qu'un cyclone a balayé le bloc G. Ce n'était pas une fouille : c'était une punition.

Nous sommes encore occupées à faire le tri quand Leah revient avec un grand sourire. Je devine bien pourquoi, et je me sens déjà faiblir. Pour éviter la tentation de la drogue, je me dirige vers les téléphones pour appeler chez Bryan. S'il y a une chose qui peut m'aider à ne pas flancher, c'est de parler avec mes fils.

Comme DJ a toujours de l'argent sur sa carte, j'ai pris l'habitude d'utiliser son matricule quand je veux passer un coup de fil. Mais quand je compose les chiffres que je connais par cœur, une voix m'indique que le numéro n'est pas valide. Je réessaie au cas où j'aurais fait une erreur : nouvel échec. Si son compte était vide, je sais que le système me proposerait un appel en PCV. Je n'ai encore jamais entendu de message d'invalidité. Je cours dans ma chambre, retrouve la lettre de DJ avec son numéro de matricule au milieu des papiers épars : je ne m'étais pas trompée. Une panique sourde commence à me gagner tandis que j'imagine toutes sortes de scénarios. DJ a fait une overdose, et il est à la morgue. DJ a été poignardé, et il est à la morgue. À moins qu'il n'ait été transféré en prison avant même d'avoir été jugé ? Mes mains tremblent et je ne sais que faire. J'appelle ma mère en PCV, mais personne ne répond. Je devrais appeler ma belle-mère mais je n'en ai aucune envie, je suis à peu près sûre qu'elle me hait, et c'est un peu trop pour moi. Je tente une nouvelle fois, sans y croire. Si ça se trouve, me dis-je, l'administration a compris que j'utilisais le compte de DJ et ils ont décidé de le fermer. Ou de changer son matricule. Une punition de plus.

Derrière moi, Leah fait durer son récit, du trajet en ambulance à la glace qu'on lui a offerte à l'hôpital. Je comprends qu'il n'est pas question de drogues : elle a été conduite à la maternité, pas aux urgences.

— Eh, Lara ! Braxton Hicks ! me lance-t-elle en voyant que je l'écoute depuis les téléphones. T'as oublié de me parler des contractions de Braxton Hicks !

Je hausse les épaules. Tout ce qui m'importe, c'est qu'il n'y ait pas de drogue pour me soumettre à la tentation. Alors je m'arme de courage et j'appelle ma belle-mère en PCV. Je l'entends qui accepte l'appel. Quelques bruits feutrés, un coup comme si on avait fait tomber le téléphone, et c'est une voix masculine qui dit : « Allô. » Les mots me manquent.

— Allô ? reprend la voix de DJ.

— Oui, je murmure.

Le silence dure. J'ai l'impression que le monde vient de se retourner. Je presse ma main contre le mur pour garder l'équilibre.

— Ils m'ont libéré, dit-il.

— Tu veux dire que ta mère a payé ta caution…

— Ouais.

Il tente de cacher sa joie mais je peux l'entendre dans sa voix. Je n'arrive pas à y croire. Il dort dans un vrai lit, mange correctement et prend des douches chaudes. Il a continué à se défoncer pendant que je me battais pour ne pas replonger, et c'est lui qui est dehors. J'ai envie de hurler, j'ai envie de pleurer, mais je ravale tout ça en essayant de ne pas m'étrangler.

— C'est génial, dis-je.

— Écoute, bébé, je vais te sortir de là, je te promets. On sera bientôt ensemble.

— Quand est-ce que tu es sorti ?

— Il y a quelques jours.

— Tu as parlé à Kaden ?

Il ne répond pas immédiatement. Et quand il le fait, c'est avec colère.

— Pas question que j'appelle chez Bryan, putain !

— Attends : tu veux dire que tu n'as pas parlé à Kaden depuis qu'on a été arrêtés ?

Nous n'en avons pas parlé, mais je supposais qu'il essayait de lui parler autant que moi.

— Tu ne l'as pas appelé pour son anniversaire ?

Je l'entends qui inspire profondément, et je comprends qu'il est en train de fumer.

— Écoute, faut que j'y aille, là, on va bientôt déjeuner.

— Oh, bien sûr. Je ne voudrais surtout pas te couper l'appétit.

— C'est pas ça… Faut que je fasse comme ma mère veut, tu sais comment c'est…

— OK. Tu peux au moins mettre un peu d'argent sur mon compte pour que je puisse appeler les garçons ?

Je prends conscience qu'il est dehors depuis quelques jours et qu'il n'a même pas pensé à ça. Je ne sais que trop bien ce qu'il fait avec l'argent que sa mère peut lui donner.

— Ouais, bien sûr. Et je vais te faire sortir. Je m'occupe de toi. Je vendrai tout ce qu'on a.

Je doute que nous ayons encore quoi que ce soit à vendre, mais je n'ai pas envie de parler de ça.

— Appelle-moi ce soir, conclut-il.

— Attends ! dis-je avant qu'il raccroche. Il faut que tu appelles les services sociaux. Tu peux demander des visites supervisées. Tu peux t'inscrire aux cours de parentalité – tu sais, tout ce que la juge a demandé. Faut qu'on commence le plus vite possible, sinon on va perdre Kaden !

— Faut que j'y aille, désolé. Je t'aime, gazelle.

En remontant l'escalier, je l'imagine dehors, et moi enfermée des années encore. Je ne le rappellerai pas.

Quand je rentre dans la chambre, Patricia a déjà tout remis en ordre. Elle a posé le manteau sur son lit comme un édredon.

— Regarde ce que j'ai trouvé, dit-elle en me montrant un petit poste radio.

— Comment tu as eu ça ??

— Il traînait par terre, près de la cage. Je l'ai chopé quand on est sorties, et je l'ai caché sous mon nouveau manteau de fourrure…

Elle ajuste l'antenne, joue avec le tuner et s'arrête sur une station musicale. Quand arrive le *Single Ladies* de Beyoncé, elle monte le volume à fond et descend sur le Périph. Toutes les filles s'arrêtent de ranger pour danser.

Je ne pense plus à DJ. Je ne pense plus aux garçons. Pour aujourd'hui, le bloc G est ma seule famille, et je n'en veux pas d'autre.

Je souris et je danse jusqu'à l'extinction des feux.

***

Cette nuit-là, Patricia ronfle et l'insomnie revient. 2 heures du matin, c'est l'heure où je ne peux plus me mentir – celle où, depuis ce jour où j'ai volé le jean de ma tante, ma conscience me rappelle toujours à la vérité. Cette journée m'a trop épuisée pour qu'Eckhart Tolle puisse me venir en aide, alors je reste les yeux rivés au plafond, et je laisse venir les regrets et les peurs.

Me reviennent les mensonges, les omissions, les flacons de vicodine que j'ai volés et les cartes que j'ai utilisées, les dénis et les fiertés mal placées, les histoires invraisemblables que j'ai pu inventer pour cacher mes addictions. L'idée m'effleure que j'étais en prison avant d'être en prison, mais dans le flot de mes pensées cette intuition glisse sans que je parvienne à la saisir.

Comme un exercice, je tente de voir ma vie comme un scénario, et de retracer l'intrigue qui m'a menée jusqu'à cet endroit lugubre, mais il me manque trop d'éléments. J'aimerais pouvoir identifier un moment clé, un traumatisme en particulier – mais surtout, j'aimerais trouver une personne que je pourrais rendre responsable de tout ça. Le méchant de l'histoire. Alors je passe en revue les personnages principaux de mon passé.

Ma sœur aînée, morte dans un accident de voiture.

Mon frère, mort d'une overdose d'héroïne.

Mon autre frère et ses troubles mentaux, son addiction au jeu et ses pulsions suicidaires.

Le père que je n'ai jamais eu.

Ma mère, si rarement là pour moi.

Un premier mari qui m'a trompée.

Un second accro à l'héroïne et qui vient de m'abandonner en prison.

Je n'ai jamais maîtrisé le langage du chagrin, du manque – des émotions en général. On ne parlait pas cette langue-là à la maison. Je ne peux pas me rappeler une seule fois où l'on m'a demandé « Comment ça va ? » et où j'ai répondu honnêtement. Je crois bien que je n'ai jamais vraiment su comment j'allais. Ni qui j'étais, d'ailleurs. J'ai toujours eu l'impression qu'une actrice jouait mon rôle à ma place. Toute ma vie, j'ai donné de moi une image heureuse et rayonnante, dans l'espoir que cela finirait par me rendre heureuse et rayonnante. Cela ne m'a rendue ni heureuse ni rayonnante, mais cela m'a permis d'être à l'aise partout – donc nulle part, en un sens.

Je n'ai jamais su demander de l'aide, trop honteuse ou trop orgueilleuse que j'étais – trop occupée aussi à jouer le rôle de mère parfaite que je m'étais créé. *Voilà comment une vraie mère se comporte aux réunions parents-profs. Voilà ce qu'une vraie mère prépare comme déjeuner pour ses enfants. Voilà comment elle se sacrifie pour eux.*

Je m'étais promis d'être la mère que je n'avais jamais eue et voilà que je suis devenue la même. Absente.

Si mes enfants ont besoin de moi, ils ne peuvent même pas m'appeler.

Je me demande ce qui est le pire : présenter une fausse version de soi-même, ou ne pas se présenter du tout ? Je tente d'examiner sérieusement cette question, mais je comprends vite qu'elle ne se pose pas. Enfant, j'aurais préféré n'importe quelle version de ma mère plutôt que d'être seule. Me voilà donc pire que ma mère.

Je peux chercher des coupables partout dans mon passé, je sais que je ne trouverai personne.

Il n'y a pas de méchant dans cette histoire. Tout est de ma faute.

Chapitre 10

COMPTES À REBOURS

Nos avocats tentent de négocier un accord pour éviter un procès en plaidant coupable. Elizabeth vient me rendre visite. Elle n'est pas contente que DJ soit sorti, et très heureuse que je sois restée.

— Vous êtes plus en sécurité ici, dit-elle.

— Ah oui ? Franchement, j'en doute.

— Si vous sortez et que vous commettez la moindre infraction, si vous vous faites prendre avec de la drogue, il n'est plus question de négocier la peine. Vous irez en prison, et je ne pourrai rien faire.

— Vous avez conscience de la quantité de drogue qui circule dans cette prison ? Je n'ai rien pris. Et croyez-moi, j'aurais pu. Souvent.

Elle me gratifie d'un léger sourire alors que je voudrais des applaudissements. J'ai besoin d'une validation extérieure. Dans une réunion des Narcotiques anonymes, mon histoire m'aurait valu une standing ovation. C'est peut-être la seule chose qui me manque dans ce fameux programme en douze degrés : on applaudit tout, du moment que la personne n'a pas consommé. Vous pouvez brûler votre maison dans un accès de rage, si vous n'avez pas rechuté, vous êtes un héros.

— Vous pensez qu'on l'aura, cet accord ?

— J'essaie. Mais le procureur ne lâche rien. Les services

de probation non plus. Ils en ont vraiment après vous. Après votre mari aussi, mais c'est surtout à vous qu'ils en veulent.

— Mais ce n'est pas vraiment le procureur, si ? Je veux dire : celui qui est élu, et tout ?

— Ça ne change rien. On parle du procureur adjoint, et du chef de la Probation. Ils veulent une peine de prison. Si vous n'étiez pas une femme blanche, vous y auriez droit à coup sûr.

Je sais qu'elle dit vrai. Mimi, une Latina du G, vient d'écoper de quatre ans pour détournement de fonds après avoir utilisé la carte de crédit de son entreprise pour des dépenses personnelles. Pas si loin de mon cas, au fond. Dans le sien, tout s'est enchaîné à une vitesse ahurissante : entre l'arrestation, le jugement et son transfert en prison, il s'est écoulé moins d'un mois. Mimi a deux enfants, qu'elle élevait seule. Elle aidait aussi ses parents, et ses grands-parents. Quand elle est partie, elle m'a donné rendez-vous à Chowchilla. Elle disait que la prison centrale valait mieux que la maison d'arrêt. Elle a de la famille en prison, elle savait à quoi s'attendre : plus de visites, des cours et des ateliers, la possibilité de travailler, de s'occuper…

— Est-ce que le procureur regarde tous les cas ? je demande à Elizabeth. Je veux dire : il est au courant de tous ?

— Évidemment.

Le fait que j'aie eu un jour une liaison avec l'actuel procureur ne va probablement pas arranger mon cas. Car oui, nous sommes sortis ensemble. Par *sortir*, j'entends que j'ai entretenu avec lui une relation adultère plutôt torride alors qu'il vivait avec une autre femme. C'était en 1989, j'étais en dernière année de fac et je travaillais au Player's Pizza – un bar situé juste au coin de la rue du tribunal. Il venait souvent après le travail, seul ou avec des collègues. Il était grand et blond, et quoiqu'il se soit présenté comme Tom, je l'avais aussitôt rebaptisé Sven tant il ressemblait à un dieu nordique. Je flirtais effrontément avec lui, et il a pris l'habitude de rester jusqu'à la fermeture en attendant que je sorte pour que nous puissions passer du temps ensemble. Il m'emmenait parfois au tribunal et me baisait dans les bureaux – et même une fois dans l'arsenal. C'est très sexy, un arsenal, même quand on n'aime pas les armes à feu.

D'autres fois, il passait des heures dans mon petit studio et me laissait jeter un œil à des dossiers confidentiels. Nous discutions parfois des stratégies à adopter. Il venait d'être nommé adjoint du procureur à l'époque, il avait dix ans de plus que moi et je m'apprêtais à entrer en mastère. Quand je suis revenue à Santa Cruz après la naissance de Dylan, nous nous sommes revus, mais en amis. Il m'est arrivé de lui rendre visite dans son bureau où parfois, pour satisfaire ma curiosité d'écrivaine, il me racontait des dossiers en cours ou me laissait écouter des appels d'urgence. Il n'avait jamais perdu un seul procès, ce dont il était très fier. Son divorce en revanche lui avait laissé un goût amer, et il était encore furieux de la pension que lui réclamait son ex-femme. Dix ans plus tard, j'ai bien ri quand Tom s'est lancé dans une campagne pour être élu procureur en défendant le retour à l'ordre et les valeurs familiales. Il n'était assurément pas question de valeurs familiales quand nous étions dans l'arsenal – mais tout cela était déjà de l'histoire ancienne.

Notre amitié s'est étiolée au fil du temps, et tout contact est devenu impossible puisque le voilà qui, techniquement, me poursuit en justice. Que sa nouvelle femme occupe un poste élevé à la Probation n'arrange pas non plus mon affaire. Je ne sais pas si elle est au courant de mon histoire avec son mari – j'y ai bien sûr pensé quand Elizabeth m'a informé que le département de probation insistait sur mon cas. Il me faut bien envisager cette hypothèse.

Lors d'une de nos audiences, j'ai aperçu Tom du coin de l'œil, en plein conciliabule avec des avocats. Je me suis demandé s'ils parlaient de mon cas – mais plusieurs dizaines de dossiers étaient inscrits au rôle ce jour-là. J'avais trop honte pour oser le regarder dans les yeux. J'imagine que lui non plus n'avait guère envie de croiser mon regard.

— On va finir par y arriver, me rassure Elizabeth.

Puis elle pose une main sur son ventre et me demande :

— Comment va votre fils ?

Plus tôt dans sa carrière, elle était avocate pour la Protection de l'enfance.

— Il va bien, dis-je. Il a eu 4 ans, je lui parle quand je peux mais c'est dur… Il ne comprend pas pourquoi je ne suis pas avec lui.

— Tenez bon, dit-elle avec douceur quand elle voit mes yeux se mouiller.

***

Quand je reviens au bloc, un grand déménagement est en cours. Je demande à Daddy ce qui se passe, elle me répond qu'une rumeur annonce que Princess vient d'être arrêtée.

— Qui est Princess ?

Elle me regarde comme si j'étais d'une autre planète. Dans ces moments-là je sens combien ma position sociale au G est ténue. Je ne connais rien de la rue. Je sais seulement qu'il y a des filles dont on redoute l'arrivée et d'autres qu'on espère voir venir au G. Apparemment, Princess est une grosse dealeuse de meth – une vraie boss dans un monde d'hommes, et qui cartonne.

Patricia et moi sommes séparées. Elle rejoint le rez-de-chaussée, et j'emménage avec Kiki dans la dernière chambre à l'étage – celle qui fait l'angle, donc la plus grande, juste après celle de Daddy. Je suis contente d'être avec Kiki. Elle est intelligente et drôle, dure et douce à la fois. Et comme elle est à peine plus âgée que Dylan, je me sens pleinement Mama Love avec elle.

J'appréhende l'arrivée de Princess et des drogues qu'elle pourrait apporter au G. C'est presque impoli de dire non quand on vous en offre, par ici, mais je n'en ai sincèrement pas envie. Je travaille à mon roman sur les anges gardiens, dont j'envoie des pages manuscrites à Ty pour qu'il les tape. Mon cerveau est de nouveau créatif – je fourmille d'idées de nouvelles que je note sur des bouts de carnet. Et je rêve d'un clavier. À Chowchilla, m'a-t-on dit, je pourrais avoir accès à un ordinateur. Voilà au moins une raison d'envisager d'y aller.

Princess arrive le lendemain. Vivian et Daddy s'empressent de l'accompagner à l'étage. Elle n'a rien de l'image que je me fais d'une dealeuse : elle est petite avec de longs cheveux d'un blond vénitien, des yeux clairs et des taches de rousseur sur le visage et sur les bras. Je n'ai d'autre choix que de la saluer, mais quand Daddy fait les présentations, elle se contente d'un mouvement de paupière et m'ignore. Je les laisse à leurs retrouvailles dans la chambre de Daddy et m'allonge sur mon lit. Je ne veux pas voir ce qu'elle apporte avec elle.

Cette nuit-là, Kiki demande à l'un des gardes – celui que j'avais vu monter avec un sac McDonald's – la permission de passer une soirée pyjama dans la chambre de Daddy. Il rit, et accepte. J'entends leurs voix toute la nuit – à l'évidence, une meth party. Et quand les voix font place à des gémissements, je me souviens que Kiki m'avait confié un jour que la meth lui donnait toujours envie de regarder du porno et de baiser.

La méditation ne peut rien contre un plan à trois de l'autre côté de la cloison. Je me demande à quoi peuvent bien rêver mes fils, à quelques kilomètres de là. Je leur envoie de l'amour dans leur sommeil, et je fredonne leur berceuse préférée, celle que j'avais écrite moi-même : *Maman t'aime, et pas qu'un peu / Maman t'aime, juste parce que*… Dylan, Cody et Ty n'ont plus l'âge des berceuses, mais je la chante pour eux quand même, et je caresse doucement mon bras en imaginant que c'est celui de Kaden. Je fredonne ainsi toute la nuit, jusqu'à ce que les lumières se rallument.

Kiki ne touche pas à son petit-déjeuner. Daddy, Vivian et Princess non plus. Quand les gardiens regardent ailleurs, elles donnent leur nourriture à d'autres filles : plusieurs détenues qui cessent de manger en même temps, ce n'est pas une grève de la faim : c'est le signe qu'il y a de la meth dans le bloc.

Il faut trois jours pour que s'épuise enfin le stock de Princess. Plus personne ne dort dans le bloc – c'est une vraie rave party, et les gardiens ne disent rien. À l'étage, je suis maintenant la seule à ne pas participer aux réjouissances. Onze filles dans deux chambres : les matons ont même déverrouillé les portes pour qu'elles puissent descendre faire bouillir de l'eau et faire des chocolats chauds. Ils savent forcément qu'il y a de la drogue, mais ne viennent pas fouiller.

L'orgie terminée, Kiki revient dans la chambre épuisée. Elle semble avoir perdu cinq kilos en trois jours, mais je me garde de tout commentaire. De mon côté, j'aurai bientôt de quoi manger dans la chambre : ma mère a pu mettre 20 dollars sur mon compte, j'ai commandé du chocolat et des ramens, en plus d'une nouvelle paire de sandales. Quand la livraison de la cantine arrive au bloc, il règne une ambiance de Noël : toutes les filles comparent leurs colis, et se lancent dans des échanges effrénés comme mes enfants avec des cartes Pokémon.

Soudain, l'interphone de la cellule grésille.

— Love, fais tes affaires !

Nous nous regardons avec Kiki, interdites. Je dois avoir mal entendu.

Je presse le bouton de l'interphone. C'est le même gardien qui répond.

— Qu'est-ce que vous avez dit ?

— J'ai dit : on remballe !

— Mais pourquoi ? Qu'est-ce que j'ai fait ?

— T'as été libérée sous caution. Remballe tes affaires. T'as cinq minutes.

Kiki et moi nous regardons à nouveau en silence – puis elle se met à crier. Elle sort sur la galerie et annonce :

— Mama Love va sortir !!

Daddy et Vivian viennent me féliciter. Je leur confie ma nourriture, et donne mes sandales à Kiki. Je reprends mes papiers judiciaires, mes lettres, mes brouillons – presque rien, mais j'y tiens et je regarde partout dans la chambre au cas où j'oublierais une seule feuille. Je prends Eckhart Tolle et le tends à Kiki.

— Lis-le, dis-je.

Elle éclate de rire :

— Je lis pas de livres, moi !

— Lis-le quand même. Fais-moi confiance.

Kiki replie mon matelas, Vivian attrape mon drap et ma couverture. Nous descendons les escaliers au moment même où un gardien entre en criant mon nom. Tout va si vite, et je dois me résoudre à des adieux collectifs.

Au moment où je vais me retourner, Daddy m'attrape l'épaule. Je crois qu'elle veut me prendre dans ses bras mais elle se contente de m'attirer près d'elle.

— Tu sais ce que tu dois faire quand tu reviendras.

Je me recule et la regarde sans comprendre.

— Tu sauras à l'avance la date du jugement, dit-elle. T'auras le temps de te préparer. Pigé ?

Je comprends qu'elle parle de drogue, mais nous n'avons pas le temps de clarifier la demande : le garde se dirige déjà vers la porte et je cours à sa suite, mes affaires dans les mains.

Au vestiaire, je rends ma tenue et enfile les vêtements que je portais en arrivant. Dehors, DJ m'attend accoudé à la voiture de sa mère. Il ouvre ses bras et je m'y réfugie. La nuit est fraîche. Il y a des étoiles dans le ciel.

— Je t'avais dit que je te sortirais de là, dit-il. Qui est-ce qui prend soin de toi ?

— C'est toi, dis-je. C'est toi.

Et à cet instant, j'y crois. Je me sens au chaud dans les bras de DJ, libre et protégée. Pour un bref moment, je me dis que tout va bien se passer.

***

Ma belle-mère est au volant et décroche à peine la mâchoire. Ce n'est que lorsque nous prenons l'autoroute 17 pour San José que je comprends que nous n'allons pas vers Aptos.

— Où allons-nous ?

— Faut qu'on aille signer des papiers pour ta conditionnelle, explique DJ. Ensuite on restera chez ma mère à Saratoga ; elle ira habiter dans sa maison de San José.

Sa mère possède deux maisons dans la Silicon Valley. DJ parle vite, je ne serais pas étonnée qu'il ait consommé.

— Pourquoi pas notre maison ?

— On peut pas y aller, tu te souviens ?

Il se retourne vers moi, je ne réagis pas et il s'énerve soudain.

— Cette putain de caution. Avec son montant débile et ses conditions à la con.

— Quelles conditions ?

Je sais que je devrais le savoir, mais je n'avais pas prévu de sortir si précipitamment. Je n'y avais pas prêté attention à l'audience, et je n'avais pas eu la force de lire les papiers relatifs à la caution : je ne voyais pas ce que j'aurais pu faire de toute façon. J'étais coupable, voilà tout.

— Pas le droit de retourner dans cette putain de ville, et pas le droit de retourner chez nous. Elle est à nous, cette maison, bordel ! Comment ils peuvent faire ça alors qu'on n'a même pas été jugés ? On est censés être innocents jusqu'à preuve du contraire, je me trompe ? Mais non : on n'a pas le droit d'aller chez nous ; eux en revanche, ils ont le droit de nous fouiller quand ils veulent. Et pas de drogue, pas d'alcool…

Pour la première fois, je réalise que je ne verrai plus jamais notre maison. Je ne peux pas dire que je l'aimais quand nous y étions, mais maintenant qu'elle nous échappe, elle me manque terriblement.

— … pas d'ordinateur, pas de contact…

Je regarde par la fenêtre tandis que DJ fulmine. Je ne suis

restée enfermée que deux mois et demi, mais le monde extérieur me semble déjà un peu irréel. Je me demande ce qui se passe au G en ce moment. Et si mes enfants savent que je suis sortie.

— On aura le droit de voir les enfants ? je demande.

— Demain, on doit voir nos avocats, ensuite on ira à la Protection de l'enfance pour voir la travailleuse sociale qui s'occupe de notre cas. Et d'autres trucs. Grosse journée.

Je n'ai pas connu de « grosse journée » depuis longtemps. Je peine encore à m'imaginer assise dans un bureau à parler à des gens, à composer avec la réalité. C'est l'un des aspects positifs de la prison : vous êtes coincée à l'intérieur ; le monde réel, lui, reste bloqué à l'extérieur. Je me sens soudain sans forces, vidée. Si j'ouvrais la vitre, je risquerais de m'envoler hors de la voiture comme un ballon gonflable, sans ficelle pour me retenir.

Ma belle-mère nous dépose à Saratoga et file dans son autre maison, à dix kilomètres de là. Elle redémarre déjà quand je lui dis merci. Je passe en revue la maison comme si je visitais la lune. C'est une sorte de ranch géant, de plain-pied, avec à l'arrière une grande piscine entourée de vignes. Nous avions l'habitude d'y emmener Kaden se baigner, et musarder au soleil – l'endroit parfait pour passer un après-midi. Le réfrigérateur est plein : œufs, beurre, fruits, légumes. Bouche bée, j'ouvre tous les placards et trouve des biscuits, des chips, des amandes, des pistaches, des paquets entiers de céréales. Dans le salon, je m'affale sur le canapé en cuir. J'avais oublié l'existence même du mot *moelleux*.

— Je vais prendre une douche, dis-je. J'ai des rêves d'eau chaude.

— Tu veux que je t'accompagne ? propose DJ avec ce regard en coin que je connais bien.

Je souris.

— Laisse-moi savourer la première toute seule…

Je ferme la porte derrière moi, et ouvre les placards de la salle de bains sans rien y trouver d'autre que du dentifrice, des pansements et des gouttes pour les yeux. Une boîte de Tylenol, aussi. Ce n'est qu'en les refermant que je prends conscience de ce que je viens de faire. De ces réflexes qui me restent.

Je me déshabille quand on frappe à la porte.

— Oui ?

— Ma mère nous a laissé des vêtements de la maison de San José. Je ne sais pas ce qu'elle a pris pour toi, tu regarderas, elle a mis ça en vrac dans un carton, à côté du lit.

— OK, merci !

Je me sens maladroite avec DJ. Les quelques fois où nous nous sommes croisés au tribunal ou dans le fourgon, tout était furtif, un peu théâtral – excitant aussi, par moments. Nous étions deux amoureux séparés de force. Maintenant que nous voilà seuls dehors, je me sens exactement comme avant notre arrestation.

Nous nous dirigions vers un divorce. Pendant cette dernière année chaotique, je l'avais trompé avec un homme rencontré en ligne qui vivait dans l'Oregon. Un soir, après avoir fumé, je m'étais inscrite sur un site de rencontre adultère. J'ai fait connaissance de ce type. Ça n'a été que quelques escapades – très érotiques. DJ l'a découvert, mais nous n'en avons jamais vraiment parlé entre nous. Puis la police est arrivée.

Je m'inspecte rapidement dans le miroir avant d'entrer dans la douche. Je suis encore maigre, mais je ne suis plus émaciée comme avant l'arrestation. Les exercices m'ont redonné un peu de muscle. Je suis moins grise, aussi, mais on ne peut pas dire que le régime carcéral à base de griffes d'ours et de plats transformés non identifiés m'ait réussi : je suis encore loin d'avoir le teint rosé d'une femme en bonne santé. Toute la prison est déshydratée : l'eau qui coule du lavabo a un goût de rouille, et personne n'en boit jamais plus que quelques gorgées. Je suis persuadée qu'il y aurait moins de bagarres, moins de dépressions et moins de troubles mentaux en prison si les détenus avaient droit à de l'eau claire, des fruits, des légumes, et une nourriture à peu près correcte.

J'entre dans la douche comme on entre à l'église. Debout sous l'eau chaude, je laisse le jet puissant me laver de toutes ces semaines passées au bloc G. J'ai envie de pleurer, j'aurais *besoin* de pleurer, mais mon corps et mon esprit sont trop déconnectés, et les larmes refusent de monter. Je tremble et sanglote dans ma tête, effrayée d'avance par tout ce qui pourrait arriver par la suite. Je finis par sortir de la salle de bains en marchant comme un robot.

Dans la chambre, DJ a allumé des bougies et me tend une robe de chambre. Nous faisons l'amour et je ne ressens rien : même avec tout le poids de son corps sur moi, je me sens seule et perdue. Après quoi je reste éveillée pendant des heures sur ce matelas parfait, ma tête sur un oreiller de luxe, à penser à nos rendez-vous du lendemain et à me ronger les sangs en me demandant ce que diront les services sociaux. Je pense à mes fils et songe que je suis plus loin d'eux ici que je ne l'étais au bloc G. Là-bas au moins, je pouvais rêver qu'un jour ils me rendent visite au parloir, en rentrant d'un match de basket ou en chemin vers la maison d'un ami. Quand j'étais dans la cour, je les imaginais respirant le même air que moi. Parfois, en expirant, je visualisais mon souffle qui montait dans le ciel et traversait la ville pour se glisser jusqu'à leur chambre, jusqu'à toucher leur peau, entrer en eux et se fondre avec leurs cellules sanguines. Je mettais tout mon amour dans ce souffle, et pour une seconde, je pouvais croire qu'il les touchait droit au cœur.

***

Dans la matinée, nous nous rendons à Santa Cruz dans la voiture de Carol. Quoique coaccusés, nous avons chacun notre avocat – au cas où l'un de nous voudrait se retourner contre l'autre lors du procès. DJ me dépose au cabinet d'Elizabeth. Je me réjouis de la voir hors du parloir de la prison, mais elle ne partage pas ma joie. Elle est irritée, la mine sombre.

— C'est trop dangereux, dit-elle. Je travaille sur un deal

pour négocier votre peine, et je préférerais vous savoir bien sage à l'intérieur plutôt que dehors. Nous avons déjà parlé de ça.

— Je ne savais pas, dis-je. C'était une surprise.

— Eh bien, cette surprise pourrait vous valoir des années de prison.

— Je ne vais pas faire de bêtise, je promets. Je suis clean depuis plus de deux mois.

Mes promesses et ma sobriété la laissent froide.

— Si vous volez quoi que ce soit, si vous prenez de la drogue ou commettez la moindre infraction, vous irez en prison. Si vous allez jusqu'au procès, vous irez en prison. Si vous faites comme votre mari, vous irez en prison. Je suis claire ? Cette négociation est tendue. Les gens ne sont pas contents, et ils le seront encore moins quand ils sauront que vous êtes en liberté, même conditionnelle.

— Quels gens ?

— Vos voisins. La femme de votre ex-mari. Entre autres. Le procureur reçoit des messages et des coups de fil tous les jours. Tous ces gens vous en veulent vraiment, ils mettent la pression, et le procureur est en colère contre vous parce qu'ils sont en colère contre lui.

— Attendez : vous parlez du procureur, ou de l'adjoint qui s'occupe de notre cas ?

— Aucune différence, je vous l'ai déjà dit. C'est le procureur et son équipe. Le procureur représente les gens, et les gens sont à cran.

— Je vous jure que je ne ferai rien de mal.

Je ne vois pas ce que je pourrais dire de plus. Elle semble satisfaite d'avoir pu mettre les choses au point, et de voir qu'elle a été entendue.

— Parlons de ce deal. On s'achemine vers une condamnation d'un an suivie d'un programme antidrogue, et une période de probation de cinq ans, plus l'indemnisation des victimes.

— On parle de combien ?

— 19 000 dollars environ.

— Quoi ? Ce n'est pas possible.

— Et vous devrez en payer la moitié d'avance pour que l'accord soit accepté.

Je passe en revue la liste des charges que me tend mon avocate. Plusieurs me semblent totalement infondées. Je tente de protester : je n'ai jamais rien volé sur le parking de Costco, et plusieurs personnes parmi les plaignants me sont inconnues.

— Ça ne change rien, coupe Elizabeth. Il n'y a qu'en cas de procès que vous pouvez contester chaque accusation. Avec un accord, c'est tout ou rien ! Il faudra plaider coupable des trente-deux charges. Vous pouvez tenter d'aller au procès, mais je vous préviens : vous pourriez passer plus de temps en préventive que ce qu'on peut négocier aujourd'hui. Et si vous êtes reconnue coupable, la sentence sera plus lourde.

— Si je comprends bien : soit je plaide coupable de tout ça – y compris ce dont je suis innocente –, soit je vais au procès, et j'ai toutes les chances d'y perdre plus ?

— Voilà. Et votre casier pourra être effacé si vous suivez jusqu'au bout le programme antidrogue. Il faut compter un an, après votre sortie.

Il semble tellement injuste de plaider coupable pour des crimes qu'on n'a pas commis – mais je m'efforce de mettre cela de côté. La justice est un luxe que je ne peux pas me permettre – pas celle-là, en tout cas. Je comprends ce qui se joue : tous les cas de cartes volées ou d'usurpation d'identité du comté doivent être résolus, et quelqu'un doit payer pour ça. Le procureur pourra rayer un paquet de crimes sur sa liste, les victimes seront indemnisées (par moi), et moi j'évite la prison. Je n'ai pas de base légale pour exiger de ne payer que pour ce que j'ai fait. Je n'ai pas non plus d'argent pour rembourser qui que ce soit, ni la moindre idée de comment je pourrais en trouver, mais je plaiderais volontiers coupable pour une centaine de crimes si cela peut me permettre de revoir mes enfants plus tôt, et de récupérer Kaden avant que le compte à rebours des services sociaux ne soit épuisé.

J'ai la tête qui tourne. Je repousse la liste vers Elizabeth mais elle arrête mon geste.

— C'est votre exemplaire, gardez-le.

Elle y ajoute la liste des indemnités. Toutes ces victimes (ou non-victimes) qui ont estimé leur préjudice selon des critères bien flous : une blessure morale, des journées de travail perdues... Je m'étonne tout de même : si la banque ou la compagnie de crédit a remboursé aux victimes les paiements frauduleux, ne devrais-je pas les rembourser elles, plutôt que des particuliers ? Si je déclare ma carte volée, les débits concernés me seront remboursés. Je vois sur la liste qu'une de mes voisines a déclaré des heures de travail perdues à raison de 150 dollars de l'heure. Elle est assistante dans un cabinet médical – cela lui ferait un salaire annuel de 300 000 dollars. Il y a un million de manières de voler son prochain, apparemment certaines sont tout à fait légales. Mais je dois éviter d'y penser. Qui suis-je, de toute façon, pour juger la moralité des gens ? C'est bien moi qui ai causé tout ça.

— Avec le temps que vous avez déjà passé en préventive, et les remises pour bonne conduite, on pourrait partir sur six à sept mois d'incarcération. Vous pourrez être transférée à Blaine Street, les conditions devraient être meilleures.

Immédiatement mon cerveau se met à évaluer les chances qui me restent de remplir les conditions fixées par les services sociaux. Il me reste neuf mois et demi. À l'évidence, il faut que je sois dehors. Il me faudra un boulot. Un toit. Les dépistages. L'éducation parentale. La thérapie. Et ces fameuses visites supervisées pour prouver aux services sociaux que Kaden sera bien s'il est avec moi.

Il faudrait que je commence par être bien avec moi-même, et je ne m'avancerais pas trop sur ce point, mais pour la première fois depuis très longtemps, je sens naître un espoir. Peu importe combien je dois payer, ou qui je dois rembourser. Dans un an peut-être, je pourrais retrouver tous mes enfants. Tout ça serait derrière moi. Je serais libre.

— Vous pensez qu'on peut vraiment arriver à obtenir cet accord ? Et que va-t-il se passer pour DJ ?

— Il aura le même accord. Et pour les indemnités, votre responsabilité sera solidaire : vous devrez payer tous les deux à parts égales. Et vous devez accepter le deal tous les deux.

— Je ne vois pas comment je pourrais payer 9 000 ou 10 000 dollars cash.

— Il vous faudra trouver un moyen.

— Peut-être que je pourrais trouver une carte de…

— Ce n'est pas drôle, coupe-t-elle. Et vous devez voir les services de probation pendant que vous êtes dehors. Ils procéderont à une évaluation, et ils feront une recommandation de peine au tribunal. Vous devriez les appeler dès maintenant pour prendre rendez-vous.

— Je veux bien, mais… Pourquoi une recommandation de peine, s'il y a un accord négocié ?

— C'est la procédure. Et puis, tout peut arriver. Le juge peut toujours refuser l'accord. Ça n'arrive pas souvent, mais ça arrive.

J'attends mon coaccusé dans la rue en faisant le compte de nos obligations. Cela fait beaucoup en même temps, et tout commence à se confondre dans mon cerveau. DJ finit par arriver une demi-heure plus tard.

— Tu étais passé où ?

— C'est allé vite avec Maya, alors je suis passé saluer des gars avec qui j'étais au bloc.

Maya est son avocate.

— Elle t'a parlé de l'accord qu'elles essaient de négocier ?

— Tu veux dire, ce ramassis de conneries avec des fausses accusations et des indemnités de merde ?

— Oui, mais… On va le prendre, hein ?

— J'ai envie d'aller au procès, si tu savais…

— On ne peut pas, DJ. Pas le procès. Pense à Kaden !

Je me sens perdre les pédales.

— Tu dois dire oui, tu dois accepter l'accord. On doit l'accepter, tous les deux. Tu as vraiment envie d'aller en prison ? Tu es fou ?

— Calme-toi, fait DJ. On va accepter l'accord, évidemment.

En un sens, j'envie la colère de DJ. Ça vaut mieux que la honte.

— … Mais quand même, merde. T'as vu cette accusation de Mad…

— Stop !! Je ne veux pas en parler, DJ, tu comprends ? Ça a été vraiment dur, tout ça, et là je n'ai plus d'énergie en moi.

— OK. Mais là tout de suite, faut qu'on aille voir les services sociaux.

— Je sais. Allons-y, et finissons-en.

***

L'agente de la Protection de l'enfance est débordée, et bien que nous ayons rendez-vous, elle semble surprise de nous voir. Elle fouille dans d'innombrables fiches pour trouver celle de notre fils.

— Est-ce que nous pourrons voir Kaden ? je demande. On pourrait le voir, maintenant ?

— Il faut que je voie avec le centre parental, dit-elle. C'est avec eux que nous organisons les visites supervisées. Ils se coordonneront avec vous et la famille d'accueil. Nous, on ne savait pas que vous seriez libérés…

Je prends conscience qu'aucun plan de visite n'a été envisagé car personne ne pensait que nous sortirions.

— Je vous rappelle dès que j'en sais plus, dit-elle.

En sortant, tout l'espoir que j'avais entrevu un peu plus tôt s'est évanoui. Je suis affamée, épuisée. Dépassée.

— Je veux rentrer à la maison, dis-je à DJ, et une partie de moi regrette la simplicité et la solitude de la prison.

— Faut juste que je fasse un saut pas loin d'ici, annonce DJ en démarrant.

Je rabats le siège vers l'arrière et ferme les yeux. Quand je les rouvre, DJ est en train de se garer sur le parking d'une clinique. Je reconnais celle où j'ai accouché de Cody.

— Reste ici, je reviens, dit-il.

— Qu'est-ce que tu vas faire ?

— J'ai un truc à aller chercher vite fait. Je me dépêche.

Il est près de 5 heures de l'après-midi, le jour commence à décliner. Je reste seule dans le parking pendant près d'une heure. Si j'avais un portable, je l'appellerais, mais je n'y ai pas droit. Quand un agent de sécurité vient toquer à la vitre, je lui dis que j'attends mon mari.

— C'est un patient ?

— Il rend visite à quelqu'un, dis-je.

Le mensonge m'est venu tout seul. Une soudaine culpabilité m'étreint, et une peur nouvelle me vient. *La moindre infraction…* Je me sens maigre et fragile, mais dans la Mercedes de ma belle-mère et correctement habillée, qui viendrait me soupçonner de quoi que ce soit ? D'ailleurs, je n'ai rien fait de mal.

DJ arrive en courant quelques minutes plus tard. Il ne me donne aucune explication, je ne pose pas de question. Je suis de moins en moins sereine. Je repense aux avertissements d'Elizabeth.

En quittant Santa Cruz, DJ laisse passer la sortie pour Saratoga. Je ne dis toujours rien.

Il se gare sur le parking d'un centre commercial de San José, à l'écart des autres voitures. Il passe la main sous son siège pour attraper un sac en velours et en dépose le contenu sur ses genoux. Il y a là une petite boîte en métal, un briquet, une sangle de caoutchouc et un bout de goudron noir de la taille d'une grosse pièce de monnaie.

— Je t'ai dit que j'avais vu des potes du bloc pendant ton rendez-vous, dit-il. Et ensuite, je suis allé choper ça à la clinique.

De sa poche, il sort un objet fin et long scellé dans du

plastique translucide. Il allume le plafonnier et dans ma torpeur je lis les mots *Aiguille à biopsie* et *Stérile*.

— C'est un peu gros, dit-il, mais c'est tout ce que j'ai trouvé.

J'ai passé l'après-midi dans une voiture avec de la drogue sous le siège. J'étais dans cette voiture quand il a dérobé du matériel médical à la clinique. J'ai déjà violé les termes de ma libération conditionnelle.

— Tu vas voir, tu vas adorer, dit-il en remontant la manche de mon pull.

Je reste muette en le regardant faire fondre l'héroïne et l'aspirer dans la seringue. Je m'étais promis de ne jamais faire ça, mais je n'ai pas la force de résister. Spectatrice, je vois DJ serrer la sangle autour de mon bras et plonger la seringue dans une veine. Ça pique, ça lance, ça brûle. Il tire légèrement sur le piston : je regarde mon propre sang se mélanger au liquide brun dans le tube, et avant que j'aie le temps de respirer il appuie fort et vide la seringue dans ma veine.

Tout d'abord, je ne sens rien. Puis une chaleur se diffuse, me prend tout entière et se transforme en joie, énergie, exaltation. Une vague de bien-être pur coule en moi. Je me trompais hier en comparant la douche à une église : la voilà, l'église.

L'héroïne balaie toutes les angoisses de la journée, et une part de moi s'émerveille de cette nouvelle façon de se faire planer. Pas besoin d'aspirer pendant des heures. Pas besoin d'avaler vingt pilules. J'ai toujours aimé l'efficacité.

Je ne pense pas que c'est aussi un moyen plus efficace de me donner la mort, ni que c'est ce qui a tué mon propre frère. Les avertissements de mon avocate viennent de se dissoudre. Envolée, ma brève et fragile abstinence. L'héroïne m'avale tout entière comme une pilule, je ferme les yeux et me dis que tout cela est bien.

Je me dis que c'est de l'amour.

Chapitre 11

LA VOISINE DE L'ENFER

Avec l'héroïne, je me sens d'attaque pour affronter les épreuves qui nous attendent, et je ne tarde pas à apprendre comment me piquer moi-même. La mère de DJ veut garder un œil sur nous, et nous emménageons dans la chambre d'amis de sa maison de San José. Notre rituel du matin consiste à fermer la porte à clé et à nous injecter notre dose : couper un morceau de goudron, le déposer dans la minuscule boîte en métal que DJ a achetée dans un magasin d'artisanat, placer la flamme du briquet en dessous pour liquéfier le produit. Je ne maîtrise pas encore les quantités mais DJ semble un expert, c'est lui qui mesure et aspire le produit dans la seringue. Il a trouvé un lieu où les usagers de drogue peuvent échanger leurs seringues, et l'aiguille à biopsie a fait place à une dizaine de petites seringues comme celles qu'utilisent les diabétiques. « C'est génial, dit-il. T'apportes les usagées, ils t'en donnent de nouvelles. »

De temps à autre, je tente de lui rappeler les risques que nous prenons, et la menace que nous faisons planer sur l'accord de négociation, mais il écarte mes arguments. « Puisque nous habitons dans un autre comté, dit-il, nous ne courons pas le risque d'un contrôle inopiné. » Et plus je m'injecte d'héroïne, moins je m'inquiète. Je vis dans l'instant – comme une version corrompue de ce que j'avais appris dans *Le Pouvoir du moment présent*.

Nous comprenons vite qu'il est impossible de financer notre consommation sans trouver un emploi ou voler de l'argent. Un emploi, c'est hors de question : l'audience a été fixée dans un mois pour que le tribunal statue sur notre cas. Sans compter que la drogue est redevenue notre activité à plein temps. Nous n'avons pas le choix : il nous faut être inventifs.

Un matin, DJ disparaît dans le dressing de la chambre de sa mère. Quand il en ressort, il tient à la main trois vestes de costume, chacune avec son étiquette.

— Tu n'imagines pas ce qu'il y a là-dedans, dit-il d'un ton triomphant. Des tonnes de vêtements, tous de chez Nordstrom.

Il s'agit à l'évidence des costumes de son beau-père Freddy, qui vit actuellement en Iran. Me voyant sceptique, DJ enchaîne :

— Ils ont une politique de retour de malade.

— Et ?

— Et alors, il y a encore les étiquettes dessus. On peut aller les rendre au magasin. Et récupérer du cash.

Je commence à comprendre. Mais il y a un problème.

— Il te manque quelque chose, quand même. Tu ne peux pas rendre un article si tu n'as pas les tickets de caisse.

— Chez Nordstrom, tu peux, m'assure DJ. Viens, on y va !

Je n'entre pas avec lui dans le magasin. J'ai déjà des réticences à retourner un vêtement que j'ai acheté moi-même ; avec un article qui n'est même pas à moi, ma culpabilité se lirait sur mon nez à des kilomètres. Je reste dans la voiture à observer les clients du centre commercial. Je me demande si d'autres que moi sont venus avec des intentions inavouables. Près d'une demi-heure se passe et l'angoisse se met à monter : et si DJ avait été arrêté ? À la seconde où je formule cette question dans ma tête, l'effet de l'héroïne s'évanouit. Je suis de nouveau moi, et je me demande ce que je fais ici. Ou plutôt : je ne le sais que trop. Je jure que si DJ sort, nous arrêterons l'héroïne. Nous ne ferons plus rien d'illégal. Nous nous concentrerons sur la seule chose qui compte : récupérer Kaden. Je ferme les yeux, et je me mets à prier.

Quand DJ réapparaît, il n'a plus les vêtements dans les mains. Pas de menottes non plus. Je soupire de soulagement. DJ, pourtant, semble énervé.

Nous n'échangeons pas un mot quand il s'installe au volant. Ce n'est qu'en quittant le parking qu'il se tourne vers moi avec le regard fier d'un trader dont le pari s'est révélé gagnant.

— Putain, j'ai cru que j'y arriverais pas, dit-il. Il y avait une queue de dingue au comptoir des retours. La prochaine fois, il faudra aller dans un autre magasin. Et ils ont fait des histoires à propos des tickets : ils voulaient absolument savoir comment j'avais acheté les costumes pour déterminer le mode de remboursement, ce genre de truc. Mais j'ai fini par m'en sortir avec un peu plus de 300 dollars.

Le serment que je me faisais sur le parking commence à s'envoler déjà.

Le lendemain, une fois sa mère partie, DJ ressort du dressing avec un carton à chaussures rempli de tickets de caisse. Il semblerait que Freddy garde les reçus de tous ses vêtements.

Nous renversons la boîte sur la table de la salle à manger pour chercher les reçus Nordstrom. Reste à les faire correspondre avec chaque costume dans le dressing. Tâche fastidieuse.

— Rappelle-moi pourquoi faire ça si leur politique de retour est si géniale, déjà ?

— Une assurance, dit DJ.

La question du financement résolue, nous pouvons revenir à nos obligations. Nous prenons rendez-vous avec nos agents de probation respectifs : je découvre qu'ils recommandent une peine de quatre ans de prison. Je me réjouis qu'il ne soit plus question de vingt-sept ans. Mais avec quatre ans, nous perdons Kaden. L'accord négocié est la seule solution.

Du côté des services sociaux, rien n'avance. Ils n'étaient pas prêts quand nous avons été libérés, et maintenant ils se montrent réticents à lancer les opérations parce que nous résidons dans un autre comté. J'appelle l'assistante sociale tous les jours pour tenter d'organiser une visite supervisée, ou m'inscrire en thérapie – tout ce qui pourrait m'avancer un peu dans mes obligations pour obtenir dans les temps la réunification parentale. Mais le système est lent, et je finis par comprendre que la Protection de l'enfance attend de voir si je suis condamnée à une peine de prison avant de bouger.

Et il n'y a pas que Kaden. Je n'ai pas vu mes trois aînés depuis ma sortie. Chaque fois que je tente de fixer un rendez-vous avec Bryan et Darcy, comme par hasard, ils ne sont pas disponibles. Je désespère de voir les garçons – je leur parle au téléphone mais ça n'a rien à voir. J'ai besoin de les serrer dans mes bras, de lire dans leurs yeux s'ils vont aussi bien qu'ils le disent. D'y voir s'ils m'aiment encore.

Je marche sur une corde raide. Dylan, Cody et Ty ne sont pas sous le contrôle de la Protection de l'enfance comme Kaden, donc je n'ai aucune interdiction de les voir sans supervision. Mais ils sont sous le contrôle de Bryan et Darcy, et je ne peux me pointer chez eux sans prévenir, puisque c'est là aussi qu'habite Kaden. Je ne me sens pas en position de faire valoir mon droit à voir mes fils – je ne sais même pas exactement quels sont mes droits pendant ma liberté provisoire. Tout ce que je sais, c'est que je ne veux surtout pas me mettre Bryan et Darcy à dos.

L'ex-femme de DJ est d'accord pour qu'il voie Hailey et Logan, mais je préfère passer mon tour. Ce n'est pas très gentil de ma part, mais je n'ai pas la force de jouer les belles-mères quand je ne peux pas être une mère de mon côté. En outre, je me sens plus tranquille à San José qu'à Santa Cruz. J'aurais trop peur de croiser un voisin, une amie des NA, des parents d'élèves ou les policiers qui m'ont arrêtée. À Santa Cruz, je suis vulnérable. À San José, je suis anonyme.

Quand, à la dernière minute, j'apprends que l'équipe de basket du lycée de Cody vient jouer un match à San José, non loin de chez la mère de DJ, je décide de me rendre au gymnase. La solution me paraît idéale : pas besoin de fixer un rendez-vous avec Bryan et Darcy, pas besoin de leur parler non plus. DJ accepte de m'accompagner. Quand nous arrivons, le match en est à la mi-temps. Et la première chose que je vois sur le terrain, c'est un petit bonhomme qui s'essaie au dribble avec un ballon miniature. Kaden. Ma respiration se bloque. Puis nos yeux se croisent, et Kaden se précipite vers moi.

— Maman !

Je le prends dans mes bras et le couvre de baisers. Bryan se dirige vers nous.

— Hé, dis-je.

— Salut.

— Je… je ne savais pas que tu serais là. Que Kaden serait là. Je ne sais pas quelles sont les règles dans l'espace public. Je suis désolée, je te promets que je n'essayais pas de…

— Ça ne me dérange pas, dit Bryan.

— Je peux y aller si tu veux, dis-je.

Mais Kaden est déjà accroché à ma jambe.

— Non, non, c'est bon.

Kaden reste sur mes genoux toute la deuxième mi-temps. Je dépose des baisers sur ses joues ou le sommet de son crâne. Il dégage tant de chaleur, tant de douceur. Je ferme les yeux et respire son odeur, encore et encore. On dirait qu'il n'a pas grandi d'un pouce depuis que j'ai été arrêtée.

Quand le match se termine, je le ramène à Bryan. « Merci », dis-je. Bryan se contente de ce rire que je connais bien, ce rire un peu faux de quand il est gêné. Je serre Cody fort dans mes bras.

— Est-ce que les garçons pourraient venir déjeuner un de ces jours ? je demande à Bryan. S'il te plaît ?

Il reste silencieux. DJ est de l'autre côté du gymnase : il ne veut pas parler à Bryan et je lui en veux un peu de ne pas se montrer cordial. Voire reconnaissant. Car sans Bryan, Kaden serait aujourd'hui avec une famille inconnue.

— J'imagine que oui, dit Bryan. Faut que j'en parle à Darcy.

— C'est toi leur père, tu as vraiment besoin de son avis ?

J'aimerais qu'il s'affirme plus, mais je peux comprendre. Il se contente d'un geste d'impuissance, et embarque Kaden sur ses épaules :

— On y va, mon grand.

J'envoie des baisers de la main à Kaden jusqu'à ce qu'il sorte du gymnase. Cody me laisse l'embrasser à nouveau et c'est une heureuse surprise : après tout il a 16 ans, ses amis qui regardent – et sa mère délinquante en liberté provisoire.

— Je t'aime, lui dis-je à l'oreille. Et je suis tellement, tellement désolée.

— Je sais, mam'. Je t'aime aussi. On espère tous que ça va aller mieux.

Sur le chemin du retour, dans la voiture, je suis encore sur un petit nuage, et l'héroïne n'y est pour rien : j'ai pu tenir Kaden dans mes bras et embrasser Cody. Quand mon téléphone sonne, je décroche sans regarder le numéro.

— Je peux savoir à quoi tu joues, là ? Je vais te faire retourner en taule !

Je reconnais la voix immédiatement. C'est Darcy. Qui continue de crier.

— Tu n'as pas le droit de voir Kaden. Tu as violé l'injonction du tribunal ! J'appelle la Protection de l'enfance dès demain matin.

En panique, j'essaie de lui expliquer que ce n'était qu'un accident, que je ne pouvais pas savoir qu'il serait là.

— Bryan a dit que c'était OK, dis-je. J'ai proposé de partir, il m'a dit que je pouvais rester…

Elle me raccroche au nez.

— Oh mon Dieu, dis-je à DJ. Qu'est-ce qu'on va faire ?

— Ça va aller, dit-il.

— Ça ne va pas aller du tout, non.

J'ai si peur soudain que j'arrive à peine à respirer. Suivre scrupuleusement les ordres de la Protection de l'enfance est une des conditions de notre liberté sous caution. Si le juge apprend que nous ne les respectons pas, l'accord négocié sera caduc.

— Appelle l'assistante sociale, dit DJ. Fais-le avant Darcy.

Je tombe sur la messagerie et laisse un long message un peu confus sur ce qui vient de se produire. Je donne tant de détails que l'appel est coupé, alors je rappelle et recommence. Je ne dors pas de la nuit, appelle encore à 8 heures du matin et prie toute la matinée pour que l'assistante sociale me contacte. Elle m'appelle enfin à midi, et semble détachée. « Ça arrive », dit-elle. Elle ne précise pas si Darcy l'a appelée ou non, mais elle ajoute : « Nous essayons d'organiser une visite supervisée tant que vous êtes dehors, mais… Disons que c'est compliqué. »

Je pense connaître le nom de la complication. Son prénom, plutôt.

Après avoir raccroché, je m'étale sur le lit, soulagée. *Faut arrêter tout ça*, me dis-je. Nous devons nous débarrasser de l'héroïne. Je le dis, et je le pense, mais je sais qu'en vérité je n'arrêterai pas, que je suis incapable d'arrêter. Et je ne saurais même pas dire pourquoi.

Mon avocate avait raison : j'étais plus en sécurité au G. Je ne suis pas prête à affronter le monde extérieur. Je suis incapable de faire face aux contrariétés du quotidien sans drogue. Non seulement je ne suis pas désintoxiquée, mais la situation est encore pire qu'avant. Je ne peux pas m'arrêter de me faire du mal alors que je sais que cela fait mal à mes garçons. Que ma liberté est en péril. Que mes enfants sont en danger.

Je m'endors avec ces pensées noires et me réveille une heure plus tard avec une douleur si aiguë que j'en respire difficilement. Mon bras gauche est enflé, de l'épaule jusqu'aux ongles. On dirait un ballon géant – avec des marques de piqûres.

DJ est au pied du lit, préparant notre mixture. Je l'appelle faiblement :

— Tu peux me conduire à l'hôpital ?

***

Aux urgences, l'interne chargée du premier tri mesure mes constantes et inspecte mon bras, qui a encore doublé de volume. Il est si gonflé désormais que je n'arrive plus à bouger mes doigts. Je me sens comme la petite fille qui se transforme en myrtille dans *Charlie et la Chocolaterie*.

— Comment vous êtes-vous fait ça ? demande l'interne.

Et dans ses yeux, je lis : *Pourquoi ?*

— Je ne sais pas, dis-je.

J'aimerais tant le savoir. J'aimerais pouvoir dire que c'est parce que j'ai été un bébé prématuré, ou à cause de traumatismes d'enfance – l'abandon, la faim, les abus. J'aimerais pouvoir dire que c'est parce qu'à chaque fois que j'ai eu envie de dire non à quelqu'un dans ma vie, je n'ai rien dit. J'aimerais pouvoir blâmer le karma, assurer que dans une vie antérieure j'ai accepté de me droguer dans celle-ci. J'invoquerais volontiers la chimie de mon cerveau si je le pouvais, ou une pathologie mentale si on venait à m'en diagnostiquer une. Ce serait plus simple pour tout le monde, si tous les addicts pouvaient dire pourquoi ils ont commencé à se détruire. La vérité, c'est que sous vicodine ou sous héroïne je me sens heureuse, j'ai ma place dans le monde, je ressens de la joie quoi qu'il se passe autour de moi. La drogue me donne ce dont j'ai besoin, terriblement besoin. C'est simple : quand on est sous opiacés, on se sent mieux. Tant que cela ne changera pas, aucun addict ne changera.

***

Je suis admise à l'hôpital, où on me place immédiatement sous antibiotiques en intraveineuse. L'héroïne a causé dans mon bras une infection telle que les médecins craignent une septicémie : apparemment, elle couvait depuis plusieurs semaines, mais je n'avais rien remarqué. Quand la fièvre atteint un niveau alarmant, je fais promettre à DJ de garder le silence. « Personne ne doit savoir que je suis ici, dis-je. Pas Bryan et Darcy, ni les garçons. Personne ! »

Les médecins ont installé une perfusion de morphine pour calmer la douleur dans mon bras. Elle m'évite aussi de ressentir les effets du manque.

Une semaine après mon admission, DJ vient me voir et m'apprend qu'il a obtenu du juge la permission de déménager tout ce qui restait dans la maison d'Aptos. Sa mère et lui ont tout vidé.

— Tu as croisé des voisins ? je demande.

— Non. De toute façon, je les emmerde.

Je ne comprends pas la colère de DJ. On dirait qu'il ne ressent aucune culpabilité. Je sais que moi, j'aurais été mortifiée si j'avais croisé le moindre voisin ; je suis bien heureuse de n'avoir pas participé à l'opération déménagement.

— Ils ont saisi la maison, poursuit DJ.

Je ferme les yeux. Une partie de moi pensait encore que j'aurais un toit à procurer aux garçons quand tout ça serait fini. Je voudrais être en train de leur préparer un repas, de pester parce que je dois aller les chercher à l'école ou d'écouter leurs histoires de cour d'école, assise sur le rebord de leur lit. Mais tout ça, c'est fini. Il ne reste plus rien.

Quand je rouvre les yeux, DJ est en train de manipuler ma perfusion.

— Qu'est-ce que tu fais ?

— Je t'ai apporté un cadeau.

De la poche de sa veste, il sort une seringue remplie d'un liquide brun.

— Regarde ça, dit-il en insérant l'aiguille dans la perfusion.

L'héroïne s'écoule lentement dans le tuyau et entre dans mon bras. Instantanément, une vague de chaleur se diffuse en moi, et je ferme les yeux à nouveau.

Je capitule.

Voilà qui je suis.
Voilà ce que je fais.

***

Une vingtaine de personnes en colère forme un comité d'accueil devant la porte du tribunal. Je reconnais nos voisins, et avec eux Darcy, qui semble avoir pris la tête de la meute. Bryan est à ses côtés.

Qui donc garde Kaden s'ils sont ici tous les deux ?

DJ et moi avons passé la nuit dans un motel des environs. Nous nous apprêtons à plaider officiellement coupables de trente-deux infractions, et à accepter une peine d'un an de prison et d'une année supplémentaire de programme antidrogue. À condition bien sûr que le juge valide l'accord négocié avec le bureau du procureur. Après quoi, nous retournerons directement en maison d'arrêt.

Nous avons passé la nuit à consommer et à préparer notre retour.

Nos avocats nous escortent à l'écart de la foule. Elizabeth vient d'accoucher, elle a confié le dossier à son mari, Jonathan, qui semble tendu.

— Nous avons un problème, me dit-il. Quelqu'un a dit au procureur que vous vous vantiez d'avoir négocié une peine légère. Vos voisins ont eu la même information, et le juge est au courant.

Je suis sous le choc. Je ne me suis jamais vantée de quoi que ce soit, et je n'ai parlé à personne de la négociation de peine.

— Nous allons demander à parler au juge en privé avant l'audience, poursuit Jonathan. Mais j'ai besoin de savoir ce que vous avez raconté, et à qui.

— Mais je... je n'ai rien dit, je vous promets.

— Il faut croire que si. Quelqu'un est au courant du contenu de l'accord.

Et soudain, ça me revient. Ce déjeuner avec les garçons. Bryan avait finalement accepté, et je les avais emmenés manger des sushis dans leur restaurant préféré. Je leur ai dit qu'il y avait de bonnes nouvelles, que sous réserve de bonne conduite je pourrais être sortie de prison dans les six mois et que nous pourrions nous retrouver enfin. Je ne me vantais de rien : je rassurais mes enfants. Je leur disais que leur mère irait bientôt mieux, que mon casier serait effacé. Je voulais leur remonter le moral, leur donner du courage. Ils ont dû en parler à quelqu'un qui en a parlé à quelqu'un – et de loin en loin, le procureur et les voisins ont dû recevoir une version déformée de mes propos.

— Quelqu'un a dit aux voisins et au procureur que vous vous étiez moquée d'eux.

Darcy aurait-elle tenté de m'envoyer en prison à la dernière minute ? Je préfère croire qu'il s'agit d'un voisin en colère – et si j'en crois les mines que j'ai vues sur le parvis, ça pourrait bien être le cas. Mais tout de même : rien de tel que quelques années de prison pour se débarrasser de l'ex-femme de son mari, non ? Avec une humiliation publique en prime. Je m'efforce de chasser cette pensée, parce que cela importe peu. Ce qui importe pour l'instant, c'est que c'est arrivé. Que c'est en train d'arriver.

Je risque un regard vers la petite foule. Darcy me fixe des yeux. Sous son maquillage parfait, sa lèvre tremble de mépris. On dirait la reine de cœur d'*Alice au pays des merveilles*, celle qui ne cesse de crier : « Qu'on lui coupe la tête ! »

Il me semble sentir son venin à distance. À moins que je ne me trompe ? Que tout cela ne soit qu'une projection de ma part ? Tout cela est irréel, et je voudrais disparaître.

Jonathan s'éclaircit la gorge.

— Je vais aller dans le bureau du juge avec l'adjoint du procureur. Restez ici jusqu'à ce que l'huissier appelle tout le monde à entrer. Je vous retrouve dans la salle.

DJ et moi restons assis sur un banc. Je sens sur moi le regard des voisins, leur colère. Tous ces gens que je considérais encore il y a un an comme des amis. Tous ces gens chez qui mes enfants vont encore jouer parfois. J'aimerais aller vers eux et leur dire combien je suis désolée – que ce n'était pas la véritable moi qui ai fait tout ça, qu'il n'y avait rien de personnel...

Je pense aussi aux montants en jeu. Parmi les gens qui sont venus, il n'y en a que deux à qui j'ai directement volé de l'argent. J'ai dérobé un peu plus de 500 dollars à une famille, et piraté le compte Amazon d'une autre pour acheter un Kindle et des essais sur la parentalité... On parle de moins de 1 000 dollars au total.

J'ai dû en trouver 9 000 pour que la peine négociée puisse être validée.

Je sais bien que ce n'est pas seulement une question d'argent. C'est leur confiance que j'ai trahie, leur sérénité que j'ai violée. À cause de moi, ils se sont sentis en insécurité dans leur propre maison, dans leur petite impasse où tout était tranquille. Il a suffi que je cause du tort à quelques-uns pour leur faire du mal à tous. J'ai trahi la communauté tout entière – pas seulement parce que j'étais leur amie, mais aussi parce que les toxicomanes et les criminels ne sont pas censés préparer des gâteaux pour la fête de l'école, ni emmener leurs enfants au basket. Les toxicomanes ne sont pas censés nous ressembler. Les criminels ne sont pas censés vivre juste à côté.

***

Dans la salle d'audience, j'ai repéré sur le côté un homme armé d'un appareil photo. Je me détourne chaque fois qu'il me vise, et garde les mains sur mon visage – sauf quand je dois m'adresser au juge, bien sûr. Mais je voulais absolument éviter de lui concéder une bonne photo, et je crois avoir réussi. À côté de moi, DJ est tellement stone que je le sens s'endormir au milieu de la lecture du jugement. Je le réveille d'un coup de coude dans les côtes.

Une personne est venue témoigner en notre faveur. C'est

la directrice d'un centre de désintox local. Elle nous connaît, et elle connaît le juge. À la barre, elle explique qu'il s'agit là d'une question de santé publique, d'un problème d'addiction plus que d'une affaire criminelle. Les prisons sont surpeuplées, explique-t-elle, remplies à ras bord de personnes dont les crimes ne sont que la résultante d'une addiction. Nous sommes des gens bien, insiste-t-elle – et le juge reconnaît qu'il a reçu plusieurs lettres de soutien de la part de personnes que j'ai personnellement aidées dans leur propre parcours de désintoxication, pendant mes six années d'abstinence.

DJ et moi restons silencieux. Jonathan exprime mes remords. L'avocate de DJ ne dit rien. Quand le juge approuve finalement la peine négociée, je jette un regard vers Darcy. Elle a les sourcils froncés. Elle est là, à côté de Bryan, au milieu de nos anciens voisins. Comment sont-ils devenus si proches, alors qu'ils n'habitent même pas à Aptos ? Tout ce petit groupe occupe un seul côté de la salle ; l'autre est resté vide, comme pour symboliser le fait que personne ici ne me soutient. En avaient-ils vraiment besoin ?

Cette parenthèse dans le monde extérieur s'apprête à se refermer, et je suis soulagée que ce soit terminé. Deux semaines à l'hôpital m'ont affaiblie. Et ces deux mois à m'injecter de l'héroïne ont été deux mois de trop. Je ne désire plus qu'une chose : aller à Blaine Street. Les services sociaux ont accepté que Kaden m'y rende visite une fois par semaine. Il pourra s'asseoir sur mes genoux, je pourrai caresser ses petites joues roses. Les garçons pourront me voir le week-end si Bryan les emmène. Le parloir de la maison d'arrêt était trop glauque pour que je les y voie. Visiteurs et prisonniers sont séparés par une vitre en plexiglas et doivent se parler *via* un téléphone. À Blaine Street, nous pourrons nous voir. Nous pourrons parler.

Je porte une jupe longue et un sweat-shirt bleu ciel. Quand je tends mes bras à l'huissier pour qu'il me passe les menottes, je vois qu'une trace de sang a coulé sur ma manche. Il le voit aussi.

Ce qu'il ne peut pas voir, c'est le tabac, les pilules de Vicodine, l'héroïne et les deux petites seringues emballées dans un préservatif plein à craquer que je cache en moi. Rester assise pendant l'audience avec un vagin rempli de produits de contrebande n'était pas aisé. Marcher derrière l'huissier l'est encore moins. Je sens mon attirail qui glisse à l'intérieur.

Le fourgon nous emmène à la maison d'arrêt, où DJ et moi faisons halte dans le hall principal. Nous devons de nouveau satisfaire à l'épreuve de la photo d'identité judiciaire. Un jeune homme est assis sur l'un des sièges en plastique derrière nous.

— Vous êtes là pour quoi, vous ? demande-t-il.

— On va en prison, dis-je.

— Tous les deux ? C'est mignon.

Je me retourne pour voir s'il est sérieux. Il l'est. Mais ce n'est pas mignon, je suis épuisée et je n'attends qu'une chose : rejoindre un lit et m'allonger. Je sais que m'attendent de longues journées de sevrage au G, mais je peux espérer que ce ne sera pas aussi dur que la première fois. Laquelle, au fond, n'était peut-être pas si terrible, puisque des bouteilles remplies d'eau chaude avaient suffi à me sentir un peu mieux. Je sais que les filles du G prendront soin de moi. Surtout quand elles verront ce que je leur apporte.

Je ne serai pas transférée à Blaine Street avant qu'un juge d'application des peines n'ait donné son accord. J'espère que cela pourra se faire d'ici une semaine. Quoi qu'il en soit, maintenant que la sentence a été rendue, je peux compter les jours qui me séparent de ma sortie. Je peux fixer un calendrier avec la Protection de l'enfance pour préparer la réunification familiale. Et je peux quitter DJ. Je m'apprête à être incarcérée trois fois plus longtemps que mon premier séjour ici, mais sous bien des aspects cela ressemble à la liberté. Je serai hors d'atteinte du monde extérieur – je n'aurai plus à me préoccuper de rien d'autre que de mes garçons.

DJ est emmené en premier, puis une gardienne que je ne reconnais pas me conduit dans la grande salle où nous avons passé une nuit en cage. Ce matin encore, j'étais confiante sur le fait que la fouille à l'entrée serait légère : un procès a récemment été intenté à la prison concernant des fouilles au corps abusives, et la presse locale s'en est largement fait l'écho ces derniers jours. Mais alors que je m'apprête à donner mes vêtements pour enfiler à nouveau ma tenue de détenue, je mesure à quel point j'ai été folle de prendre ce risque. Si je suis prise avec de la drogue dans l'enceinte de la prison, je peux déjà dire adieu à Blaine Street. Et à bien plus.

Sur le chemin du vestiaire se trouve un détecteur de métaux. C'est nouveau. Quand je passe dessous, la machine hurle et une lumière rouge s'allume. Je lève les mains et montre à la gardienne que je n'ai aucune poche. Elle me palpe rapidement et me demande de repasser sous le détecteur.

Lumière rouge. Sonnerie stridente.

Et merde.

Je repasse une troisième fois, et quand de nouveau le rouge s'allume je m'accroche à la moindre explication possible.

— Regardez, dis-je en tirant sur mon sweat-shirt et en me penchant vers elle : j'ai un soutien-gorge avec armature, ça doit être ça.

La gardienne reste un instant circonspecte, puis elle hausse les épaules et me fait signe d'avancer. Elle ôte mes menottes pour que je puisse me changer – je remonte subrepticement le paquetage dans mon vagin au moment d'enfiler la culotte XXL. Elle me donne draps et matelas, et cette fois je demande une tasse et mon kit d'hygiène.

Quand je fais mon entrée au bloc G, l'accueil est triomphal. « Mama Love ! Mama Love ! » crient les filles. Kiki, Vivian et Nina se précipitent pour m'embrasser. Daddy est au balcon, sur la galerie, à côté d'une femme que je ne connais pas qui semble me jauger d'un œil sévère. Kiki ne tarde pas à m'emmener en haut des marches, vers la chambre que j'occupais avec Patricia. « Voilà ta chambre », m'annonce-t-elle.

Daddy et Vivian entrent tandis que Nina reste pour faire le guet. Je suis contente de les voir toutes, mais j'aimerais surtout dormir. La journée au tribunal a été longue et éprouvante, et je commence à ressentir les premiers signes du manque. Je ne suis pas prête pour ça. Je compte sur ce que j'ai apporté pour gérer moi-même une désintoxication progressive, en réduisant les doses de jour en jour.

Je sors le préservatif, déballe son contenu sur le lit de Kiki et jette le latex dans les toilettes – les gardiens adorent inspecter nos poubelles.

— J'ai apporté deux seringues. L'une est pour moi. Vous pouvez partager l'autre, comme vous voulez, mais je ne partage pas la mienne.

Je coupe l'héroïne et la distribue en quatre parts.

— Le tabac, on partage aussi. Les pilules c'est pour moi, ça m'aidera à gérer la désintox.

Nina ouvre la porte rapidement.

— Vous m'oubliez pas, hein ? dit-elle.

— Jamais, dis-je en lui donnant un peu de mon héroïne.

Une fois les filles parties, je reste seule avec Kiki.

— Tu as reçu les chocolats que je t'ai envoyés ? je demande.

— Oh, c'était toi ! Je savais pas. C'était tellement bon. Merci !!

Je n'avais pas donné mon nom en passant commande auprès de la cantine de la prison, parce que j'ai utilisé un faux numéro de carte de crédit. Mais j'y tenais : Kiki m'avait aidée, je voulais l'aider aussi. Et je sais qu'elle adore le chocolat.

— Et comment ça se passe ici, alors ?

Kiki s'installe en tailleur sur le lit, et son sourire s'efface.

— Ce n'est plus pareil depuis que tu es partie. Il y a eu des bagarres, sévères. En dessous de nous, là, dans l'ancienne chambre de Nina, il y a une fille à l'isolement. Elle veut se battre avec tout le monde, ils ne savent pas où la mettre. T'as vu les plastèques, en arrivant ?

— Les plastèques ?

— Ces panneaux en plastique couleur pastèque qu'ils ont mis entre les lits du Périph. La taule est surpeuplée, genre le double de la capacité, alors ils mettent des cloisons partout. On va avoir des plastèques dans les chambres aussi. C'est n'importe quoi. Ils n'ont pas le droit de mettre autant de monde dans un si petit espace, mais ils s'en foutent.

Je regarde la pièce et je vois mal comment elle pourrait accueillir une personne supplémentaire.

— J'irai à Blaine Street dès que je pourrai, dis-je. Ils laisseront Kaden me rendre visite là-bas. J'ai pris un an, mais avec la préventive et une bonne conduite, je pourrais être dehors dans six ou sept mois...

— C'est génial ! dit Kiki en se levant d'un bond pour m'embrasser. Faut qu'on te fasse un calendrier. J'ai du papier, et des crayons. Tu connais ton jour de sortie ?

Nous parcourons ensemble les papiers du tribunal pour trouver la date officielle.

— Après le dîner, on se fera un petit trip et on dessinera ton calendrier. Ça, c'est une bonne journée !

Je souris.

— Faudrait que je dorme un peu avant, quand même, OK ?

— Tout ce que tu veux, Mama Love !

Kiki sort de la chambre, guillerette, et je sais ce qu'elle ressent. C'est le *kick* de l'anticipation. Son cerveau libère des litres de dopamine rien qu'en pensant à la petite dose d'héroïne cachée dans sa brassière. Je me réfugie sous ma couverture, en position fœtale. Je chasse les images de cette journée au tribunal : dehors Darcy, mes voisins, le reporter ! Je ferme les yeux et m'endors comme si je venais de courir un marathon.

Quand je me réveille, le matin suivant, Kiki a dessiné mon

calendrier et l'a accroché au-dessus de mon lit. La journée d'hier est barrée d'une croix. J'y vois un progrès, et mieux que ça : de l'espoir.

À l'heure du petit-déjeuner, c'est un gardien que je n'ai jamais vu qui entre dans le bloc. Il doit avoir mon âge, les cheveux châtains, les tempes grisonnantes, et le sourire aux lèvres. Voilà un homme à qui je parlerais volontiers si je le croisais dans un bar ou une librairie : il est grand, plutôt beau, et j'ai toujours eu un faible pour les cheveux gris. Il dépose mon plateau devant moi et je le remercie en souriant.

— Attendez ! dit-il. J'ai autre chose pour vous. En tant que célébrité, vous avez droit à un bonus.

— Pardon ?

— La *voisine de l'enfer*, ha !

Il me tend l'édition du jour du journal local : sur la première page du *Santa Cruz Sentinel* s'étale mon visage, en couleur, le regard implorant.

Le reporter a finalement réussi à prendre une photo de moi. Elle occupe la moitié de la Une, et l'article est en dessous. Le titre me frappe directement à l'estomac.

« Aptos : les "voisins de l'enfer" condamnés pour usurpation d'identité à grande échelle ».

Le gardien rit encore en reprenant son chariot. Je glisse le journal sous mon plateau pour cacher la photo. Je pense à mes fils qui ce matin iront à l'école et verront le journal. Tous ces gens qui me connaissent et qui vont tomber sur cette Une. Les parents d'élèves, les enseignants, mes anciens clients – tout le monde finira par voir cette photo, et ce gros titre.

Usurpation d'identité à grande échelle.

Daddy s'assoit à côté de moi avec son plateau. Elle demande :

— Pourquoi il t'a filé un journal ?

— Parce qu'ils parlent de moi.

— Tu déconnes. Fais voir.

— Non, dis-je, mais Daddy a déjà attrapé le *Sentinel* et le brandit en criant :

— Mama Love est dans le journal !!

Un instant plus tard, toutes les filles sont autour de nous. Sous les acclamations, Daddy lit l'article à haute voix tandis que je me bouche les oreilles. Je ne veux pas savoir ce que dit ce papier. Et bientôt je n'arrive plus à respirer, mes oreilles sifflent, je me lève et me précipite dans ma chambre à l'étage. C'est un désastre. Un naufrage. Comment pourrai-je encore oser marcher dans les rues de Santa Cruz ? Quand je sortirai d'ici, il faudra partir.

Daddy et Kiki me rejoignent, le journal à la main.

— Désolée, dit Daddy.

— C'est bon, dis-je. Je comprends.

— C'est une super photo, dit Kiki. T'as l'air vraiment bien dessus !

Elles font ce qu'elles peuvent pour se montrer bienveillantes – et je sais combien la bienveillance est précieuse en prison. Je m'efforce de leur sourire, sans grande réussite.

— Tu veux qu'on t'apporte ton plateau ? Nina l'a gardé pour toi.

— Non merci, je n'ai pas faim.

— Allez, tiens, dit Daddy en me tendant le *Sentinel*.

— Je ne veux pas le lire, dis-je. Vous voulez bien le déchirer et le jeter ?

— OK, dit Daddy.

— Bon, et on peut se faire un café et une clope, dit Kiki. On se retrouve sur les marches, dehors ?

Elle est agitée et je sais que c'est à cause de ce que j'ai apporté hier. Je lui lance le tabac et les feuilles.

— Vas-y, dis-je. Je te rejoins.

Kiki quitte la chambre, et je lève les yeux vers Daddy.

— Tu peux me dire… L'article… Il dit des choses horribles sur moi ?

— Un peu, ouais.
— C'est bien ce que je craignais.

***

Je me défonce méthodiquement dans les heures qui suivent. Quand ma réserve d'héroïne est épuisée, je m'endors. Quand je me réveille, les lumières du bloc sont éteintes. Je me sens fiévreuse, malade. C'est venu bien vite mais je connais les signes, et le doute n'est pas permis : c'est le manque. Le sevrage a commencé, et il commence fort. Je me rue vers les toilettes et je vomis. « Désolée, dis-je quand Kiki se réveille. Je... » Mais aucun mot ne me vient, c'est mon ventre qui hurle et je reste là à me vider pendant des heures, jusqu'à ce que je n'aie plus rien à vomir. Je passe la nuit cramponnée à la cuvette en métal froid, je frissonne et je tremble tandis que Kiki ronfle doucement. Vers 4 heures du matin, c'est par l'autre extrémité que mon corps se vide. Je supplie Kiki de me laisser un peu d'intimité, mais les portes des chambres sont verrouillées, elle ne peut rien faire. Elle est aussi gênée que moi. Entre deux crampes, je répète en pleurant combien je suis désolée.

Quand les lumières s'allument à 5 heures, Kiki se précipite hors de la chambre. Je ne me suis jamais sentie si mal. Des fluides me sortent par les narines et par les yeux. Jamais je n'ai connu un tel épisode de désintox. Je sais qu'il y a de la vicodine sous mon matelas mais elle ne servirait à rien – de toute façon, je suis incapable d'avaler ne serait-ce qu'une gorgée d'eau. Peu avant le déjeuner, quand Kiki vient aux nouvelles, je suis allongée par terre, ma joue contre le socle en ciment du cabinet de toilette. Impossible de me lever, mais je l'assure que ça va. Je gèle et je brûle en même temps. Ce doit être ça la mort, me dis-je. La mort que j'ai méritée.

À l'heure du dîner, quand je veux dire à Kiki que ça va aller, je n'arrive même plus à prononcer un mot. Et c'est à peine si je l'entends quand elle se met à hurler. Il me semble la voir appuyer sur le bouton, mais tout est flou soudain, et le monde est si petit, si vague, si loin. Je ne réagis pas quand deux gardiens entrent dans la chambre et me soulèvent pour me traîner dans les escaliers et hors du bloc G.

***

À l'infirmerie, la blouse blanche qui m'ausculte n'a pas l'air contente. L'homme à côté d'elle non plus. C'est l'officier du Tribunal d'application des peines.

— Vous n'avez pas dû arriver les mains vides l'autre jour pour être aussi malade, dit-il.

Je pense aux pilules sous mon matelas, j'espère que Kiki aura pensé à les cacher. Parce qu'ils vont fouiller, bien sûr. J'ai été tellement stupide. J'ai mis ma famille en péril une nouvelle fois, et pour quoi ? Pour me faire une place au G ? Pour être quelqu'un dans cette prison ?

— J'ai un métabolisme fragile, c'est tout, dis-je en murmurant.

Il me répond par un rictus de soupçon mâtiné de dégoût.

— Il faut vous réhydrater, dit l'infirmière en me tendant une bouteille de Pedialyte. Et vous avez un abcès au bras, c'est infecté. Je vais vous mettre sous antibiotiques, trois fois par jour jusqu'à ce que ce soit rétabli.

Je n'ai rien à dire pour ma défense, alors je me rendors.

Quand je rentre au G, quelques jours plus tard, le pire du sevrage est passé. Kiki semble nerveuse quand elle m'accueille dans la chambre.

— Je n'ai jamais vu quelqu'un d'aussi pâle dans ma vie, dit-elle. J'ai cru que tu étais morte !

— Je l'étais.

— J'ai appuyé sur le bouton et j'ai crié jusqu'à ce qu'ils viennent. Ils ont pris leur temps, ces bâtards.

— Merci…

Je lorgne vers mon oreiller.

— Tu as tout caché ?

— Bien sûr, t'inquiète, dit Kiki – mais en disant cela elle détourne le regard.

— Qu'est-ce qui se passe ?

— Ben… T'étais dans un tel état, je pensais pas que tu reviendrais…

Je comprends qu'elle a dû prendre pour elle le reste de ce que j'avais apporté, ou qu'elle l'a échangé. Selon la loi non écrite de la prison, cela devrait lui valoir une sanction. Voire une raclée.

— Je m'en fiche, dis-je. C'est fini, tout ça.

Soulagée, Kiki m'entoure d'attentions et s'empresse de me préparer une bouteille d'eau chaude.

— Oh, dit-elle soudain. Il y a aussi un courrier qui est arrivé pour toi, hier. Je l'ai mis sous ta couverture.

C'est une épaisse enveloppe de papier kraft, expédiée par une certaine Mary Hill. Je ne connais pas de Mary Hill. Je me glisse sous les draps et ouvre. Il y a là près de cinquante pages : une copie réduite de la Une du *Santa Cruz Sentinel*, et tous les commentaires qui ont accompagné la version web de l'article. Cette fois, je me décide à lire.

Dans les commentaires, quelqu'un a écrit : « Ses pauvres enfants. » Un peu plus loin, une internaute que j'imagine être Darcy a répondu : « Les enfants vont bien. » D'autres racontent qu'ils m'avaient connue dans les réunions des Narcotiques anonymes – bravo pour l'anonymat.

Certains noms ou pseudonymes me sont familiers. La plupart me sont totalement étrangers. Des centaines de gens qui considèrent que je suis la pire personne au monde, une sociopathe qui ne mérite que la prison. Quelques personnes s'indignent que la peine prononcée soit si légère. Puis viennent les menaces.

« Il existe des moyens pour renvoyer en taule des gens comme elle après la fin de leur peine. »

« On va l'attendre dans la rue quand elle sortira. »

Je lis et relis les commentaires, comme happée par un vortex. Chaque mot se fraie un chemin sous ma peau pour m'atteindre jusqu'aux os. La haine, les sarcasmes et les menaces forment un chœur entre mes deux oreilles, leur chanson égrène la liste de mes péchés et leur refrain entêtant sonne comme une sorte de chanson d'adieu. Dans ma vie jusqu'ici, j'avais été fille, sœur, étudiante, professeure, épouse, voisine, bénévole, salariée, patronne, coach, amie, mère : tout cela désormais n'existe plus. La communauté a rendu son verdict : je viens d'être effacée. Ne reste plus de moi que ces quelques mots qui reviennent dans les commentaires : une voleuse, une droguée, une criminelle, une plaie pour la société, une tarée, une menteuse.

La voisine de l'enfer.

Chapitre 12

MONTAGNES RUSSES

Je ne peux pas être transférée à Blaine Street avant que l'abcès se résorbe, et je compte les jours avec une anxiété croissante. Daddy a quitté le bloc pour purger sa peine à Chowchilla, et deux détenues que les filles du G redoutaient sont arrivées : Christina et Denise. Le problème de surpopulation ne s'arrange pas, au contraire. Avec Kiki, nous déménageons de nouveau dans la cellule du fond, mais nous devons la partager avec Christina – laquelle me prend aussitôt en grippe car je refuse de me mettre à son service. Je ne sais pas qui elle est dans les rues de Santa Cruz, et je ne veux pas le savoir, mais Kiki s'est aussitôt soumise à sa loi. Elle est plus froide avec moi quand Christina est dans les parages, et j'en souffre.

Pendant une semaine, il ne se passe pas un jour sans qu'une bagarre éclate pour un simple regard de travers. La promiscuité pèse sur les nerfs de tout le monde. Toutes les heures, une nouvelle fille appelle les gardiens pour demander à sortir. Les surveillants sont sur les dents. La tension monte. L'époque où Mama Love réglait les humeurs a disparu. Tout n'est plus que dettes de sang, divisions raciales et guerres de gangs. Les Latinas des quartiers sud s'opposent aux Noires et aux Latinas des quartiers nord. Une rivalité parallèle oppose les détenues des quartiers est à celles de la banlieue ouest, des alliances se sont nouées mais je m'y perds, et je n'ai aucune envie de m'en mêler. Ce qui me perturbe le plus, c'est que Christina a apporté de la meth avec elle. Kiki et elle ont consommé et baisé toute la nuit. J'ai pu fermer les yeux, mais pas les oreilles. Dormir n'était pas une option.

Le jour suivant, alors que nous sommes toutes les deux dans la chambre, Kiki me prend à part.

— Faut que tu prennes de la meth avec nous, dit-elle.

— Quoi ? Pas question, non. Pourquoi ?

— Christina dit qu'elle n'a pas confiance en toi. Elle dit que si tu consommes pas, c'est que t'es une balance.

— C'est ridicule

Mais je sais bien que la logique ne règne pas au G, et surtout pas avec Christina. J'ai fini par apprendre qu'elle est la régulière d'un gros dealer. Toutes les filles ont peur de lui – et donc, d'elle. Pour ma part, je ne le connais pas, et je doute de jamais revoir Christina une fois que je serai sortie. Et je ne veux surtout pas avoir d'histoire ici si je veux pouvoir être transférée à Blaine Street. Kiki, elle, est déjà fixée sur son sort : elle accomplira la totalité de ses deux ans au G. Plus question de remise de peine : elle a été trop souvent prise à fumer ou à se battre. Pas question non plus pour elle d'aller à Blaine : elle y a déjà travaillé, mais un jour où elle rentrait de la maison d'arrêt après avoir porté les repas, elle a voulu faire un détour par la rivière qui coule en contrebas du parking. « Je voulais juste voir de l'eau pure », m'a-t-elle dit. Cela a été considéré comme une tentative d'évasion, on l'a renvoyée au G.

— Christina m'a dit qu'elle allait se battre avec toi, insiste Kiki.

L'idée me fait rire. Je m'imagine bien mal me battre avec Christina – ou avec quiconque. Je ne saurais même pas donner un coup de poing. Mais Kiki a l'air vraiment sérieuse. Elle me parle à voix basse, comme si Christina était dans la chambre avec nous.

— Je dis ça pour toi, hein. Je crois que tu comprends pas l'enjeu. Toi, tu veux revoir ton fils, non ? Alors faut que tu fasses une ligne avec nous, et que tu sois bien avec elle. Sinon, je te jure, elle peut provoquer une bagarre, et tu pourras plus aller à Blaine. Même si c'est pas toi qui commences, une fois que c'est parti, c'est parti, et elle fera en sorte que les gardiens sachent que vous vous êtes battues. Je le sais : elle l'a déjà fait.

Je soupire.

— Tu lui dis surtout pas que je t'ai dit tout ça, hein ? Et lui dis pas non plus que tu ne veux pas consommer à cause de ton fils, parce que là c'est sûr qu'elle va vouloir t'empêcher d'aller à Blaine. Elle a deux enfants, les services sociaux les ont pris et elle a perdu ses droits parentaux. Ils ont été adoptés.

Je sens la peur de Kiki et je commence à prendre peur moi aussi. Quand Christina revient dans la chambre, je reste dans mon lit et me tourne vers le mur.

— Love, grogne-t-elle.

Elle prononce toujours mon nom avec un ton sarcastique.

— Quoi ? dis-je en me retournant.

— Tu vas t'éclater avec nous, ou bien ?

Elle est penchée sur mon lit. Par-dessus son épaule, je vois Kiki qui me presse d'accepter.

— Je ne prends jamais de meth, dis-je. Ça me rend paranoïaque. Je n'aime pas les amphétamines en général.

J'ai parlé comme si je lui disais que je ne bois jamais de vin en cubi. Une vraie snob.

— Tu vas en prendre avec nous ou tu dégages sur le Périph, et je te retrouverai dans les chiottes du bas, continue Christina.

Je cherche Kiki du regard, mais elle m'évite.

— … Ou alors, tu la joues cool et tu roules avec nous. Il ne m'en reste pas beaucoup, tu devrais plutôt me remercier de partager ça avec toi.

Je n'ai aucune envie de dire merci.

— Je ne voudrais pas que tu gâches ce qui te reste…

— T'as pas compris. C'est pas du gâchis, c'est une assurance. Je te connais pas, et je sais pas pour qui tu roules.

— Oh, moi je roule pour Aptos, dis-je en traçant un A dans l'air avec mon index.

Ça ne la fait pas rire.

Derrière Christina, Kiki est de plus en plus nerveuse. Je ne veux pas prendre de meth, et je ne peux pas me permettre une bagarre. Je suis perdante dans tous les cas.

— Bon, juste un peu, alors, dis-je.

Christina trace une fine ligne de meth sur le rebord de l'évier, et me tend une page de livre roulée pour faire office de paille. Je me lève lentement et marche vers l'évier en la regardant dans les yeux pour ne pas qu'elle me pense fuyante. Je sniffe la poudre aussi doucement que je peux. La meth me brûle les sinus, mes yeux se mouillent. L'effet de la drogue est immédiat. La perspective d'une nouvelle nuit sans sommeil me désespère déjà : je sais que je vais passer les heures qui viennent à regretter et à tourner en rond dans ma tête.

Je déteste vraiment les amphétamines, et celle-là plus que tout autre. Enfermée dans cette chambre, je ne suis plus qu'angoisse et paranoïa. Après l'extinction des feux, Christina se lance dans une histoire confuse et interminable dans laquelle je comprends qu'à l'âge de 4 ans, elle croyait que ses jouets étaient réels. J'ai envie de me planter la cuichette dans l'œil. Comment ai-je pu avoir peur de cette fille ? Je m'en veux d'avoir fait semblant d'accepter sa meth par politesse, comme on ne refuse pas une tasse de thé dans un club de lecture, ou une part de gâteau à la fête de l'école. Je réalise seulement maintenant que j'aurais pu faire mes affaires et demander à bouger. Après tout, qu'importe l'endroit où j'attendrai d'être enfin transférée à Blaine ?

Je reste allongée sur le dos, les yeux rivés sur le lit du dessus où Christina et Kiki s'adonnent au narcosexe. J'essaie de ne penser à rien. Quand elles en ont terminé, la voix de Christina déchire le silence de la cellule.

— Eh, Love.

— Quoi ?

— T'es déjà allée à Blaine Street ?

— Non.

Elle sait très bien que c'est le cas.

— Bon, ben j'espère qu'ils viendront pas te chercher demain…

— Pourquoi ?

— Parce que là-bas, ils commencent toujours par un test de dépistage. Si t'es positive, ils te renvoient direct en prison et tu peux plus jamais aller à Blaine.

Elle se met à ricaner, et j'entends derrière elle le rire de Kiki.

C'était un traquenard.

Et Kiki était complice.

Quand elles finissent par s'endormir, je me lève et vais au lavabo, je place ma bouche sous le robinet et je bois autant que possible de cette eau au goût de rouille. Je ne sais pas combien de temps la meth reste présente dans le corps, mais je veux l'évacuer aussi vite que possible en cas de test. Je ne me recouche que quand je ne peux plus avaler une goutte sans vomir.

Au petit matin, je prends mes affaires et m'installe sur le Périph. Je sais déjà que je ne parlerai plus jamais à Kiki. Vivian me propose de partager sa cellule, mais je décline. J'en ai assez de cet étage. Je ne veux plus qu'une chose : quitter le bloc G. Et quand, une heure avant le déjeuner, un gardien vient demander qui veut participer au service religieux, j'enfile ma chemise. Tout est bon pour quitter cet endroit.

Perdue dans mes pensées, j'écoute à peine les lectures de la Bible. Je sais que je ne peux pas à la fois vivre ma vie et me droguer. Il va falloir que je trouve autre chose que les paradis artificiels pour réparer ce qui est cassé en moi. Mais quoi ? Je prends conscience que je n'ai quasiment pas pensé à DJ depuis que notre jugement a été rendu. Je suis soulagée d'être loin de lui – il va falloir s'occuper de ça, aussi.

Je m'en veux tellement d'être tombée dans le piège minable de Christina et Kiki, et d'avoir pris cette meth. Mais il est trop tard pour y changer quoi que ce soit, alors je pose ma tête sur la table et je pleure en silence. Maintenant, au moins, je sais ce que je dois changer : tout.

L'officiante, une femme un peu plus âgée que moi, nous invite à prier. Tout ce que nous demandons sincèrement sera exaucé si c'est pour le bien de tous, dit-elle. Je prie pour que mon envie de drogue disparaisse à jamais. Les autres détenues quittent la salle et je reste là, la tête dans mes bras. Quand je finis par me lever, l'officiante m'arrête à la porte.

— Avez-vous prié ?

Je fais signe que oui.

— C'était intense ?

Je la regarde et les larmes reviennent aussitôt. Elle m'ouvre ses bras et je m'y réfugie. Elle n'a pas le droit de me prendre ainsi mais elle le fait. Les mots sont inutiles, ce geste signifie tout.

De retour au G, je vais droit à mon lit, me tourne vers le mur et reprends ma prière. Dieu et moi avons toujours eu une relation compliquée, alors je prie l'Univers. Je prie pour trouver ma voie, et mon but. Je prie pour trouver la force et le courage que je n'ai jamais vraiment eus. Je prie pour trouver en moi toutes les ressources nécessaires, car je sais que je ne peux plus les chercher ailleurs. Je prie pour qu'émerge enfin une meilleure version de moi-même. Je prie pour retrouver l'âme qui se cache derrière l'ego, les fêlures et les peurs. Je prie celui qu'Eckhart Tolle appelle « l'Observateur », cette part de moi qui observe mes pensées. Je prie Eckhart Tolle lui-même.

Je passe ainsi trois pleines heures à prier et à visualiser une nouvelle vie.

Je m'imagine écrivant un livre sur la drogue et la prison.

Je m'imagine sur une scène à raconter mes erreurs passées.

J'imagine une maison illuminée de soleil et de sourires.

J'imagine mes garçons tous assis autour d'une même table

pour dîner. J'essaie de ne pas penser que Dylan terminera bientôt le lycée et que je ne serai pas là pour fêter l'événement. Que je serai peut-être encore en prison quand il entrera à l'université. Je tâche de ne pas penser que notre maison a été saisie, et ma voiture aussi. Que mon permis de conduire a été suspendu parce que je n'ai pas pu payer une amende vieille de novembre. Que mon entreprise a coulé, que je n'ai aucun travail pour subvenir à mes besoins et encore moins à ceux de mes enfants. Elle est si loin, cette maison dont je rêve. J'ai tout détruit. Je n'ai aucune idée de ce que je pourrai faire en sortant, en septembre. Je ne sais même pas où j'irai, ni si quelqu'un sera là pour m'aider. Qui donc pourrait bien embaucher la *voisine de l'enfer* ?

Je laisse ces pensées tourbillonner dans ma tête avant de me reconcentrer sur la prière.

La seule solution, je le sais, c'est de ne plus toucher à la moindre drogue.

Plus jamais.

Nous sommes le 18 mars 2009, et je décide que ce jour marque celui de ma renaissance.

***

Quelques jours et des litres d'eau plus tard, on vient me chercher pour être transférée à Blaine Street. Je passe le test urinaire en tremblant, mais il se révèle négatif. Désormais, me dis-je, je n'aurai plus peur des tests de dépistage.

Blaine Street a sa propre cuisine où l'on peut préparer ses propres plats. Une vraie cour, avec une piste cendrée, un filet de badminton. Une salle de gym avec quelques appareils, un vélo d'entraînement et un tapis de course. Trente-deux résidentes y sont réparties en quatre lieux de vie – les *quads* –, à l'intérieur desquels quatre chambres se répartissent autour d'une pièce commune avec des chaises, des canapés et une télévision. Chaque quad dispose de sa propre salle de bains, avec des douches individuelles, des éviers en porcelaine, des miroirs, et le grand luxe : deux baignoires. Les lits ont de vrais matelas, et une tablette avec une lampe de lecture. On m'a donné une chemise de nuit, et les vêtements ici sont changés deux fois par semaine. Après le bloc G, j'ai l'impression d'être au Ritz.

Chaque soir après le dîner, des bénévoles viennent proposer des activités ou des ateliers de préparation à la réinsertion. J'accroche très vite avec une femme nommée Tracy, spécialisée dans la prévention des rechutes pour les toxicomanes. Certains soirs, des élèves d'école de coiffure viennent nous couper les cheveux. Il y a une aumônière et des services religieux. Des cours d'informatique pour celles qui ne savent pas se servir d'un ordinateur. De la musique. Des jeux. Et du travail. Beaucoup de travail.

Chaque jour, le quad est inspecté avant le petit-déjeuner. La pièce doit être impeccable, le sol passé à la serpillière, les salles de bains lavées et les lits faits au carré. Le dimanche, c'est ménage en profondeur : la moindre poignée doit être briquée, les murs lessivés, et les placards parfaitement rangés.

Dans la journée, les filles de Blaine Street assurent le nettoyage et la cuisine pour toute la maison d'arrêt. Je suis affectée au ménage du hall d'entrée et des bureaux du shérif. Je commence mon service à 6 heures, et je prends rapidement l'habitude de discuter avec la policière qui termine son service de nuit dans les bureaux. Tous les matins, elle appelle sa mère pendant que je m'affaire. Après deux semaines, elle me passe le téléphone pour que je puisse dire bonjour. Un nouveau rituel ne tarde pas à s'instaurer : sa mère demande de mes nouvelles, et je lui promets de rester sur le droit chemin. J'ai fait savoir à toutes les détenues de Blaine Street que je ne participerais pas au trafic des *avions* avec la maison d'arrêt. Je sais qu'il y a probablement de la drogue cachée derrière les boîtes de tampon dans les toilettes que je nettoie, attendant d'être convoyée à telle ou telle, mais je ne regarde même pas. Et si quelqu'un me demande de vérifier, je lui dis d'aller se faire voir.

En vidant les poubelles, je songe que la maison d'arrêt

tout entière ne pourrait pas fonctionner sans le travail gratuit des filles de Blaine. Sans elles, plus de repas, plus de propreté. Le système carcéral tout entier semble reposer sur le fait qu'il y aura toujours assez de prisonnières pour assurer les tâches de base. Que se passerait-il si celles qui quittent la prison ne retombaient pas pour récidive ? Si toutes se réinséraient avec succès dans la société ? Le comté serait obligé de payer des gens pour s'occuper du travail des filles de Blaine, et il n'en a pas les moyens. Il lui faudrait augmenter les taxes locales, alors que de nombreuses familles peinent déjà à joindre les deux bouts. Et on sait bien que les politiques rechignent à augmenter les impôts quand ils veulent être réélus. Tout bien considéré : le système entier repose sur la récidive des délinquantes. Pour que le comté y gagne, nous autres prisonnières devons y perdre. C'est aussi simple que cela.

***

On trouve aussi une petite bibliothèque à Blaine Street, et j'en dévore chaque livre. Je garde avec moi *Le Livre de l'éveil* de Mark Nepo : j'en lis un chapitre par jour, comme un horoscope, et j'essaie d'y puiser la sagesse nécessaire pour donner un sens à ma journée. Le livre se révèle étrangement pertinent, et les conseils de l'auteur résonnent souvent avec mon état d'esprit. Je retiens notamment cette maxime : « La douleur vous pousse ; la vision vous tire. »

Ce soir-là, dans mon lit, je passe ma vie en revue à la recherche de ce moment où j'ai cessé d'avancer en étant tirée par mes envies, par une vision de l'avenir. Ce moment où j'ai abandonné mes rêves pour laisser la douleur me guider. Car j'ai eu des rêves, à une époque – et ils n'avaient rien à voir avec le mariage, l'argent ou la maternité.

Comment donc pouvais-je l'avoir oublié ?

Depuis que j'ai découvert que je pouvais m'échapper dans les livres, j'ai toujours voulu être écrivaine. Je voulais raconter des histoires ; je voulais parler au cœur des lecteurs pour leur faire mieux comprendre le monde, et eux-mêmes. Je voulais que des émotions passent par mes mots, je voulais faire rire, ou pleurer. Et si tout cela me rendait riche et célèbre, eh bien ! je m'en accommoderais. Mais là n'était pas l'essentiel.

Écrire, c'était le seul moyen de donner un sens à mon enfance cabossée – à ma famille, mes peurs, les sensations, tout ce monde qui bouillonnait à l'intérieur. En écrivant, je devenais une meilleure version de moi-même. Plus lucide, mais aussi plus courageuse : sur le papier, les mots faisaient tomber une à une les barrières qui me retenaient. Au lycée, j'habitais un petit appartement tandis que mes amis vivaient dans de belles maisons avec jardin, mais l'écriture transcendait les classes sociales. Elle transcendait ma solitude. Elle transcendait les doutes, les peurs, et les chagrins d'amour.

Je n'ai jamais eu besoin d'alcool ou de drogue pour m'aider à écrire.

Après cette première pilule de Vicodine, chez les parents de Bryan, j'ai cessé de noircir des carnets. Je me disais que c'était impossible avec des enfants, des finances précaires et un mariage vacillant. Je me disais que les journées étaient trop courtes pour écrire. Mais toutes ces excuses n'étaient que des mensonges. Ce qui rendait l'écriture impossible, ce n'était pas cette vie. C'était les opiacés que je prenais pour la supporter.

Ce soir-là, je comprends que les drogues que j'ai prises pour échapper à la douleur me coupaient aussi du seul vrai moyen que je connaissais pour la rendre supportable. Écrire, c'était ma stratégie de survie, c'était le pont qui me menait vers les autres. L'écriture me donnait de l'amour-propre, de la joie. Elle me permettait aussi de remuer mes idées sombres, de les sortir de moi en les couchant sur le papier. Quand j'ai cessé d'écrire, les idées noires se sont mises à stagner, toutes mes peurs sont restées bloquées à l'intérieur, un peu plus lourdes chaque jour, au point qu'il ne m'a plus été possible de les supporter sans les pilules. J'ai commencé par une. Puis deux. Puis dix, vingt, soixante. À chaque fois que je tentais d'arrêter, que je tentais de m'inventer une vie sans béquille d'opium, je ne tenais pas longtemps. Pas assez pour comprendre ce dont j'avais vraiment besoin pour calmer la douleur. Alors que c'était là, si proche.

J'avais besoin de l'écriture.

***

Je me remets à écrire. J'écris de courtes histoires sur l'ordinateur du quad et je les imprime car nous ne sommes pas autorisées à enregistrer des fichiers. Une détenue surnommée Barbie me raconte les terribles abus dont elle a été victime pendant son enfance, et j'écris une nouvelle intitulée *Mille et Une Façons de casser une poupée*. Je la lis un soir à Tracy, après la séance antirechute. Elle écoute en silence.

— Tu pourrais me la relire ? demande-t-elle doucement.

Je lui répète l'histoire, puis je lui lis quelques pages d'une sorte de dissertation sur la colère que j'ai écrite la veille.

— C'est formidable, dit-elle. Je suis épatée. Tu accepterais de me les prêter pour que j'en fasse des copies ?

Quand j'écris, désormais, je me sens tirée par une vision, une envie qui vient d'un recoin très profond. Ce n'est pas très net encore, mais je le sens. Je n'écris plus seulement pour passer le temps. Quand j'écris, j'ai l'impression de me retrouver. D'être moi, de nouveau. La véritable moi. La Lara d'avant la chute.

Tracy revient la semaine suivante avec quelques exemplaires de mon texte sur la colère. Les copies circulent dans Blaine Street. Le lendemain, Jacinda vient me trouver. C'est une voisine de mon quad, une trentenaire au physique d'adolescente. Elle voudrait que j'écrive pour elle une lettre au tribunal, en demandant son transfert de Blaine vers un autre établissement, où elle pourrait suivre un programme thérapeutique spécial de dix-huit mois – elle qui ne purge qu'une peine de six mois.

Je doute de pouvoir l'aider, mais nous nous retrouvons tout de même sur un banc dans la cour.

— Je ne veux pas aller en thérapie, mais je dois y aller, dit-elle. Ce programme, c'est dix-huit mois de vie bien carrée, avec des repas réguliers, des thérapeutes et tout. Là-bas je sais que je serai en sécurité. Tu comprends ?

Je pense à Eckhart Tolle et reste aussi présente que possible tandis que Jacinda me détaille son histoire. Elle me raconte pêle-mêle son ex violent, qui la retrouve toujours où qu'elle soit, sa mère morte il y a deux ans, son fils qui a passé tant de temps chez sa sœur qu'il croit que Jacinda est sa tante. Je l'écoute en mettant de côté ma propre impatience de retrouver ma liberté – jamais je n'échangerais mes six mois ici contre dix-huit mois ailleurs. J'essaie de regarder le monde avec ses yeux à elle, et il n'est pas beau : ballottée de foyer en famille d'accueil, plus sordides les uns que les autres, elle s'est enfuie quand un père de famille a abusé d'elle, elle a été violée et kidnappée alors qu'elle était défoncée, emprisonnée pour la première fois parce qu'elle avait trouvé refuge dans un squat de dealers où la police a fait une descente…

— OK, dis-je finalement. Je vais écrire ta lettre.

Elle me répond avec un sourire rayonnant.

— Qu'est-ce que tu veux en échange ? demande-t-elle.

J'avais oublié cette règle de l'amitié en prison, où rien n'est jamais gratuit. Ne voulant pas faire des pattes d'ours ma seule monnaie d'échange, je réfléchis à une contrepartie qui ne me ferait pas trop grossir, mais rien ne me vient.

— Je ferai ton lit tous les matins, dit Jacinda. S'il te plaît…

Je n'ai jamais été douée pour faire mon lit. Depuis que je suis ici, les coins ne sont jamais assez bien tirés pour nos gardiennes. J'accepte en souriant.

— … Et si je suis transférée grâce à ta lettre, je m'arrangerai pour que quelqu'un d'autre fasse ton lit jusqu'à ce que tu sortes, ajoute Jacinda.

La proposition est alléchante, mais en m'asseyant devant

l'ordinateur pour écrire cette fameuse lettre, ce n'est pas à mon lit en désordre que je pense, mais à Jacinda et aux épreuves qu'elle a traversées. Je me mets dans sa peau : je pense au nombre de fois où j'ai été arrêtée, à toutes ces fois où je suis sortie de prison pour retomber dans la drogue sous la coupe d'un homme violent. J'écris au juge une longue lettre, l'implorant de me permettre de suivre ce programme pour me donner enfin une vraie chance de ne jamais retourner sous les verrous. Et je conclus :

Je n'ai jamais eu personne qui tenait assez à moi pour me dire à quelle heure aller au lit, pour vérifier que je mangeais sainement, pour me demander comment j'allais. J'aimerais tant suivre les règles. À Santa Cruz Residential, je ne serai pas en famille, je le sais bien. Mais j'aurai ce qui s'approche le plus d'un vrai foyer. Un endroit où je me sentirai chez moi. C'est tout ce que j'ai toujours désiré. S'il vous plaît, laissez-moi aller là-bas.

Nous postons la lettre ensemble, et nous attendons la réponse. Pendant deux semaines, Jacinda fait mon lit chaque matin avant l'inspection. Quand l'officier d'application des peines demande à la voir, j'y vais avec elle. Il me lance un regard suspicieux mais me laisse écouter leur conversation. Il semble pressé, et tend à Jacinda une liasse de papiers à remplir.

— Vous entrerez dans le programme thérapeutique dès demain, dit-il. Préparez vos affaires ce soir, ils viendront vous chercher à 6 heures du matin.

Jacinda éclate en sanglots. L'officier se retire rapidement. Jacinda et moi restons seules dans le hall de Blaine Street, interdites. Puis Jacinda se jette dans mes bras.

— Je suis tellement contente pour toi, dis-je. Tu l'as mérité. Tu mérites cette chance.

— Merci, dit-elle. Et tu sais… Je ne sais pas comment tu as fait, mais ce que tu as écrit… C'est ce que j'avais toujours voulu dire, mais je n'avais pas les mots…

Je la tiens plus fort encore dans mes bras. Un sentiment

que je ne reconnais pas immédiatement m'envahit et me fait monter les larmes aux yeux. Je suis heureuse pour Jacinda, mais il y a plus que cela. Pour la première fois depuis très longtemps, je suis fière de moi.

***

Je dors encore quand Jacinda quitte définitivement Blaine Street. Peu avant 7 heures, une fille nommée Eve frappe à ma porte et entreprend de faire mon lit, en silence. Je tente d'en savoir plus sur elle, je lui demande ce que Jacinda lui a offert en échange. Elle se contente d'un sourire qui signifie : « Je ne te dirai rien. » Elle revient tous les matins, et toujours silencieuse, s'en retourne sur son lit à ses aiguilles. Eve fait du crochet toute la journée, ne s'arrêtant que pour les repas, et sa chambre est remplie de casquettes et de linges de taille bébé. Chaque mois, les bénévoles d'une association de couture qui intervient à Blaine viennent collecter les œuvres d'Eve. Qu'en font-ils ? Cela reste un mystère. J'imagine qu'ils en font don à une maternité, ou à des centres de préparation à l'accouchement.

Après ce premier succès, mes travaux de plume s'enchaînent. Courriers juridiques, lettres d'amour, cartes et poèmes d'anniversaire, mises au point dans des disputes familiales : je me confronte à tous les genres. Je rédige même un éloge funèbre à la demande d'une détenue qui vient d'obtenir la permission de quitter Blaine Street pour un enterrement. Par courrier, je quitte deux ou trois membres de gangs. J'écris même à un pauvre type que je veux divorcer de lui car je suis tombée amoureuse d'une autre femme en prison.

Je prépare chaque cas comme je l'ai fait avec Jacinda : en écoutant. Un fond de mauvaise conscience affleure parfois à l'idée de devenir pour quelques heures quelqu'un que je ne suis pas – n'est-ce pas précisément pour *usurpation d'identité* que je suis emprisonnée ? Mais cette fois, je le fais pour de bonnes raisons. Et je dois avouer que j'adore me glisser dans la peau de quelqu'un d'autre. Toutes ces années à écrire des fictions n'ont pas été vaines : elles m'aident à créer des personnages, à trouver leur voix. Avec chacune de mes clientes de Blaine Street, je suis particulièrement attentive aux tics de langage, aux angles d'attaque, à la façon de raconter les histoires. Comme le tribunal de Santa Cruz ne compte qu'une poignée de juges, je dois faire très attention à être chaque fois au plus près de la signataire, en respectant son univers culturel, son éducation et sa personnalité.

Plus j'écris, plus il devient facile de devenir quelqu'un d'autre. De penser comme elles pensent. De raisonner comme elles raisonnent. Par moments, j'écris ce qu'elles ressentent parce que cela me semble évident, et elles flippent en me lisant. Telle détenue ne m'avait jamais dit qu'elle avait appris à se méfier des autres femmes, et pourtant. Telle autre n'avait jamais pensé qu'elle choisissait des hommes violents parce qu'ils lui rappelaient ce père qui l'avait abandonnée. Et pourtant.

Dans les couloirs de Blaine Street, on murmure que je suis une voyante. Je m'abstiens de démentir, parce que l'idée ne me déplaît pas et qu'écrire pour les autres me fait passer le temps – tout en m'épargnant d'avoir à faire mon lit. Quand je prédis un événement tout à fait prévisible et que les faits me donnent raison, je répète aux autres, les yeux dans les yeux : « Je ne suis pas une voyante. » Je m'amuse.

Je me garde aussi de leur expliquer ce qui me permet d'écrire ainsi leurs vies. D'avouer que je partage leurs peurs, leurs hontes, leurs luttes incertaines contre l'addiction, leur désir éperdu d'amour, ou ce rêve de devenir de meilleures mères que celle qu'elles ou moi avons eue.

Et je ne sais pas encore qu'en faisant tout cela, je suis en train d'aiguiser mon empathie – le superpouvoir de ceux qui écrivent pour les autres.

Chapitre 13

FÊTE DES MÈRES

Mon statut à Blaine Street s'améliore. Du ménage matinal, je passe au service en cuisine, et j'obtiens la permission de cultiver un petit potager dans un coin de la cour. Le matin et le soir, je travaille la terre, je plante et je récolte des légumes que je pourrai cuisiner moi-même et proposer à mes codétenues.

Pour être honnête, je n'ai jamais eu la main verte. Mais ici, tout prend un sens différent. Planter des graines est un signe d'espoir, et la lenteur avec laquelle poussent les légumes permet de s'ébahir chaque jour des petits progrès réalisés. Une école de la patience, avec un résultat tangible au bout.

Je viens de commencer à m'occuper de mon petit carré de terre quand Amy, l'assistante sociale chargée de Kaden, me propose enfin d'organiser sa première visite à Blaine. Je l'ai appelée tous les jours depuis que je suis ici – je suis résolue à faire tout ce que je peux depuis la prison pour récupérer mon fils, et améliorer mon cas. Mon état d'esprit a changé : j'ai décidé de voir les choses du bon côté. Je ne regarde plus Amy comme une fonctionnaire qui cherche à me séparer de Kaden, mais comme l'alliée qui va me permettre de le retrouver. Je fais le pari de croire que l'objectif de la justice et des services sociaux est de rendre l'enfant à sa mère plutôt que de les séparer à jamais. Je demande toujours : *Que pouvons-nous faire de plus ?* Et moi, que puis-je faire de plus, de mon côté ? Cette dernière question est devenue mon mantra. La boussole de mes jours ici.

Je me fais l'avocate de mon cas, mais aussi celle d'autres détenues de Blaine qui, comme moi, se débattent avec les services sociaux. Avec elles, je m'attaque à un gros morceau : les « cours de parentalité » obligatoires. J'ai calculé qu'une fois sortie, je n'aurai pas le temps de suivre tous les cours avant que le délai d'un an expire pour Kaden. Comment faire ? En insistant au nom de toutes les mères de Blaine, je finis par obtenir qu'une femme exceptionnelle, ancienne maire de Santa Cruz, vienne assurer les cours directement ici.

Peu après cette victoire, Amy accepte d'amener Kaden une fois par semaine pour une visite supervisée, mais à une condition : que toutes les détenues de Blaine restent confinées dans leur chambre. J'ose à peine le leur demander... mais elles acceptent. Est-ce à cause des lettres que j'écris pour elles, ou parce que nombre d'entre elles ont déjà dû abandonner leurs enfants ? Ces femmes sont des mères, et des sœurs : elles soutiennent Kaden.

Pour sa première visite, nous lisons des livres et jouons au badminton. Je le prends dans mes bras et lui promets que nous serons bientôt réunis. Je l'emmène faire un tour dans la cour pour que les autres détenues puissent voir la récompense de leur sacrifice : la joie d'un enfant de 4 ans. Elles le saluent par la fenêtre et Kaden leur répond en envoyant à la ronde des baisers au goût d'espoir.

J'ai profité de mon travail à la cuisine pour lui préparer un goûter. Je lui ai fait des œufs durs – je sais qu'il adore enlever la coquille – et un bol de céréales. En le voyant manger, je me promets de lui mettre de côté des Froot Loops chaque semaine, et de le nourrir autant que possible : j'ai l'impression qu'il n'a toujours pas pris un centimètre depuis l'arrestation, et cela m'inquiète. Chaque semaine après celle-ci, je l'emmènerai travailler avec moi dans le jardin, et je lui parlerai des plantes qui poussent, tout comme lui. Chaque semaine, au moment de partir, il tentera de me laisser quelque chose de lui – un jouet, un habit, une chaussure. Déchirement.

— Je veux vivre ici avec toi, supplie-t-il quand Amy nous signale que le temps est écoulé.

Je lui réponds que je l'aime, que j'aimerais qu'il vive ici moi aussi, mais qu'il n'a pas le droit.

— Et puis, tes frères seraient tristes sans toi, dis-je.

Il se cramponne à mon cou. « Bientôt », promets-je avant de l'ensevelir de baisers jusqu'à ce qu'il se mette à rire. Je fais de mon mieux pour qu'il ne devine pas combien mon cœur est brisé. Je sais déjà que je m'effondrerai juste après son départ, mais tant qu'il est là, je dois tenir. Je l'assure que Bryan et Darcy l'aiment, et qu'ils s'occupent bien de lui. Je ne ferai jamais de commentaire négatif sur Darcy, même le jour où il me répétera des horreurs qu'elle a proférées sur mon compte. Je ne veux pas qu'il se sente en conflit de loyauté. Je veux qu'il profite des bons moments loin de moi, sans ressentir de culpabilité. Je le veux parce que je suis sa mère, et qu'aucun compte à rebours, aucune loi, aucun juge et aucune assistante sociale ne pourra jamais changer ça.

DJ, de son côté, n'a pas été admis à Rountree – l'équivalent de Blaine Street pour les hommes, à l'autre bout du comté. La prison n'a pas eu le même effet sur lui que sur moi : elle l'a surtout mis en contact avec des trafiquants de drogue, et il est entré pleinement dans leur jeu. Mais je n'en sais pas beaucoup plus : l'administration de la prison a fini par censurer ses lettres parce qu'il les truffait de symboles de gangs. Quand je demande à Amy ce qu'il peut se passer si l'un des deux parents ne respecte pas les conditions fixées par la Protection de l'enfance, elle m'assure que le juge a le pouvoir de considérer les deux parents séparément, et qu'il peut décider de ne confier l'enfant qu'à un seul des deux.

— Bien sûr, ajoute-t-elle, si vous vivez avec le père et qu'il continue à prendre de la drogue, ou qu'il ne respecte pas ses obligations, alors le juge peut considérer que le bien de l'enfant n'est pas votre priorité. Parfois il vaut mieux qu'il n'y ait qu'un seul parent dans l'histoire…

J'ai compris.

La douleur vous pousse ; la vision vous tire.

J'en ai terminé avec la douleur.

***

L'agent Lonnie est la plus gradée des gardiennes de Blaine Street. Elle est présente presque tous les jours, de 7 heures du matin à 7 heures du soir. Elle doit avoir mon âge, avec de longs cheveux noirs retenus par un chignon sévère, et de grands yeux marron qui vous fixent sans jamais ciller. Elle aime croire que rien ne lui échappe à Blaine, mais elle se trompe.

Les matins où je me lève à 5 heures pour préparer le petit-déjeuner des trente résidentes, elle m'offre un café. Du vrai café – celui des gardiennes.

Je ne sais rien sur elle sinon que ses parents ont émigré aux États-Unis depuis un pays d'Asie du Sud-Est. La première fois que nous avons discuté ensemble, elle a semblé trouver que mon ignorance de la soupe phô était plus grave que les crimes qui m'avaient conduite ici. Depuis, elle me raconte l'origine du phô, les façons de le préparer, les recettes de sa famille. Elle partage aussi avec moi les derniers potins de Hollywood, espérant sans doute que je lui raconterai en retour les ragots de Blaine Street.

Un jour, je lui demande la permission de préparer un cheese-cake, comme un cadeau pour toutes les filles de Blaine. Jamais je n'avais pris le temps de jardiner ou de cuisiner comme je le fais ici. Probablement parce que j'y voyais un luxe de personnes désœuvrées ou sans ambition. J'avais tort. Il y a quelque chose dans le jardinage et la cuisine qui fait du bien à l'âme. Si seulement j'avais pu m'en rendre compte avant…

Je tends à Lonnie une liste des ingrédients dont j'aurais besoin.

— Et qu'est-ce que vous me donnez en échange ? demande-t-elle.

La loi de la prison, toujours. Même avec les gardiennes. Même avec la gardienne en chef. Je comprends : elle aussi a une carrière à mener, des échelons à gravir. Récupérer des articles de contrebande est bon pour son avancement. Mais faire la chasse aux trafics lui prend du temps, et génère du stress chez les détenues. Alors Lonnie et moi avons fini par mettre au point un système : je lui procure un peu de contrebande, histoire qu'elle n'ait personne à punir ; en échange, elle me fournit quelques extras pour améliorer l'ordinaire de toutes les détenues.

Je lui demande quel prix elle donne au cheese-cake.

— Deux briquets, dit-elle.

Les briquets sont des prises de choix dans la grande chasse aux trésors à laquelle s'adonnent les gardiennes. Parce que les détenues s'en servent pour fumer du tabac ou de la drogue, mais aussi à cause des risques d'incendie. Je négocie :

— Un briquet ?

L'affaire est conclue. Il y a beaucoup de briquets en circulation à Blaine, je sais que je trouverai facilement une volontaire pour se séparer d'un vieux briquet contre la promesse d'un cheese-cake. La négociation suivante sera plus ardue : organiser une soirée DVD jusqu'à minuit avec un gâteau au nappage de chocolat coûtera deux briquets et cinq cigarettes.

Nous buvons notre café un matin quand je trouve enfin le courage de lui parler de Gemma. Gemma n'est pas le prénom d'une détenue, mais le nom d'un programme de réinsertion de deux mois, qui permet à dix résidentes de Blaine de sortir deux fois par semaine pour se rendre, en habit de ville, vers une église locale où des bénévoles assurent des cours divers : prévention de la récidive, cuisine nutritionnelle, musique, yoga, bases de comptabilité ou rédaction de CV.

— J'aimerais suivre ce programme.

— Vous n'en avez pas vraiment besoin, dit Lonnie.

— S'il vous plaît !

— Ce n'est pas de mon ressort. Il faut rencontrer Cassandra : c'est elle, la responsable du programme. Elle vient demain, justement, passer des entretiens pour la prochaine session. Je peux recommander quelques personnes, mais c'est elle qui décide au final.

— Et vous voudrez bien me recommander ?

Elle ne répond pas, et se contente de petits sourires énigmatiques entre deux gorgées de café.

— Qu'y a-t-il ? je demande. Vous ne pensez pas qu'on puisse me faire confiance ?

J'espérais poser la question doucement mais ma voix s'est mise à trembler. C'est si désespérant pour moi, de penser à tout ce qu'il me faudra faire pour regagner la confiance de quiconque.

Lonnie repose son café et se met à rire.

— Je vous ai déjà recommandée, Lara.

Lonnie ne montre jamais ses émotions, et celles des autres semblent ne jamais l'atteindre. Mais elle a de la compassion. J'essaie de ne pas en faire trop en la remerciant.

Le lendemain, je rencontre Cassandra. C'est une femme noire, corpulente, qui respire la joie avec son fard à paupières violet pailleté, son piercing au nez en forme de fleur et ses écharpes bariolées. Toute la nuit précédente, je me suis demandé si elle avait lu l'article du *Sentinel* – et les commentaires. Je les relis régulièrement, pour tenter de trouver qui se cache derrière chaque pseudo. J'ai reconnu Darcy, des collègues des NA, un ancien patron, de vieux clients. Mais la plupart semblent venir de parfaits inconnus – des gens que je ne connais pas mais qui ont lu l'article et semblent avoir beaucoup à dire sur ce que je suis et ce que j'ai fait. « Sociopathe ! Enfermez-la ! » Je lis et relis ces mots comme une blessure que je voudrais aider à cicatriser rien qu'en la regardant. Tout le contraire de l'attitude positive que je m'efforce d'avoir par ailleurs, mais je ne peux m'en empêcher.

Cassandra, elle, se fiche de l'article. Elle me parle du programme, des cours qui sont dispensés, elle me demande comment se passe ma vie ici et ce que je peux attendre du programme Gemma. J'opte pour la franchise.

— La perspective de quitter cet endroit deux fois par semaine est vraiment tentante, dis-je. Mais j'aime aussi apprendre, et travailler. J'ai vu qu'il y avait des devoirs à rendre, ça me fera du bien de me concentrer sur autre chose que la cuisine et le ménage en attendant les visites de mes enfants.

— Je pense que vous serez un véritable atout pour Gemma, conclut Cassandra avec le sourire le plus chaleureux que j'aie jamais vu.

Je devrais la remercier, être heureuse, mais je n'y arrive pas. Il reste toujours ce doute.

— Je… Il faudrait quand même que vous sachiez…

— Oui ? fait Cassandra sans cesser de sourire.

— Eh bien… Il y a eu cet article, là. Les trente-deux accusations, et… Je sais que beaucoup de monde ici… Enfin, presque tout le monde pense que…

Le mot finit par sortir :

— … que je suis une mauvaise personne !

Cassandra incline légèrement la tête et me fixe droit dans les yeux. Son visage reste affable, sans que je puisse deviner ce qu'elle a en tête. Elle reste ainsi silencieuse pendant près de trente secondes, puis elle sourit de nouveau.

— Mon fils s'est retrouvé un jour dans le journal, dit-elle. Je vous en parlerai peut-être une autre fois. En attendant, je vous attends ici mardi matin à 7 heures.

Cette fois, je la remercie sans réserve. Quand je me lève, Cassandra me prend dans ses bras. Un instant, je pense à Lonnie, qui nous surveille depuis sa cabine, mais elle laisse faire. Je pose ma tête sur l'épaule de Cassandra, je peux sentir son parfum fleuri et le contact me fait un bien fou. La mère de famille en moi avait retrouvé les câlins avec les visites de Kaden. Cette fois, c'est la voisine de l'enfer que l'on console.

— Ça va aller, murmure Cassandra, et dans ses bras où je voudrais rester pendant des heures, je la crois.

***

Les cours du programme Gemma sont assurés par des bénévoles du diocèse dans une salle de réunion, et l'église nous laisse utiliser la cuisine du presbytère. Quelques semaines après le début du programme, j'apprends que des détenues ont subtilisé de l'argent dans le tronc de la quête. Je les oblige à tout rendre et à se confesser à Cassandra. Et quand elles protestent, je leur rappelle que je contrôle désormais la cuisine de Blaine Street, donc que je contrôle aussi le fromage. Ce n'est pas anecdotique : lors d'un atelier de prévention, un intervenant a dit qu'une protéine contenue dans le fromage libérait une substance également présente dans l'héroïne. Je ne sais pas si c'est vrai ou non. Mais depuis, à Blaine, qui contrôle le fromage contrôle la prison.

Peu de temps après, alors que nous entamons la deuxième moitié du programme, une bénévole nommée Alice nous propose un devoir à rendre la semaine suivante : dresser la liste des arguments pour ou contre la justice restaurative. De retour à Blaine, nous nous rassemblons dans la salle informatique, et la discussion commence : que se passerait-il si nous devions rencontrer des personnes à qui nous avons fait du tort dans un cercle de parole, et écouter leur version des faits ? Certaines assurent qu'elles préfèrent se tenir devant un juge plutôt que devant leurs victimes. Et moi ? Pourrais-je expliquer à mes voisins pourquoi j'ai volé leur chéquier pour faire mes courses à l'épicerie ? Ou comment j'ai utilisé leur numéro de Sécurité sociale pour falsifier une carte de crédit et acheter un Kindle ? Je vois mal comment je pourrais faire sans paraître me disculper. *Je n'étais pas moi-même ?* Ça n'irait pas. Et j'aurais l'air bien stupide à dire que *je voulais seulement acheter des livres sur la parentalité*. Je ne leur voulais aucun mal. Mais j'ai passé cette année terrible comme si je conduisais de nuit par temps de brouillard : je ne voyais que ce qui était juste devant moi. Mes besoins immédiats. Il m'était devenu impossible de penser à autre chose – ou à qui que ce soit d'autre.

Non, vraiment, je m'imagine mal rencontrer mes voisins. Parmi tous ces visages que j'ai croisés au tribunal ce jour où la sentence a été prononcée, il n'y en a pas un que j'imagine choisir le pardon à la punition. Et si l'un d'eux avait causé le même tort à ma famille, sans doute aurais-je la même réaction. La justice restaurative est séduisante sur le papier, mais ce soir-là, entre les murs de la prison, nous sommes une dizaine à rester sceptiques. Si nous n'arrivons pas à nous pardonner à nous-mêmes, comment pourrions-nous le demander à d'autres ?

Comme je suis la plus à l'aise avec le clavier, j'aide toutes les filles à rédiger leur devoir et à l'imprimer.

Au cours suivant, Alice demande si nous n'avons pas eu trop de difficultés avec l'ordinateur.

— Vous pouvez écrire à la main, ça n'est pas un problème ! précise-t-elle.

Je lui réponds d'un ton léger que j'ai aidé tout le monde. Ce jour-là, je me sens de bonne humeur. Les semaines semblent passer de plus en plus vite, et Tracy m'a mise au défi de ne plus lire les commentaires du *Sentinel* – je dois reconnaître que ça m'a soulagée d'un poids. Je souris à Alice, mais son regard soudain se fait dur.

— Ça ne me plaît pas beaucoup de vous imaginer devant un ordinateur, dit-elle.

Mon estomac se noue immédiatement. Je regarde Alice en tentant de mobiliser mes souvenirs. Nous serions-nous déjà rencontrées *avant* ? À l'école Montessori, peut-être ? Ou en accompagnant les garçons au sport ? Mais rien ne me vient, et Alice détourne les yeux avec dédain. Le silence s'est fait dans la salle. Une des règles de Gemma est de ne jamais parler de ce qui a pu conduire telle ou telle en prison. Les bénévoles sont là parce qu'elles croient en la réinsertion. La réhabilitation. Le programme tout entier est basé sur une vision restaurative et non punitive de la justice.

Les joues brûlantes, je ne trouve rien à répondre à Alice. Je passe le reste de la séance à ruminer, les yeux rivés à la table. À la fin de la journée, lorsque nous rangeons les chaises dans la réserve du presbytère, je reste là et m'effondre en larmes. Je me sens défaite, en colère, mais surtout honteuse. Ah, il était beau, mon optimisme des derniers jours ! Naïve que j'étais. La vérité, me dis-je, c'est que si même une bénévole de Gemma me renvoie fielleusement à mes crimes passés, alors je n'ai aucune chance de m'en sortir dans le vaste monde, quand je serai sortie.

Cassandra me rejoint dans la réserve, la mine courroucée.

— Alice n'avait pas le droit de vous dire ça, m'assure-t-elle. J'irai lui parler.

— Ce n'est pas la peine, dis-je. J'ai compris. Ça ne sert à rien de continuer le programme. J'arrête.

Il n'y a même pas de colère dans ma voix : chez moi, la colère se transforme toujours en tristesse.

— Oh que si, vous allez revenir. Vous serez là jeudi, et vous serez là chaque semaine jusqu'à la fin du programme. Je vous promets qu'il n'y aura plus un seul incident de ce type.

Je me contente de hausser les épaules en promettant d'y penser.

De retour à Blaine Street, Lonnie m'intercepte à l'accueil.

— Quelqu'un vient de mourir ? demande-t-elle.

Je lui raconte l'épisode de la matinée.

— Elle vous a fait mal, oui. Je comprends. Sinon, vous vous sentez bien, dans Gemma ?

— Oui, mais…

— Alors il n'y a pas de mais. Soyez plus forte que ça. Relevez la tête, Lara.

— Je veux bien, m…

— … sinon je veillerai personnellement à ce que plus personne ne fasse le lit à votre place. Pareil pour le ménage du dimanche.

Sa menace m'arrache un rire. Lonnie ne sait pas tout ce qui se passe à Blaine, mais elle en sait toujours un peu plus qu'on ne le croit.

— Je me rends, dis-je. À condition d'avoir droit à un peu de glace pour tout le monde ? La glace à la vanille, ça me console toujours un peu. J'adore la vanille.

— Je suis ravie pour vous. Mais pour la glace, c'est non. Je ne vais pas vous récompenser parce que vous cessez de bouder, quand même. Prenez sur vous, Love. Et finissez ce que vous avez commencé.

Elle a raison. J'ai envie d'aller au bout de ce programme Gemma, et je le ferai.

Un peu plus tard dans la soirée, Lonnie m'appelle depuis sa vitre, et me tend son téléphone. C'est Cassandra.

— J'ai parlé à Alice, me dit-elle. Si j'ai bien compris, c'est une amie de vos voisins immédiats, à Aptos.

— Super.

— Je vous l'ai dit : ça ne se reproduira pas. Pas tant que je suis là. Je vous dispense de l'atelier d'Alice, et elle ne reviendra pas pour la prochaine session.

— Merci, dis-je. On se voit jeudi, alors ?

— Vous avez intérêt, oui !

***

Le dimanche de la fête des Mères, Bryan me rend visite avec Dylan, Cody et Ty. Ça me fait drôle de l'entendre dire que j'ai l'air en forme. C'est vrai, pourtant : je fais de l'exercice chaque jour, je médite, je me couche tôt, j'ai des amies. Mais surtout, malgré cette séance avec Alice, j'ai retrouvé l'espoir. Les premiers temps en prison étaient interminables.

Aujourd'hui, quand je vois passer une bande-annonce pour un film qui sortira en octobre, je pense : *Tiens, je pourrai aller le voir*.

Je m'assois avec les garçons sur un banc dans la cour. Ils veulent en savoir plus sur la vie en prison, alors je leur raconte quelques histoires de mes codétenues, les bagarres qui éclatent pour un rien, les échanges briquet contre gâteau. Et je leur donne les bonnets que j'ai confectionnés pour eux lors des ateliers de crochet.

— Et vous, alors ?

Dylan prend la parole en premier pour annoncer qu'il a été admis à l'université polytechnique de Californie. Je crie de joie en le prenant dans mes bras.

— Je suis si fière de toi ! Tu fais ta rentrée quand ?

— Fin septembre.

Je serai sortie, me dis-je. *Je serai dehors pour voir mon fils aîné entrer à l'université.*

Cody raconte ses exploits au basket et sa nouvelle copine. Ty joue au faux modeste en parlant de ses excellents résultats au collège, même s'il n'hésite pas à sécher quelques cours.

— Je préfère éliminer les intermédiaires, dit-il sur un ton de chef d'entreprise.

Il rit en voyant mon air ahuri.

— Les profs, je veux dire : je n'ai pas vraiment besoin d'eux pour apprendre ou pour avoir de bonnes notes.

Il y a quelques mois encore, je me serais alarmée. Je lui aurais imposé un sermon sur l'importance des professeurs, et je lui aurais interdit de sécher les cours. Mais je ne suis plus cette mère-là. La nouvelle moi écoute et comprend.

Le jour de la fête des Mères est spécial à Blaine Street, et les visites n'ont pas de limite de temps. Avec Bryan et les enfants, nous passons la journée à jouer au badminton, à jardiner – et surtout à parler, parler encore, et rire. Je craignais qu'il y ait de la gêne entre nous, il y en a eu pendant quelques minutes, mais elle a disparu. À l'ombre d'un arbre, je leur raconte que je me suis remise à écrire – et combien j'ai réalisé que cette activité me manquait.

— Il faut que tu continues, m'encouragent-ils. Fais ce que tu aimes faire.

J'entends leur sagesse, et l'amour qu'il y a derrière ces mots, et soudain je comprends quelque chose d'important. La grande maison, la grosse voiture, l'école privée : je n'avais pas besoin de tous ces sacrifices pour prouver que j'étais une bonne mère, une mère aimante. L'amour est bien au-delà de ça.

La conversation se poursuit et j'ai l'impression d'être une meilleure mère ici en prison que je ne l'ai jamais été à l'extérieur. Nos échanges semblent plus sincères, plus libres. Personne ici ne se sent obligé de jouer un rôle. Et moi qui ai si longtemps cru qu'il fallait absolument que mes enfants intègrent Stanford ou Harvard, soudain je comprends que cela n'a rien d'essentiel.

Dylan n'ira pas dans une des meilleures écoles du pays – et alors ? S'il est heureux, je le suis aussi. Et s'il m'avait dit qu'il choisissait de ne pas aller à l'université, je serais heureuse quand même. Chaque fois que l'un des trois garçons dit quelque chose de drôle, ou d'intelligent, nous nous regardons avec Bryan, et je sais qu'il pense comme moi. Nous nous sommes souvent disputés, mais nous avons réussi *ça*. Nous avons engendré trois êtres humains formidables. Ils se sont serré les coudes pendant les mois difficiles, et maintenant, grâce à la prison, ils ont retrouvé leur mère. Il n'est plus question de secrets ni de mensonges. Je n'ai plus à prétendre être une femme que je ne suis pas. Aujourd'hui je suis avec eux, dans ma tenue de prisonnière, et je les aime.

Je n'aurais jamais pensé que je serais heureuse de passer une fête des Mères entre les murs d'une prison, mais il faut bien se rendre à l'évidence.

Je suis vivante, je suis leur mère, et l'amour que nous nous portons m'émeut au plus profond.

S'il existe une providence, qu'elle soit remerciée.

***

Trois semaines plus tard, le programme Gemma s'achève avec une cérémonie de remise des diplômes dans la salle de conférences d'un hôtel proche du tribunal. On nous donne une toge, nous sommes censées prononcer chacune un discours. Dans la salle se trouvent des amis, de la famille, des avocats, quelques juges, des fonctionnaires de la ville. Je reconnais même quelques gardiennes. J'ai invité mes fils, mais seuls Dylan et Cody ont pu venir. Je sais que pour certaines filles de Blaine, c'est sans doute le seul diplôme qu'elles auront jamais. Moi-même, avec mes diplômes universitaires, je me sens particulièrement fière. Comme la célébration d'un nouveau départ.

Avec les filles, nous avons répété notre entrée : nous montons sur scène en dansant, l'une après l'autre, sur la chanson d'Alicia Keys, *Superwoman*. Il y a quelque chose d'absurde à danser ainsi dans nos habits de détenues pour célébrer la fin d'un simple programme de réinsertion. Plus absurde encore de le faire devant des juges et des gardiennes qui semblent sceptiques, devant Dylan et Cody qui ne savent plus où se mettre. Qui sommes-nous pour nous trémousser ainsi ? Qui sommes-nous pour parler si fièrement en public ? Cette danse, c'est notre petite rébellion pour nous tourner vers de nouveaux horizons. C'est une danse d'espoir.

Dans mon discours, j'ai choisi de parler de l'expérience du temps derrière les barreaux. De ma prise de conscience que notre temps n'est pas illimité, mais une ressource rare et précieuse. Du poids que prend le passé dans votre quotidien quand vous ne pouvez vous évader que par la pensée et que votre futur est flou. Je parle des obstacles que je rencontrerai à ma sortie. De la douleur qui vous pousse et de la vision qui vous tire. Je conclus en racontant que j'ai manqué la cérémonie de remise de diplôme de mon fils Dylan au lycée, la semaine précédente, mais qu'il est là ce soir pour moi, et je le fais applaudir. Puis, devant mes fils, devant les juges et les gardiennes, je jure que plus jamais je ne manquerai le diplôme d'un de mes enfants.

Mon ancien amant, le procureur, assiste à la cérémonie. Cassandra, soufflée, m'a confié qu'il n'était encore jamais venu à un tel événement. Je sais qu'il m'a vue danser, il m'a regardée intensément pendant mon discours. Quelques minutes après, il se lève pour partir, et je le suis des yeux jusqu'à la sortie.

Parvenu à la porte, il se retourne, et nos yeux se croisent.

Il sourit.

Je souris en retour.

C'est un nouveau départ. Pour une fraction de seconde, nous voilà amis à nouveau. Dans le même camp.

***

L'été s'écoule lentement sans la récréation des cours de Gemma. Je m'active au jardin, et Lonnie m'autorise à travailler le soir à quelques aménagements paysagers à l'extérieur du bâtiment. À l'heure du changement d'équipe dans la prison principale, tous les soirs à 19 heures, je croise désormais mes anciens gardiens du bloc G sans porte ni serrure entre moi et le monde extérieur. Certains prennent l'habitude de me saluer de la main ; d'autres me regardent toujours avec une moue circonspecte. J'aime ces heures de quasi-liberté, à tailler les rosiers ou à arracher les mauvaises herbes. Les plantes ne vous jugent jamais. Certains soirs, il me semble entendre les cris des enfants sur le grand huit en bord de mer, un kilomètre plus bas – alors je repense à toutes les heures que j'ai passées là-bas avec mes garçons, et à Kaden que je pourrai bientôt emmener manger une barbe à papa. Certains soirs, quand une brume d'été monte jusqu'à Blaine Street, mon esprit s'assombrit dans la nostalgie. Je ne veux plus faire la cuisine pour trente personnes ; j'ai envie de cuisiner pour ma famille. Je ne veux plus laver les sols d'une prison ; j'ai envie de passer la serpillière chez moi et quand je veux. Je ne veux plus tailler les rosiers de Blaine Street ; je veux planter un jardin à l'arrière d'une maison qui serait à moi. Chaque soir en me couchant, je me console en songeant que je suis plus près que jamais de tout cela.

Et chaque matin, je me réveille en me demandant comment je vais faire.

À la fin du mois de juin, nous avons appris la mort de Michael Jackson.

— Je parie que ce sont les opiacés, ai-je dit à Lonnie le lendemain matin en buvant notre café.

Elle ne voulait pas croire qu'il était accro aux antidouleurs, et voilà qu'en juillet un rapport officiel confirme que j'avais raison. Lonnie a beau diriger un établissement rempli de femmes qui toutes ou presque ont abusé de substances diverses, elle reste incapable de concevoir qu'une personne qui semble tout avoir puisse ainsi tout détruire. Cela ne cadre pas avec sa mentalité si rationnelle, si *quand-on-veut-on-peut*. Alors je tente de lui expliquer comment la drogue ou les médicaments peuvent prendre le contrôle de notre vie.

— Ce que je ne comprends pas, dit-elle, c'est que vous savez tout de même ce que vous faites.

— Bien sûr.

— … Donc vous savez que vous vous faites du mal. Ça devrait suffire pour vous arrêter, non ?

— Ça n'est pas comme ça que ça marche.

— Mais si vous n'y arrivez pas seule, vous pouvez demander de l'aide…

Je repense à toutes ces fois où j'aurais pu appeler à l'aide et où je ne l'ai pas fait, parce qu'il était hors de question qu'une cure de désintoxication me tienne éloignée de mes enfants pendant un mois entier. Quand je pense que je viens de passer déjà neuf mois loin d'eux…

— Ce n'est pas si simple de demander de l'aide, Lonnie. Il y a la honte, le regard des autres, votre réputation à tenir…

Demander de l'aide, pour moi, c'était admettre que je n'y arrivais pas. Que je n'étais pas à la hauteur. J'avais tellement peur d'être jugée…

— Hum…

— Je sais, oui. Mais j'étais tellement investie dans mon personnage de mère parfaite. Les mères parfaites ne vont pas en désintox.

— Je comprends, dit Lonnie. Pour la drogue, en tout cas. Mais quand vous avez commencé à voler, à usurper des identités. Vous étiez bien consciente que vous basculiez du mauvais côté ?

Je réfléchis un instant à l'objection.

— Ce n'est pas une histoire de bien et de mal, dis-je. Je n'avais pas perdu le sens commun, mais j'avais… Disons que j'avais perdu le sens de qui j'étais. C'est surtout ça, l'effet des opiacés.

— Ce qui veut dire ?

— J'ai oublié que je suis quelqu'un qui préférerait tout donner à quelqu'un plutôt que de voler. Que je suis quelqu'un de joyeux, plutôt amusant, qui aime les gens. J'ai oublié que j'étais créative, attentionnée, généreuse…

Lonnie se met à rire :

— Apparemment vous n'avez pas oublié d'être prétentieuse !

— Au contraire : j'ai abandonné toute prétention ! Mais plus sérieusement, j'ai surtout oublié que j'étais quelqu'un qui a envie de vivre.

J'entends Lonnie qui s'éclaircit la gorge. Serait-elle émue au point de se mettre à pleurer ? Je lui pose la question, et elle me sourit en coin : « Dans vos rêves, Love. »

***

… Et bientôt le mois d'août est là, avec une nouvelle inattendue : pour faire face à la surpopulation carcérale, le comté a décidé de procéder à des libérations anticipées. Le plan prévoit que les détenues libérées devront tout de même pointer à la prison chaque jour de 8 à 16 heures pour y travailler. Aussitôt, les couloirs de Blaine Street bruissent de rumeurs et d'espoirs : qui parmi nous va pouvoir en bénéficier ? Pour ma part, je ne peux m'empêcher de penser que ce plan ne fait que dévoiler combien l'économie du comté dépend du travail gratuit des prisonnières.

Quelques jours plus tard, Lonnie m'appelle au haut-parleur peu avant la fin de son service.

— Que se passe-t-il ? je demande.

— J'étais en train de regarder le dossier de votre mari... Il a été pris l'autre jour avec des vêtements de ville sous son matelas.

— Quoi ?

Je n'ai plus de nouvelles de DJ depuis des mois : la prison nous interdit de nous écrire, et nous n'avons plus d'audiences au tribunal pour nous réunir. Je ne pense même plus à lui. Dans mes lettres, au bloc G, je lui disais mon amour, mais ce n'était plus que des mots. Je ne déteste pas DJ, mais le cœur n'y est plus. Et j'évite d'y penser, car je ne sais que faire de cette histoire.

Lonnie fait défiler l'écran de son ordinateur.

— Eh bien, dit-elle. Il semblerait qu'il n'en ait pas loupé une... Je ne devrais pas partager ces informations avec vous, mais je tenais à ce que vous le sachiez : vous et votre mari avez choisi deux chemins bien différents.

Je ne sais que répondre. Lonnie me parle-t-elle en amie, ou est-ce la gardienne en chef qui tente de me soutirer des informations ?

— Si je peux me permettre, vous feriez mieux de vous éloigner de lui.

— Vous aurez noté qu'on ne sort pas vraiment ensemble en ce moment, dis-je pour plaisanter.

Mais Lonnie n'a pas envie de plaisanter.

— Vous êtes éligible pour le plan de libération anticipée, me dit-elle soudain. Vous serez dehors lundi matin.

Je me raidis soudain, sidérée. Je n'avais pas osé penser que je sortirais. Dans ma tête, il me restait trois semaines à tenir. Je n'ai aucune idée de l'endroit où je vais pouvoir dormir, ni de comment je pourrai faire pour me rendre chaque matin à la prison – le plan du comté ne s'en est pas préoccupé, et à vrai dire je n'y pense pas vraiment non plus : la liberté dont je rêvais depuis si longtemps me tend enfin les bras, ce n'est pas le moment de m'imaginer en SDF.

— Je ne travaille pas ce week-end, continue Lonnie. Je vous ai appelée aussi pour ça : pour nous dire adieu.

Nous restons silencieuses un instant. Je pourrais lui dire qu'elle va me manquer mais ce serait déplacé. Mais je l'appréciais vraiment, et l'amitié qu'elle m'a offerte était précieuse.

— Je ne veux plus jamais vous revoir, dit-elle, et je sais que la sévérité de sa voix cache un sourire.

— Ne vous inquiétez pas : je n'ai aucune intention de revenir ici. La prison, c'est fini pour moi.

— Vous savez combien de fois des femmes m'ont dit ça pour que je les revoie ici deux mois après ?

— Hmm… Un million ?

— Au moins, oui. Je pense que vous pouvez vraiment vous en sortir – mais il faut que vous vous débarrassiez de ce type. Tout le monde ici pense comme moi. Et je vous préviens : si vous revenez ici, je ne vous laisserai pas avoir une chambre individuelle, et je vous mettrai avec la détenue la plus pénible. Compris ?

— Compris. Mais que voulez-vous dire exactement par « tout le monde pense comme moi » ?

Lonnie se met à rire.

— Vous autres détenues, vous passez votre temps à parler de nous. Vous n'avez jamais pensé que nous aussi, on parle de vous entre nous ?

Quelques minutes plus tard, je suis en train de m'occuper des roses quand Lonnie quitte Blaine Street en voiture. En passant à ma hauteur, elle baisse la vitre de sa voiture :

— N'oubliez pas d'aller manger un phô !

Je la salue de la main. Quand sa voiture disparaît à l'angle de la prison, je retourne à mon rosier. Il s'agit de couper avec soin les fleurs fanées pour que de nouveaux boutons puissent s'épanouir.

***

Je ne dis à personne que je dois sortir lundi. En neuf mois, j'ai eu le temps d'apprendre que les jours qui précèdent une libération sont toujours dangereux. Certaines filles sabotent leur propre sortie en déclenchant un incident qui prolonge leur incarcération. Parfois, c'est une autre fille qui, par jalousie, provoque le sabotage. Blaine Street est une bénédiction par rapport à la prison, mais cela reste un endroit où trente femmes vivent les unes sur les autres avec chacune ses traumas, ses addictions et ses remords. Ça peut être une fête, un festival de *girl power*. Et parfois, plus du tout.

Tout le week-end, je fais des cauchemars : je cours en fuyant je ne sais quoi, je tente de sauver mes enfants sans y parvenir… Je sais que je ne serai plus jamais la même que celle que j'étais en entrant à Blaine Street, mais qui suis-je exactement ? Je ne sais plus. Il y a eu tant de versions différentes de moi-même, ces dernières années, comment savoir laquelle est la bonne ? Toutes en même temps ? Ou aucune d'entre elles ?

Le dimanche soir, peu avant l'extinction des feux, j'annonce aux filles de mon quad que je vais sortir, et toutes se mettent spontanément à danser autour de moi. Janelle et Mandi m'aident à plier la couverture que j'ai tricotée ces derniers mois en atelier crochet. Je prévoyais de l'offrir à Dylan pour son entrée à l'université – je l'ai fait sans rien calculer, par pure culpabilité d'avoir manqué la plus importante de ses années de lycée. Et soudain, je prends conscience qu'il ne vivra probablement plus jamais avec moi. Envolés, mes rêves de rassembler mes quatre garçons sous un même toit ! Ce n'était qu'un fantasme de prisonnière. Ce brusque retour de réalité me glace un instant, puis je décide de me concentrer sur ma dernière nuit avec ma famille de Blaine Street.

La couverture se révèle longue de près de cinq mètres pour plus de deux mètres de large. À quoi pensais-je donc, pendant ces cours de tricot ? L'opération de pliage tourne à l'hilarité générale.

— Au moins tu n'auras pas trop froid si tu te retrouves à la rue, dit l'une.

— Si tu la découpes, tu peux te refaire tout une garde-robe.

— Tu pourras toujours te cacher dessous si les agents de probation te cherchent !

Les autres quads ont rejoint le nôtre, et bientôt nous voilà trente à tenter de nous masser sous la couverture comme dans un abri. Jeux et blagues continuent jusqu'à ce que Janelle se pisse dessus en riant trop fort. Cette nuit-là, je m'endors heureuse, confiante. Le plus dur est désormais derrière moi, j'en suis convaincue. J'ai purgé ma peine.

Le 17 août 2019, je sors de Blaine pour ne plus jamais y revenir.

***

Ma première destination en quittant Blaine n'a rien d'exotique : je dois me rendre au service de probation pour leur communiquer ma nouvelle adresse et prendre connaissance de mes obligations pour ces trois semaines avant ma libération officielle. En guise d'adresse, en vérité, je n'ai trouvé qu'une chambre dans un motel miteux non loin de la prison, le Hitching Post. Un oncle que je n'ai pas vu depuis des années a accepté de payer à l'avance pour trois semaines, m'a appris ma mère. J'en suis reconnaissante – triste aussi de prendre conscience que personne dans ma famille n'ait pris la peine de m'écrire ou de me rendre visite pendant tous ces longs mois sous les verrous.

L'accord que mon avocate avait négocié m'oblige à suivre un programme antidrogue pendant un an, une alternative à la prison supervisée par un juge, mais je n'en sais pas beaucoup plus. J'ai retenu qu'il y aurait des cours du soir deux fois par semaine, des contrôles inopinés (un week-end d'incarcération en cas de test positif), avec la promesse d'un casier vierge en cas de succès. Tout cela pourrait ne poser aucune difficulté. Là où tout se complique, c'est que je serai également soumise à d'autres tests de dépistage par les services de probation. Et d'autres encore par les services sociaux, dans le cadre de la procédure en cours pour la restauration de l'autorité parentale sur Kaden. Respecter toutes mes obligations auprès de la Protection de l'enfance est l'une des conditions du deal avec le tribunal. Respecter tous les termes du programme antidrogue est l'une des conditions posées par la Protection de l'enfance. Et les exigences des services de probation priment sur tout. Et bien sûr, ces services ne communiquent pas entre eux. Chaque jour, je devrais appeler trois numéros différents. Si l'un des trois services exige un dépistage, j'aurai trois heures pour m'y soumettre. Le tout sans voiture, sans téléphone et sans amis pour m'aider. On dirait un jeu de piste pervers, ou un de ces jeux de précision où la moindre erreur peut être fatale : un seul rendez-vous manqué et je repasse par la case prison. *Violation de probation* : ce sera l'épée de Damoclès tendue au-dessus de ma tête pendant un an. Sans oublier que pour les trois prochaines semaines, je suis attendue à la maison d'arrêt à 8 heures chaque matin pour des travaux d'entretien et de jardinage.

Ma mère m'attend dehors quand je sors de Blaine Street. Elle a fait plus de quatre heures de route depuis San Francisco pour être là avec moi, et m'offrir un petit-déjeuner. J'aurais aimé qu'elle puisse rester plus longtemps avec moi, mais elle repart après m'avoir déposée devant l'entrée du service de probation. Le jeu de piste commence.

Je donne mon nom à l'hôtesse d'accueil qui me regarde sans comprendre.

— Je viens de sortir de prison, dis-je. On m'a dit de venir ici dans les soixante-douze heures, j'imagine que c'est pour ouvrir mon dossier. J'ai préféré venir dès aujourd'hui…

Mon discours ne l'émeut guère. Elle me fait attendre pendant plus de deux heures avant qu'un officier de permanence ne vienne me chercher.

— Vous êtes venue trop tôt, me dit-il. Nous n'avons pas encore reçu les papiers de la prison. Revenez d'ici quelques jours.

— Mais… je ne vais pas pouvoir. Je fais partie du plan de libération anticipée, je dois travailler à la maison d'arrêt tous les jours de 8 à 16 heures. Et vos bureaux ferment à 16 heures.

L'officier fronce les sourcils.

— Rappelez-moi votre nom, déjà ?

En entendant « Love », il m'invite à le suivre dans son bureau.

— Vous venez de sortir, c'est ça ? demande-t-il en consultant son ordinateur.

— Il y a quelques heures, oui.

— Je vois, en effet. On a déjà reçu un appel pour violation de probation. Vous êtes convoquée en cour criminelle, département 3, à 8 heures demain matin. Et vos rendez-vous de suivi pour le programme antidrogue sont fixés le vendredi à 15 heures.

— Attendez : violation de probation ? Qu'est-ce que j'ai fait ?

Une bouffée de chaleur me monte à la tête.

— Je ne suis pas votre contrôleur judiciaire. On vous en désignera un quand on aura reçu les papiers de la prison. Mais vous devez vous présenter au tribunal demain à 8 heures.

— Mais je dois travailler à la maison d'arrêt à 8 heures. Je viens tout juste de sortir, je n'ai rien fait de mal !

Il se contente de hausser les épaules avec une moue faussement désolée.

— Attendez, dis-je. Comment je peux faire pour être à deux endroits au même moment demain matin ? Et c'est pareil pour le programme antidrogue : je ne peux pas être au tribunal à 15 heures si je travaille à la prison jusqu'à 16 heures...

— Ça, ce n'est pas notre problème. Ce que je peux vous dire, c'est que si vous ne vous présentez pas demain matin au tribunal, ce sera une autre violation de probation.

Je sors du bâtiment en tremblant et m'assois sur les marches. Je tente de retrouver ma respiration mais mon corps tout entier n'est que panique. La rue s'agite devant moi, mais j'ai l'impression que tout est en miniature. Pour la première fois depuis des mois, j'observe les gens qui font leurs courses, vont au travail, sortent déjeuner ou accompagnent leurs enfants. Tout a l'air facile pour eux. Je prends ma tête à deux mains et me mets à pleurer. Un court instant, j'envisage de me précipiter sous les roues d'une voiture – pas pour mourir, non : je voudrais être blessée et transportée à l'hôpital où une infirmière s'occuperait de moi.

Je pense à toutes ces filles de la maison d'arrêt qui ont été libérées et qu'on a vues revenir dès le lendemain, arrêtées pour vol à l'étalage, bagarre ou ivresse sur la voie publique. Je me suis toujours demandé comment on pouvait être aussi bête – maintenant je sais. Je repense aussi à cette mère et sa fille que j'ai connues ensemble au G et à Blaine, et qui disaient, comme une blague, qu'elles n'avaient jamais été aussi bien ailleurs. Je comprends qu'elles ne plaisantaient pas. Je suis toute seule dehors depuis quelques heures seulement, et déjà me dis que je serais plus en sécurité à l'intérieur avec les autres.

Je reste ainsi pendant une heure, puis je sèche mes larmes et j'essaie de trouver un plan pour résoudre cette équation impossible.

Première étape : aller à la maison d'arrêt pour les prévenir que je ne pourrai pas être là demain à 8 heures. Deuxième étape : contacter mon avocate. Je ne sais pas si Elizabeth a terminé son congé maternité – je ne suis même pas sûre qu'elle soit encore mon avocate, mais c'est la seule personne qui puisse comprendre ma situation, prendre mon parti et me dire quoi faire.

DJ devrait être dehors dans quelques semaines. Si je tiens jusque-là, me dis-je, sa mère pourra nous aider à trouver un endroit où vivre. Peut-être même nous prêter une voiture. Je dois avancer, un pas après l'autre. Je n'ai pas d'autre choix.

Elizabeth n'est pas là, mais la secrétaire du cabinet parvient à la joindre : elle me donne rendez-vous demain matin au tribunal, un quart d'heure avant l'audience pour que nous puissions discuter un peu de mon cas. On avance.

— Vous savez pourquoi ils m'ont convoquée ? je demande. Qui m'a dénoncée aux services de probation ?

La secrétaire n'en a aucune idée. Elizabeth non plus.

Cette nuit-là, au Hitching Post, je ferme la porte de ma chambre à double tour. Tout y est à la fois gras et poussiéreux – *pas de ménage du dimanche ici*, me dis-je. Je n'ai avec moi que les 40 dollars que ma mère avait mis sur mon compte de Blaine Street et que j'ai pu convertir en cash en sortant ce matin. Je ne sais pas combien de temps je vais pouvoir tenir avec ça, ni comment je pourrais trouver une source de revenus. Je n'ai pas de vêtement décent pour l'audience de demain. Je ne sais pas non plus ce qui m'y attend. Comment pourrais-je bien avoir violé les conditions de ma libération avant même d'avoir été informée de ces conditions ?

Je choisis de ne pas dormir : je ne veux pas prendre le risque de me réveiller au milieu d'un cauchemar dans cet endroit sordide. Vingt-quatre heures plus tôt, j'étais en train de rire, pleine d'espoir pour la suite. Maintenant je suis comme une proie dans une jungle hostile.

Chapitre 14

ON A TOUS NOS CONTRAINTES

Elizabeth me rejoint à 8 heures sur les marches du tribunal. À l'évidence, elle n'est plus enceinte, mais nous n'avons pas le temps de parler d'allaitement, de modes de garde ou d'heures de sommeil.

— Quelqu'un a appelé les services de probation pour vous dénoncer une demi-heure après votre sortie de Blaine Street, m'apprend-elle.

— Mais qu'est-ce que j'ai fait ? J'ai pris un petit-déjeuner, je suis allée au service de probation puis je suis retournée à la prison avant d'aller à votre bureau…

— La personne a dit qu'elle vous avait vue en voiture devant l'école de Kaden. Et cette personne sait que toute infraction aux conditions posées par la Protection de l'enfance constitue une violation de probation.

— … Mais je n'ai même pas de voiture !

Cette personne si bien informée aura négligé ce détail.

— Elizabeth, je vous promets que je n'ai rien fait. Je n'ai parlé à personne. Je n'ai même pas de voiture, pas de téléphone, je n'ai même pas pu prévenir mes garçons que j'étais sortie.

Ma voix sonne étrangement, comme une supplication un peu trop appuyée. Un instant je songe que si je mentais, je parlerais peut-être exactement comme ça.

Elizabeth m'arrête d'une main sur l'épaule.

— N'importe qui peut appeler les services de probation en inventant n'importe quoi, vous savez. Ça arrive tous les jours. Il y a des gens qui veulent se venger, d'autres qui pensent qu'il faut mettre des bâtons dans les roues des gens qui sortent de prison. Alors ils font de fausses déclarations auprès des services de probation. Ou des services sociaux. Il va falloir s'y préparer.

Je passe en revue les personnes que je connais qui auraient pu me vouloir autant de mal. Je ne veux pas croire que Darcy serait prête à une telle bassesse. Je ne peux pas m'empêcher non plus d'en faire ma suspecte numéro un. J'ai envie de crier. J'ai envie de pleurer.

Je ne veux pas retourner en prison.

— Attendez, dis-je en panique. Ils n'ont pas des caméras, devant le bureau de la Probation ? On devrait pouvoir prouver que je n'ai pas bougé de ce secteur. J'ai parlé avec un gardien par l'hygiaphone, à la prison, il pourra confirmer. Et on doit pouvoir retrouver le ticket de caisse, pour le petit-déjeuner.

Je suis si en colère que je voudrais remuer la terre entière. Mais à nouveau des larmes me montent aux yeux.

— Ça va aller, dit Elizabeth. Je vais parler au juge. Je sais que vous n'êtes pas allée à l'école de Kaden. Asseyez-vous dans la salle d'audience et attendez que je revienne, d'accord ?

Elle m'accompagne à l'intérieur et je m'assois près de la porte, comme si je me préparais à m'enfuir. Serai-je une de ces filles qui reviennent en prison dès le lendemain – sans même avoir rien fait ? Quand le juge fait son entrée, nos yeux se croisent. C'est le juge Marigonda, le même qui a prononcé ma sentence en janvier.

Elizabeth, l'adjoint du procureur et l'agent de probation s'approchent du juge ; les quatre se concertent sans que je puisse rien entendre. De temps à autre, ils se tournent vers moi tandis que je regarde nerveusement l'huissier, l'œil rivé à la paire de menottes accrochée à sa ceinture. Je n'ai rien fait de mal, et pourtant je me sens coupable.

Après un bon quart d'heure de conciliabule, l'adjoint

du procureur et l'agent de probation regagnent leur place et Elizabeth me fait signe d'approcher. Le juge Marigonda chausse ses lunettes.

— Madame Love..., dit-il.

Ma bouche est sèche et nul son n'en sort. Je me contente d'un signe de tête.

— Madame Love, nous comprenons que vous avez bénéficié à la fois d'une remise de peine pour bonne conduite et du plan de libération anticipée du comté...

— Oui, Votre Honneur, dis-je faiblement.

— Madame Love, nous avons décidé de modifier le jugement vous concernant.

Je me tourne vers Elizabeth, je cherche de l'air. Elle me calme d'un seul regard et sourit au juge à ma place.

— Nous allons vous dispenser du programme antidrogue, et le remplacer par le programme de Préservation familiale. Vous aurez des obligations à remplir dans le cadre de ce programme, en plus des obligations fixées par le service de probation et de vos engagements auprès de la Protection de l'enfance. Chaque fois que vous aurez une audience de suivi dans le cadre de la Préservation familiale, je veux vous voir ici dès le lendemain matin. C'est le juge Siegel qui supervise ce programme ; il m'informera directement des progrès de votre dossier. Si vous fautez, je vous renverrai sous les verrous. Suis-je clair ?

Je hoche la tête.

— J'ai besoin d'une réponse verbale, madame Love.

— Oui, Votre Honneur.

— Je vous ai vue hier matin en venant ici, ajoute le juge. Vous marchiez vers le bâtiment des services de probation.

Je hoche la tête encore, sans vraiment comprendre.

— J'ai vu de mes propres yeux que vous n'aviez pas de voiture, et qu'à l'évidence vous n'étiez pas devant l'école maternelle à l'heure où quelqu'un a prétendu vous y voir. Vous avez un long et difficile chemin devant vous, madame Love, mais je vous fais confiance pour dépasser tous les obstacles. J'ajoute que cela m'a fait plaisir de vous voir à la cérémonie du programme Gemma. Nous allons nous revoir souvent, dans les mois qui viennent.

Je déglutis nerveusement.

— Merci, Votre Honneur, dit Elizabeth.

Je bafouille un merci avant de me tourner vers la porte. Les lumières du hall m'aveuglent un instant. Je ne suis pas sûre encore de comprendre ce qui vient de m'arriver.

Sortant derrière moi de la salle d'audience, Elizabeth m'entraîne vers un recoin où nous rejoint bientôt son mari, Jonathan. Je ne l'avais pas vu depuis le jour de la sentence. « Ils savent que c'était une fausse dénonciation, confirme-t-il. Vous n'avez pas à vous en faire pour ça. »

Je le remercie, mais je pense déjà au prochain appel de ce genre. Si n'importe qui peut appeler les services de probation et raconter n'importe quoi sur mon compte en restant anonyme, alors ma liberté toute neuve paraît bien fragile. Quelle naïve j'ai pu être de croire qu'il suffirait de rester dans les clous pour que tout se passe bien !

Elizabeth et Jonathan n'ont malheureusement rien à ajouter sur le sujet.

— Et ce programme de Préservation familiale, qu'est-ce que ça veut dire ?

— Écoutez, dit Elizabeth. Votre mari sera dehors d'ici quelques semaines. La cour et les services de probation veulent séparer vos deux cas autant que possible. Il suivra le programme antidrogue, et vous celui de Préservation familiale. Il y aura aussi des tests de dépistage, mais vous aurez accès à des structures de soins si besoin, et des rendez-vous réguliers avec les avocats de la Protection de l'enfance et les travailleurs sociaux qui suivent votre dossier, sous l'égide du tribunal. C'est une bonne chose, croyez-moi. Ça vous aidera à récupérer votre fils plus tôt. Prenez-le comme une récompense de tout ce que vous avez déjà fait.

— Mais est-ce que je garderai les avantages du programme

antidrogue ? Le casier effacé, la fin de la période de probation à la fin du programme, ça tient toujours ?

— Ce n'est pas une punition, Lara, au contraire. Ils veulent que vous vous en sortiez, et ils pensent que vous avez de meilleures chances de réussir si vous suivez un autre programme que votre mari. Même si je dois reconnaître que je n'avais encore jamais entendu un juge de cour criminelle demander à voir quelqu'un après chaque audience de Préservation familiale. Il faut croire que le juge Marigonda veut pouvoir vous remettre en prison si vous rechutez, comme dans le programme antidrogue…

— … Et vous serez avec moi, pour ces audiences ?

Je n'ai aucune idée de la façon dont s'articulent les différents services, ni du fonctionnement de la cour criminelle. Je ne sais même pas si mes avocats sont encore officiellement mes avocats maintenant que je suis dehors.

— L'un de nous sera là pour chaque audience de la cour criminelle, oui. Nous vous représentons.

— Mais… vous serez payés ?

— Ne vous inquiétez pas. Nous sommes un cabinet privé, mais nous avons un contrat avec le comté pour vous défendre, dit Jonathan. Votre mari a sa propre avocate, c'est normal : dans le cas contraire, il y aurait conflit d'intérêts.

— Ce qui compte, surtout, c'est que vous ne rechutiez pas, insiste Elizabeth. Dans le programme antidrogue, l'incarcération n'est que de quelques jours en cas de test positif. Là, je ne sais pas ce que fera le juge. Il peut considérer que cela constitue une violation de probation, et ordonner une durée plus longue…

Je n'ai pas peur de la rechute. Je suis tombée si bas, maintenant je me sens plus forte. Mais les sujets de préoccupation ne manquent pas.

— Est-ce que DJ sait que je suis dehors ? je demande.

— Ce n'est pas notre souci, dit Elizabeth.

— Oui, mais…

— Et ça ne devrait pas être le vôtre non plus, ajoute-t-elle doucement.

Jonathan approuve d'un signe de tête appuyé.

— Et avec la maison d'arrêt, comment ça se passe ? Je suis censée y travailler, là…

— Vous pouvez vous absenter sans problème en cas d'audience, de convocation des services de probation ou de test de dépistage. Signalez-le la veille à l'accueil de la prison – et en cas de test, dites-leur qui vous convoque pour qu'ils puissent avoir confirmation si besoin. Vous pouvez leur expliquer pourquoi vous êtes en retard aujourd'hui. S'ils ont un doute, ils pourront vérifier avec les services de probation.

Tout cela semble bien compliqué et parfaitement inefficace, mais je n'ai pas le choix.

— Il faut qu'on y aille, s'excuse Elizabeth. Si vous avez la moindre question, appelez au bureau, d'accord ?

— Merci, dis-je.

Je m'abstiens de lui préciser que je n'ai plus de téléphone portable. J'en ai assez de ne m'entendre parler que pour soulever de nouveaux problèmes.

***

Deux jours plus tard, j'en sais enfin plus sur ce que la justice attend de moi.

Ma situation est encore plus absurde et plus compliquée que je le pensais.

Le programme de Préservation familiale inclut des « ateliers de sobriété » trois soirs par semaine à l'autre bout du comté – les lundi, mardi et jeudi. Des sessions de trois heures, à mi-chemin entre les Narcotiques anonymes et des cours du soir, avec un thérapeute référent et des tests de dépistage.

Les services sociaux exigent que je rencontre régulièrement un autre thérapeute.

Les services de probation, eux, se moquent bien de la thérapie. Ils veulent que je trouve un boulot, et me fixent d'autres rendez-vous récurrents.

Je ne sais pas comment je vais m'en sortir avec des audiences dans trois tribunaux différents, des tests urinaires aléatoires pour trois services distincts, deux psys, des réunions le soir, le travail à la prison en journée et les visites supervisées avec Kaden. Je mets tout ça noir sur blanc et affiche toutes mes obligations sur le mur de ma chambre de motel, comme un tableau d'enquête dans une série policière.

Tous les jeudis matins, je me rends à l'audience de suivi du programme de Préservation familiale où m'attendent le juge, l'assistante sociale et mon référent sobriété pour faire le point sur ma semaine, vérifier que j'ai bien coché toutes les cases et transmettre le dossier aux services de probation et à la cour criminelle. Le vendredi, le juge Marigonda lit le rapport du juge du programme de Préservation familiale et me dit si je peux continuer ou si je dois retourner en prison. Après quoi les deux juges envoient leurs rapports au juge des affaires familiales.

Trop de juges, si peu de temps.

***

Je n'ai jamais été douée pour pisser sur commande. Avec des tests urinaires qui peuvent me tomber dessus à tout moment, je n'ai pas d'autre choix que de boire plusieurs litres d'eau chaque jour. C'est pénible, mais je dois reconnaître que ma peau est plus belle que jamais.

C'est très stressant de ne pas avoir de voiture, avec la perspective de devoir traverser le comté pour un simple test urinaire. Satisfaire à toutes mes obligations est un vrai travail à temps plein – d'autant plus compliqué qu'une de mes obligations consiste précisément à me trouver un travail à temps plein.

Les ateliers de sobriété sont à une quinzaine de kilomètres de mon motel, non loin d'Aptos. Je n'y suis pas retournée depuis l'arrestation, et je suis terrorisée à l'idée de croiser une connaissance. Bien sûr, mes anciens voisins ne prendraient pas le bus.

Mais dès que quelqu'un me regarde plus d'une demi-seconde, j'ai l'impression qu'il vient de reconnaître en moi la *voisine de l'enfer*.

La frontière est ténue entre le narcissisme et la honte.

Je me suis donné deux heures de marge pour effectuer le trajet d'une quinzaine de kilomètres. En arrivant à l'arrêt de bus, je constate que j'ai bien fait. Je tente de m'y retrouver entre les différentes lignes et les numéros de bus, mais tout me semble écrit en grec ancien. Il pleut. Je saute dans le premier bus qui passe en direction du sud. Près d'une heure plus tard, à mi-chemin d'Aptos, il s'arrête près d'un centre commercial. Tout le monde descend sauf moi.

— Terminus, dit le chauffeur.

— Mais je dois aller à Aptos, dis-je. Le 71 n'est pas censé aller jusqu'à Aptos ?

En vérité, je ne suis même pas certaine d'être bien montée dans le 71.

— Ce bus ne va pas à Aptos, désolé.

— Et vous savez quand passe le prochain ?

— Regardez les horaires, mais à mon avis pas avant une demi-heure. Peut-être plus.

— Vous ne pourriez pas me conduire à Aptos ? S'il vous plaît ?

— Je ne conduis pas un taxi, madame. Vous êtes montée dans un bus.

— Mais je ne savais pas que vous alliez vous arrêter là…

Je me demande pourquoi je lui raconte tout ça. Il n'est pour rien dans cette histoire.

— On a tous nos contraintes, vous savez, dit-il.

Je ne trouve rien à répondre. Pour une raison qui m'échappe, cette phrase me cueille comme une vérité révélée, ou un oracle à décoder. Mais le code m'échappe, il pleut dehors, la nuit va tomber et l'espoir me fuit.

Alors je m'effondre.

Nous sommes un lundi soir, j'entame tout juste le parcours

qui doit m'amener à la liberté et me voilà perdue au fond d'un bus à l'arrêt près d'un centre commercial désert. Quelles peuvent être les conséquences si je suis en retard à mon premier atelier ? Je n'ai pas de voiture, pas de travail, pas de conjoint, pas d'ami, aucun allié qui puisse m'aider dans cette course d'obstacles qu'est devenue ma vie. J'ai peur de retourner en prison. J'ai peur aussi de ce qui m'attend à l'extérieur. *On a tous nos contraintes*. Si seulement il ne s'agissait que de contraintes. Mais je suis bloquée de partout. Même si je récupère Kaden, jamais plus je n'aurai tous mes enfants à la même table, jamais plus je ne pourrai leur offrir un toit décent. Je pense à Dylan, à Cody, à Ty, et leur absence me tord le ventre. J'ai si honte de ce que je leur ai fait. Kaden me pardonnera peut-être un jour, il est si jeune encore. Eux, non, et ils auront raison.

— C'est le bout de la ligne, madame, dit le chauffeur. Il va falloir descendre, vraiment.

Dans le rétroviseur, il a l'air sincèrement compatissant. Un peu inquiet, aussi.

Je finis par me lever.

— Je suis désolé, murmure-t-il quand je passe près de lui.

— Non, non. C'est moi qui suis désolée, dis-je en descendant maladroitement.

Dehors il fait sombre, et la pluie redouble.

***

Toute la journée, je m'affaire aux abords de la maison d'arrêt. L'aménagement paysager commence à devenir ma spécialité. Le principal intérêt de ce travail, c'est qu'il est éreintant : une fois sur mon lit au Hitching Post, je m'endors aussitôt pour une nuit entière. Autre point positif : l'endroit ne manque pas de caméras de surveillance. Je prends garde à passer devant l'une d'elles toutes les deux heures, pour pouvoir prouver que j'étais bien là en cas de nouvelle dénonciation calomnieuse. Et pour doubler mes précautions, je retourne régulièrement à l'intérieur pour poser au gardien de permanence une question quelconque au sujet de la débroussailleuse ou du sécateur, ou demander des gants de rechange. Le soir, avant de me coucher, je consigne chacune de mes activités et de mes conversations, au cas où.

Les jours se transforment en semaines. Pour mon dernier jour de travail à la maison d'arrêt, je suis en train de souffler les feuilles mortes quand je sens une main sur mon épaule. Je me retourne.

C'est DJ. La tête entièrement rasée.

Je me débarrasse du souffleur à feuilles et lui ouvre mes bras.

— Qu'est-ce que tu fais là ? je demande.

— Ils m'ont laissé sortir quelques jours plus tôt.

— Et… ça va ?

Je scrute son visage à la recherche de traces de prise de drogue, mais il a le regard clair, et il semble en forme.

— Tout baigne, dit-il.

— Comment es-tu venu jusqu'ici ?

DJ pointe son menton vers le parking où je reconnais la Mercedes de sa mère.

— Tu finis à quelle heure ? demande-t-il.

— À 4 heures. C'est mon dernier jour.

— Je sais, oui. Je pense que c'est pour ça qu'ils m'ont gardé jusqu'à aujourd'hui. J'aurais dû faire partie du plan de libération anticipée aussi…

— Je crois qu'ils essaient de nous séparer. Figure-toi qu'ils m'ont sortie du programme antidrogue. Ils m'ont mise sur un programme de Préservation familiale…

— Maya m'a dit, oui. Encore une de leurs conneries.

— Je crois que c'est bien, cela dit. Ça va nous aider à récupérer Kaden.

DJ serre un peu plus fort ses bras contre moi.

— Personne ne va nous séparer, cette fois. Ils peuvent faire ce qu'ils veulent, on est ensemble, maintenant. Toi et moi.

Je murmure un faible « Oui » et repose ma tête sur son épaule. Ça fait du bien de ne plus être seule. En fermant les yeux, je sens sa chaleur et parviens à me faire croire que je ressens un peu plus que cela pour celui qui reste mon mari.

— On passera te chercher à 4 heures. Ma mère va nous aider à trouver un appart.

— Sérieux ?

— Évidemment. Je t'ai dit que j'allais gérer, je gère.

J'adresse un grand signe de la main et un sourire à Carol. Trouver un appartement, c'est la première grande étape pour pouvoir récupérer Kaden, et je lui suis infiniment reconnaissante de nous aider. Un instant, je pense aux filles du bloc G qui n'ont personne dehors pour les aider à retrouver la garde de leurs enfants. Il y a bien un parc HLM, mais avec trois ans de liste d'attente : tous les délais des services sociaux ont explosé. Sans soutien financier, la seule solution légale consiste à trouver un propriétaire qui accepte d'être payé en bons d'achat. Ils sont rares.

— On n'a besoin que d'une chambre, dis-je. Kaden pourrait la prendre et nous, on dormirait dans le salon, non ? Au pire, on peut prendre un studio et créer une séparation. Il faut que Kaden ait un endroit à lui, en tout cas.

Mon cerveau réfléchit à toute vitesse. *Quelles sont les exigences de la Protection de l'enfance ? Et de quoi Kaden aura-t-il besoin pour se sentir chez lui ?* Je sais qu'il a surtout besoin de moi, mais ce ne sera pas suffisant pour les services sociaux.

— On va chercher en ville pendant que tu termines, dit DJ. Voir si on trouve un truc qu'on pourrait visiter tous les deux ce soir. Ma mère nous a réservé un hôtel le temps qu'on trouve quelque chose.

— Il me reste quelques nuits payées au Hitching Post…

— Pas question que je passe une seule nuit dans cet endroit de merde, bébé. On passera prendre tes affaires là-bas.

— OK…

C'est déconcertant d'avoir soudain quelqu'un qui prend des

décisions à ma place. Tant de changements d'un coup, j'en ai presque le vertige.

— Et dis-moi : qu'est-ce que tu as fait à tes cheveux ? demande DJ.

Je pourrais lui retourner la question, au lieu de quoi j'attrape une mèche noire entre deux doigts. La semaine dernière, j'ai acheté un tube de teinture bon marché et me suis foncé les cheveux toute seule dans la salle de bains du Hitching Post.

— J'en avais assez d'avoir l'impression d'être reconnue. Je ne veux plus que les gens me regardent dans le bus, je veux être anonyme.

— Les gens, on les emmerde, dit DJ.

J'aimerais penser comme lui. Mais j'ai peur des gens, je n'ose croiser le regard de personne. Dans mon miroir, depuis trois semaines, j'ai l'impression de voir le titre du *Sentinel* gravé sur mon front. « La voisine de l'enfer ». Je ne pouvais pas effacer ce tatouage imaginaire, mais il s'est estompé depuis que je me suis teinte en brune. Je ne me reconnais plus dans la glace, et c'est très bien comme ça.

Je craignais seulement que Kaden soit déstabilisé, mais je crois qu'il n'a même pas remarqué. Quand nous sommes ensemble, tout n'est que câlins, rires et grandes conversations. Je pourrais être chauve, il s'en moquerait. Je suis sa mère et rien d'autre ne compte. Les grands ont compris aussi. Ils sont passés au Hitching Post l'autre jour, ils étaient contents de me voir dehors, mais j'ai bien vu qu'ils prenaient des pincettes. « La confiance, ça ne se gagne pas en un jour », a résumé Dylan, et il a raison. Il va falloir y aller un jour après l'autre, en faisant de mon mieux.

Je me fous de ce que DJ peut penser de ma coiffure, car en vérité j'y vois un autre avantage : si un voisin malveillant veut appeler les services de probation comme le premier jour, il donnera de moi une mauvaise description.

Pour les semaines qui viennent, ma teinture brune sera mon bouclier.

***

La semaine suivante, Carol nous prête une voiture et nous emménageons dans un petit deux-pièces. Le loyer est de 1 000 dollars. C'est cinq fois moins que ce que nous remboursions pour la maison d'Aptos, mais je ne sais pas comment nous allons pouvoir payer. Carol nous aidera, les premiers mois, mais DJ et moi devons trouver un travail. Sauf que je vois mal quel employeur accepterait d'embaucher une criminelle en liberté conditionnelle qui peut à tout moment s'absenter pour satisfaire un test de dépistage exigé par son programme de Préservation familiale, la Protection de l'enfance ou les services de probation. Comme tout dépend du comté, on aurait pu imaginer qu'un seul de ces services pourrait assurer le dépistage et partager les infos avec les autres, mais non.

Après deux mois de visites supervisées et de tests urinaires, l'assistante sociale vient inspecter notre appartement. Je l'ai aménagé comme j'ai pu, avec des livres, quelques œuvres d'art et un lit en mezzanine pour Kaden dans la chambre à coucher. Quelques objets viennent de notre ancienne maison ; j'ai déniché le reste dans des brocantes ou des boutiques de déstockage.

Je montre l'appartement à l'assistante sociale comme si je lui faisais visiter un manoir. Ce n'est pas grand-chose, dis-je, mais Kaden aura sa chambre : DJ et moi pourrons déplier le canapé du salon pour dormir quand il sera là. Je doute qu'il veuille dormir seul, mais je me garde bien de le lui dire. À la fin de la visite, l'assistante sociale m'informe qu'elle autorisera des visites non supervisées, et que Kaden pourra bientôt venir passer des nuits ici. Si tout se passe bien, conclut-elle, la famille pourrait être réunie avant le cinquième anniversaire de Kaden, en décembre.

J'ai l'impression d'avoir remporté ma première victoire depuis un an.

— C'est un bon petit nid que vous avez là », dit-elle en

me donnant rendez-vous la semaine suivante pour l'audience de suivi.

Je la remercie avec effusion.

DJ est resté silencieux derrière nous durant tout l'échange. Sitôt la porte refermée, il va aux toilettes et je reste seule à contempler le *petit nid*. C'est vrai que je peux imaginer Kaden vivre ici. Je le vois déjà jouer et lire ses livres d'images jusqu'à ce que ses yeux se ferment. *D'ici deux mois*, me dis-je, *je pourrai respirer à nouveau. Et dormir*. J'ouvre la porte des toilettes pour faire part de ma joie à DJ.

Il sursaute en me voyant entrer.

Il me faut un instant pour réaliser ce que je suis en train de voir. Un miroir. Deux lignes blanches. Un billet de 1 dollar soigneusement roulé.

Les mots me manquent.

— J'ai foiré mon test, annonce DJ. Ils vont me coffrer pour le week-end.

Je le regarde, interdite. *Comment ose-t-il encore dire qu'il gère ?*

— Le programme antidrogue m'a testé positif, précise-t-il comme si je n'avais pas compris. Je vais devoir retourner en taule ce soir, jusqu'à lundi matin.

Il hausse les épaules, l'air de dire que ce n'était pas si grave.

— Et qu'est-ce qu'ils ont détecté ?

— Héroïne.

— Et ça ? je demande en pointant les deux lignes blanches sur le miroir.

Il semble surpris par la question.

— Ça ? C'est rien, t'inquiète.

Oh mais si, c'est quelque chose, DJ. Quelque chose d'énorme. Je me sens si bête de n'avoir rien vu. D'avoir cru que nous étions en phase, que lui aussi avait changé.

Et soudain je le vois comme une évidence : si je reste avec DJ, je finirai en prison moi aussi, et je perdrai Kaden. L'un comme l'autre sont absolument hors de question.

— Tu vas sortir d'ici, dis-je d'une voix blanche. Prends tes affaires, prends la voiture de ta mère, et dégage.

— Mais je te dis que c'est rien ! insiste-t-il. Je sniffe mes antidépresseurs pour plus d'effet, c'est tout. J'ai repris de l'héro juste une fois, la semaine dernière, avec un pote du bloc. Pas de bol, ils m'ont testé juste après. Mais ça, c'est seulement les antidépresseurs.

— Tu as dix minutes pour prendre tes affaires.

Il argumente, il jure, cogne du poing la porte de la salle de bains.

— Neuf minutes.

De la fenêtre je le regarde remplir le coffre de l'automobile. Je sais que sa mère cessera de payer le loyer maintenant que je l'ai mis dehors. Je sais que je vais encore galérer à tout faire sans voiture – les audiences, les ateliers, les tests. Mais je trouverai un moyen.

Il remonte une dernière fois, attrape une serviette et la pose au-dessus des vêtements dans sa valise. Son visage entier est rouge de colère, hormis deux traces de poudre blanche au coin des narines.

— Tu n'es qu'une hypocrite. Tu cherchais juste un prétexte pour te débarrasser de moi, pas vrai ? Mais tu fais une grosse erreur. T'es qu'une salope sans cœur, voilà ce que t'es.

Je n'ai rien à répondre. Mais j'ai un cœur, ça je le sais. Je suis Mama Love. J'ouvre un placard, je prends un gant de toilette et l'ajoute à sa serviette.

Il claque la porte en sortant, et je m'empresse de fermer le verrou derrière lui.

Je sais déjà ce que je vais faire. En prison, on déteste les balances. Mais je ne suis plus en prison.

Mes mains tremblent en composant le numéro de l'assistante sociale, mais ma voix reste ferme quand je lui raconte tout.

Chapitre 15

RESPONSABILITÉ SOLIDAIRE

L'automne est bien avancé quand j'apprends que Kaden pourra emménager avec moi juste avant son cinquième anniversaire. Darcy m'apporte ses vêtements emballés dans de grands sacs plastique sous vide. Comme elle a encore mes trois grands sous son toit, je l'accueille comme si je ne savais rien de tout ce qu'elle a pu faire pour empêcher mes retrouvailles avec Kaden.

— Je ne suis pas sûre encore de ce que je vais faire pour son anniversaire, mais tu es évidemment la bienvenue, dis-je en souriant.

Elle m'offre un grand sourire parfaitement faux en jetant un œil à mon minuscule appartement.

— Si tu veux organiser quelque chose chez nous, n'hésite pas, dit-elle. Dans le jardin, je veux dire. Je ne veux pas te voir dans la maison.

Je ne cesse pas de sourire, la main de Kaden bien calée dans la mienne.

Quand la porte se referme sur elle, il n'y a plus que lui et moi. Le reste importe peu.

— Tu veux qu'on lise un livre ? Ou juste un câlin ?

Kaden se contente d'ouvrir les bras en levant ses grands yeux vers moi. Je le soulève, sens la chaleur de sa peau contre mon cou et le porte jusqu'au canapé où nous restons ensemble en silence, l'un contre l'autre. Il est déjà resté dormir deux nuits ici, mais cette fois il sait que personne ne viendra le rechercher. Si je me tiens à l'écart de toute drogue, nous sommes ensemble pour toujours. Du moins, en théorie. Car il suffit de si peu pour que le juge me renvoie en prison. Un appel manqué, un test auquel je ne pourrais me rendre, un retard à l'audience, une dénonciation mensongère… Mais aujourd'hui, Kaden est avec moi, son souffle contre ma peau, je peux savourer pleinement le moment présent.

Je l'embrasse et murmure à son oreille des mots d'amour et de réconfort jusqu'à ce qu'il s'endorme dans mes bras. Un instant je revois ses yeux implorants tandis que deux policiers m'emmenaient menottée hors de la maison – cette image me revient souvent, mais je la chasse aussitôt en me promettant de tout faire pour que Kaden soit heureux et finisse par oublier cette année noire. Je n'ose pas bouger de peur de le réveiller. Quand enfin il rouvre les yeux, nous franchissons les deux pas qui nous séparent de la kitchenette et je lui prépare un goûter de raisins et de tartines. Nous nous asseyons à la table en formica qu'on m'a donnée pour rien dans une brocante, et je lui demande ce qui lui ferait plaisir pour son anniversaire.

Un petit sourire timide me répond.

— Attends, dis-je. J'ai quelque chose pour toi !

Je file dans sa chambre et reviens avec un ballon gonflable que j'ai acheté dans un magasin discount. Kaden adore les ballons. Il peut jouer pendant des heures à le lancer vers le plafond encore et encore en évitant qu'il touche le sol.

— On peut jouer à garder le ballon en l'air, si tu veux, dis-je.

Kaden conserve le ballon entre ses deux bras.

— Merci maman, dit-il avec toute la solennité de ses presque 5 ans.

Il pose le ballon délicatement sur la table, qu'il contourne pour venir poser ses deux mains autour de ma taille. Je l'étreins à mon tour, un peu surprise. Puis Kaden lève vers moi ses yeux bleus, ses boucles blondes et ses joues rebondies, et je comprends.

— C'est un super cadeau d'anniversaire, dit-il.

Mon cœur se fend immédiatement. Voilà donc ce qu'ont fait ces douze derniers mois : mon petit garçon pense que je ne peux pas lui offrir mieux qu'un pauvre ballon pour son anniversaire.

— Oh mais ce n'est qu'un ballon, ce n'est pas ton cadeau !

— Ah, dit-il, et je sens un doute dans sa voix.

— Je pensais plutôt acheter des Lego *Star Wars* ; on pourrait se construire un vaisseau spatial.

— Pour de vrai ?

— Bien sûr, pour de vrai.

Je le couvre de bisous sonores, il éclate de rire, s'empare du ballon et le lance en criant : « À toi !! » Je plonge à terre pour l'empêcher de tomber sur le sol, et nous gardons le ballon en l'air de longues minutes à travers le mini salon de l'appartement.

Dans la soirée, une fois Kaden endormi, je ravale ma fierté et appelle Darcy pour lui demander si je peux installer un château gonflable dans leur jardin le jour de son anniversaire. Les trois grands acceptent aussi d'organiser une chasse au trésor sur la plage. Tous les trois ont eu droit à un événement spécial pour leur cinquième anniversaire, ils savent combien je tiens à cette tradition. Je reste éveillée une bonne partie de la nuit, à regarder Kaden dormir et à me demander comment je vais bien pouvoir payer un château gonflable, des Lego ou un gâteau d'anniversaire. Je sais que je ne devrais pas m'en faire autant pour un cadeau. Mais j'ai manqué son anniversaire l'année dernière. J'ai manqué tant de choses pour eux tous, et maintenant me voilà fauchée dans cet appartement minuscule où j'ose à peine les inviter. J'étais tellement focalisée sur Kaden que j'ai mis de côté le problème de la maison. Il va me falloir plus d'espace si je veux les héberger tous. J'ai passé mon enfance à avoir honte de ma famille. Quoi qu'ils en disent, je suis sûre qu'ils sont gênés de m'avoir pour mère. Au point d'avoir honte ? Je ne sais pas. Mais je me sens honteuse pour eux.

Chaque jour qui passe, une partie de moi est tentée de tout abandonner. De siffler la fin du jeu. Je ne serai jamais la mère qu'ils méritent, autant arrêter d'essayer. Une autre partie sait que je suis trop sensible, et qu'il faut poursuivre – même sans médicaments pour tenir, même seule comme je le suis. Je ne vais pas lâcher, non. Un anniversaire après l'autre.

***

Chaque fois que je ferme les yeux, je revois la mine réjouie de Kaden recevant son ballon d'anniversaire. Mais après quelques semaines de perfection suspecte, il cesse enfin de se comporter comme un petit garçon modèle. Il mange bien, ce qui me rassure, mais il se met à faire des caprices ou à partir dans d'imprévisibles accès de colère. Je veux croire qu'inconsciemment, il tente de me repousser pour vérifier que je reste avec lui. Il me teste dès qu'il le peut ; pendant toute cette phase je m'attache à rester solide, stoïque. Quand j'en parle à la psychologue de la Protection de l'enfance, je me dis soulagée de le voir exprimer sa colère.

— Pourquoi cela ? demande-t-elle.

— Il se comportait si bien que j'ai fini par comprendre qu'il croyait que je l'avais abandonné l'an dernier parce qu'il n'était pas sage. Je préfère nettement qu'il s'en prenne à moi plutôt qu'à lui-même.

En bonne psy, elle secoue la tête sans me laisser voir ce qu'elle en pense.

— Il a cru que je lui avais offert un ballon gonflable pour son anniversaire, dis-je.

— Ça m'a l'air d'un joli cadeau.

— Je veux parler de cette expression qu'il a eue en voyant le ballon. Il était si triste, et si sérieux à la fois. Maintenant je sais ce qui s'est joué dans sa tête à ce moment-là : il prenait soin de moi. Vous savez, j'ai grandi dans une famille où je pensais que moi, l'enfant, je devais prendre soin de tous les autres – que tout dépendait de moi. Je ne veux pas que Kaden pense ça, surtout pas !

Je ne devrais sans doute pas en dire autant. Elle travaille pour le tribunal, et je dois me concentrer sur ce qui est bon pour Kaden.

— Le trauma, c'est toujours complexe…, dit-elle.

— Que croyez-vous que je devrais faire ?

Elle hoche la tête de cette façon qui n'appartient qu'aux thérapeutes et aux bassets.

— Que pensez-vous que vous devriez faire ?

Si j'étais présidente, je signerais un décret interdisant à quiconque, psy ou pas, de répondre à une question par une autre question. Surtout pas cette question-là. Si les gens savaient quoi faire, aurions-nous encore besoin de thérapeutes ?

Elle doit sentir ce que je pense, parce que soudain elle tourne sa tête de l'autre côté, attrape une feuille de papier et s'éclaircit la gorge.

— Peut-être pourriez-vous commencer par travailler sur vos propres traumatismes…

— Lesquels ?

— Eh bien, pour commencer : votre arrestation, la prison, le placement de Kaden…

— Ce ne sont pas des traumas. Tout ça, c'est de ma faute. Ce sont des événements que j'ai causés, pas des trucs que j'ai subis.

— Le trauma, c'est toujours complexe…

Je n'ai pas envie d'entrer dans cette discussion.

— Vous pensez que ça ira, pour Kaden ? je demande un peu abruptement.

— Je dirais que Kaden est parfaitement normal. À 5 ans, un enfant fait des caprices, il se met souvent en colère. Tout ça est dans l'ordre des choses, vraiment, n'allez pas trop interpréter…

Elle marque une pause pour consulter le dossier devant elle.

— Kaden se comporte bien à l'école, il est gentil, communicatif, il rit, il joue, il a des amis, il mange, il dort. Voilà un petit garçon heureux et parfaitement adapté, je dirais. Et à l'évidence, il vous aime.

J'ai du mal à croire à ce portrait. Mais j'aimerais pouvoir l'archiver. J'ai tellement envie qu'il soit heureux. Tellement envie qu'il m'aime, aussi.

La psy referme son dossier et se penche vers moi.

— Mais vous, dites-moi. Est-ce que vous dormez bien ? Vous avez des occasions de rire et de jouer, en dehors de Kaden ? Est-ce que vous avez des amis ?

Je laisse passer une seconde avant de répondre :

— À votre avis ?

***

En entrant dans le palais de justice pour la prochaine audience du tribunal des affaires sociales où se joue l'avenir de Kaden, je suis plus nerveuse que jamais.

Kaden vit avec moi à plein temps, désormais, et si j'ai toujours satisfait à mes multiples obligations depuis ma sortie, tout devient plus difficile avec la garde d'un garçon de 5 ans. J'ai été mère célibataire pendant dix ans avant de rencontrer DJ, ce n'est donc pas une découverte. Mais sans argent, sans travail, sans voiture et toujours sans amis pour m'aider, j'ai plus que jamais l'impression d'une course d'obstacles – mais sur un parcours dessiné par un pervers sadique, et avec un handicap de vingt kilos sur le dos. Je n'ai pas le droit de laisser tomber Kaden. Et je n'en ai aucune intention. Mais nous sommes si proches tous les deux dans ce défi quotidien qu'il devient difficile pour lui comme pour moi de trouver un peu d'air.

Une bonne nouvelle vient d'arriver : une amie de ma mère se sépare d'une vieille voiture. C'est à peine si elle roule encore, mais elle me la cède volontiers gratuitement pour peu que je puisse aller à San Francisco et la conduire jusque chez moi. Parce qu'il semble écrit que rien ne sera simple, je dois d'abord récupérer mon permis auprès de l'autorité des transports… et payer à la fois l'amende qui m'avait valu sa suspension, plus des frais administratifs. Autant de frais qui s'ajoutent à ceux de mon contrôle judiciaire et diverses paperasseries : non seulement je n'ai pas de ressources, mais j'ai une ardoise croissante auprès du comté. Un prix de plus à payer pour effacer mes dettes envers la société. Un piège de plus dans la course d'obstacles.

Mais l'audience d'aujourd'hui pourrait contribuer à éloigner considérablement le passé. La juge Guy a de longs cheveux bruns, de grands yeux noirs et il y a de la chaleur dans son sourire quand elle me regarde par-dessus les épais dossiers étalés devant elle. Elle commence par observer que pour la première fois DJ et moi ne sommes pas ensemble.

— Les deux parents ont l'obligation de respecter individuellement les engagements imposés par l'accord de réunification parentale, rappelle-t-elle.

Je me tourne aussitôt vers l'avocat commis d'office dont je n'ai pas retenu le nom, et lui murmure à l'oreille une batterie de questions :

— Que se passe-t-il si DJ ne fait rien ? S'il rechute, ou s'il est remis en prison ?

La juge semble lire dans mes pensées, car avant même que l'avocat me réponde, elle enchaîne :

— … Toutefois, je tiens à préciser à toutes les parties ici présentes que cette cour a le pouvoir de trancher sur la garde de l'enfant, en lieu et place du juge des familles. Nous pouvons régler cela ici en amont d'une éventuelle procédure de divorce.

Il me faut quelques instants pour prendre la mesure de ce que je viens d'entendre. Si je satisfais correctement à mes obligations, quoi que fasse DJ de son côté, je pourrai obtenir la garde permanente de Kaden.

La juge me demande comment va Kaden depuis qu'il vit avec moi. Je raconte les derniers événements, et elle me félicite.

— Vous faites du très bon boulot », dit-elle.

Elle ne parle pas une seconde du cas de DJ, et je m'accroche à son compliment comme à une bouée.

En sortant de la salle d'audience, l'avocat me confirme que les tribulations de DJ n'auront pas d'incidence sur le dossier de Kaden.

— Il peut se droguer tout ce qu'il veut, aller en prison s'il le faut, ça ne change rien. La juge peut confier à vous seule la garde de Kaden. Alors ce sera à vous de montrer que vous êtes en mesure de protéger l'enfant – même si cela implique de l'éloigner de son père. Si vous ne pouvez pas le protéger, ils pourront le reprendre.

Serait-ce mon destin ? Chaque nouvel espoir semble devoir se doubler d'un poids de plus sur mes épaules. Kaden adore son père, et DJ adore son fils. Mais pour garder Kaden, je vais peut-être être obligée de les séparer l'un de l'autre.

***

Je n'ai pas bien compris par quel miracle, mais DJ parvient à sortir prématurément du programme antidrogue. Le voilà libre, alors que je suis toujours en liberté conditionnelle, avec encore deux mois d'ateliers de sobriété à suivre, des dépistages aléatoires et l'obligation de rembourser ma part de nos dettes. Le département de probation lui a même fait un chèque de 1 000 dollars – pour remettre le pied à l'étrier, j'imagine. Peu importe que sa mère soit déjà sa banquière.

Quand il s'en réjouit auprès de moi au téléphone, je reste sèche.

— Qu'est-ce que c'est que ce bonus ? Tu n'es pas plutôt censé indemniser les victimes ? Je croyais que tu restais sous contrôle judiciaire tant que l'indemnisation n'était pas complète.

— Bah, je ne sais pas. C'est prévu dans le programme antidrogue, j'ai pris l'argent sans rien demander. En tout cas, fini la période de probation pour moi. L'indemnisation, maintenant, c'est ton affaire, plus la mienne.

— Nous avons une responsabilité solidaire, tu te rappelles ? Ensemble, et à parts égales.

— Écoute, tout ce que je sais, c'est que ma période probatoire est terminée. Le « solidaire », maintenant, c'est toi.

L'injustice absolue de la situation me met en rage, mais comme souvent ma colère explose en larmes. Ma voix faiblit.

— Tu veux dire que tu ne vas pas m'aider, c'est ça ? Tu vas me laisser tout rembourser seule ?

— Ma mère a payé une partie de notre ardoise pour qu'on puisse signer cet accord négocié, souviens-toi. C'était ça, ma part du contrat.

— Mais… elle a payé pour nous deux. Pour Kaden.

— Non.

Comment pourrais-je rembourser plusieurs milliers de dollars toute seule ? Je m'imagine déjà en liberté conditionnelle pour toujours.

— Et tu arrives à te regarder dans un miroir, là maintenant ?

Je voulais faire mal, mais ma voix est mal assurée, et ma remarque sans effet.

— La moitié de ce fric, c'est de la pure arnaque pour des choses qu'on n'a jamais faites. Je ne paierai pas 1 centime.

Je me dirige vers la porte de l'appartement et sors prestement pour que Kaden ne m'entende pas. Sitôt dehors, je hausse le ton.

— Si je comprends bien, je vais m'occuper de Kaden, faire tout ce que demandent les services sociaux, *et* m'occuper de rembourser, pendant que toi, tu… Tu fais quoi, au fait ?

Maintenant la colère est là, je suis dans la rue et je me mets à crier.

— Tu vas te shooter à l'héroïne avec tes nouveaux

brothers du bloc, c'est ça ? C'est ridicule. T'es un petit bourgeois de Los Gatos, DJ, un bourgeois qui trouve ça cool de s'habiller en gangster et d'aller faire un tour en taule de temps en temps. Rappelle-moi le nom de ton gang, déjà ? Le gang des courtiers ? Le gang Maman-paie-mon-loyer ?

J'ai bien conscience d'avoir l'air ridicule, mais hurler me fait du bien. Cela m'évite de regarder la situation en face : me voilà trahie, abandonnée, perdue et seule.

De rage, je jette le téléphone par terre, puis je rentre dans l'appartement et prends Kaden avec moi pour aller marcher dehors. Je prends la direction de la ville et non de la plage. Ce n'est qu'une fois arrivés à quelques mètres des bureaux de Gemma que je comprends ce que m'a dicté mon inconscient. Gemma. Cassandra. La cérémonie. Le dernier endroit où je me suis sentie bien entourée, c'était là. Une des responsables est là – elle s'appelle Cynthia, je la connais mal mais elle m'invite dans son bureau. Elle sort des jouets pour Kaden et l'installe dans une salle d'attente tandis que je lui raconte mes galères.

— Mais tu t'en sors, dit-elle. Jour après jour, tu y arrives !

— Je suis si fatiguée…

J'entends ma voix qui se plaint et des larmes me montent aux yeux. Je les chasse aussitôt.

— Bien sûr que tu es fatiguée. Tu te bats contre tellement de trucs. Mais tu vas gagner. Tu as déjà gagné, regarde ! dit-elle en pointant son menton vers Kaden. Tu as fait tant de choses en si peu de temps.

J'essaie de regarder les choses de son point de vue et d'y trouver une source de fierté. Mais l'injustice de ma situation par rapport à DJ est telle qu'elle balaie tout.

— Je suis sûre que tu n'as pas accompli tout ça jusqu'ici rien qu'en t'apitoyant sur ton sort, glisse Cynthia avec un brin de malice dans la voix.

Je souris. Cynthia est petite et énergique. Elle a les cheveux multicolores, elle est belle comme un cœur, et elle sait aller à l'essentiel.

— Tu as raison, dis-je.

— … Eh bien, ce n'est sans doute pas le moment de commencer. Et tu es passée par ici : tu sais que d'autres filles ont la vie encore plus dure…

Elle laisse sa phrase en suspens, regarde Kaden de l'autre côté de la porte et lui sourit.

— J'ai des cookies, dit-elle. Et si on s'offrait un bon goûter ?

Quelques instants plus tard, nous voilà à pique-niquer sur le sol de son bureau. Kaden lui raconte sa chambre, la décoration sur le mur et les rideaux qu'il aimerait installer autour de son lit.

— Je suis super forte pour les rideaux, dit Cynthia. Ça te dirait qu'on aille choisir un tissu ?

Kaden saute de joie et se tourne vers moi comme pour demander une permission.

— Allons voir la marchande de tissus ! dis-je avec un enthousiasme à peine forcé.

Des cookies, des rideaux, une nouvelle amie. Des cadeaux simples – mais je n'avais pas besoin de plus pour me donner la force d'affronter les jours à venir.

***

Je termine avec succès les ateliers de sobriété et le programme de Préservation familiale. Quelques mois plus tard, la juge Guy m'accorde la garde permanente de Kaden. Ma joie est intense, puis un vertige me prend. Pendant des mois, je n'ai pensé qu'à récupérer Kaden. Je me suis battue, débattue, j'ai affronté tous les obstacles dans ce seul objectif. Et maintenant que tout est terminé, je me sens comme au bord du vide. Comment passer du combat permanent à une vie normale ?

Je ne suis même plus sûre de savoir comment mener une vie normale – à supposer que je l'aie jamais su.

***

Reste à déterminer quand prendra fin officiellement ma période probatoire – si je dois vivre une vie normale, autant la démarrer avec un casier judiciaire vierge.

Mais quand je pose la question à mon nouvel agent de probation, c'est la douche froide : le programme antidrogue permet en effet de tout effacer, me dit-il. Mais ce n'est pas le cas du programme de Préservation familiale.

— Je ne comprends pas : on m'a retirée du programme antidrogue comme une récompense, et on m'a promis les mêmes avantages avec la Préservation familiale.

— Je ne vois rien dans le dossier qui stipule ça. Le juge n'a rien indiqué de particulier.

— Mais mon mari… Je veux dire : on était coaccusés, et…

— Votre mari était dans le programme antidrogue, ce n'est pas la même chose.

À nouveau l'incompréhension. À nouveau l'absurdité. À nouveau l'injustice absolue. Et une fois encore, je ne peux rien y faire. Je serai en liberté conditionnelle pour les cinq prochaines années. Je pourrai être convoquée à tout moment pour un dépistage. La police aura la possibilité de fouiller mon appartement, ma voiture, mon ordinateur. Interdiction de quitter le comté sans permission, et obligation de payer toutes les amendes et frais judiciaires divers – avec les intérêts qui augmentent de mois en mois. Sans oublier l'indemnisation des victimes, jusqu'au dernier centime.

La « vie normale » est un horizon bien lointain.

Comment ai-je donc pu croire que la course d'obstacles était terminée ?

Chapitre 16

À MORT GOOGLE

Dans le vrai monde, un diplôme universitaire pèse moins lourd qu'un casier judiciaire – surtout avec trente-deux infractions au compteur.

L'une de ces infractions étant la possession de stupéfiants, je ne peux pas recevoir d'allocations. Le système de protection sociale semble considérer que n'importe quel citoyen ayant un jour été en possession de drogue dépensera l'argent public pour se défoncer plutôt que pour se loger, se nourrir ou s'habiller. Peu importe que tous mes tests de dépistage soient négatifs depuis plus d'un an. Peu importe que j'aie suivi le cycle d'ateliers de sobriété : l'infraction est inscrite sur mon casier, il n'y a rien d'autre qui compte. Si j'avais suivi le programme antidrogue, bien sûr, la question ne se poserait pas : mon casier aurait été automatiquement effacé.

Ma seule solution serait de retourner au tribunal, de faire appel de cette condamnation spécifique pour qu'elle soit requalifiée en une infraction mineure sans inscription au casier. L'obstacle semble bien haut pour mes petites jambes – sans compter que je n'ai pas les moyens de faire garder Kaden, et que l'idée de devoir l'amener au tribunal m'est insupportable. Impossible de le laisser sur un banc au fond de la salle tandis que je m'avancerais à la barre. Et si les choses tournaient mal, et qu'on me renvoyait en prison, menottée et enlevée une nouvelle fois sous ses yeux ? La probabilité est infime, je le sais bien, mais j'ai atteint un niveau olympique en prédictions apocalyptiques.

Toutes les offres d'emploi pour lesquelles je postule en ligne comportent une case « Casier judiciaire ». Quand je coche la case, je suis censée détailler les condamnations, mais il n'y a jamais assez de place pour toutes les infractions que j'ai dû reconnaître. Et bien sûr, comme pour les allocations, il n'y a pas d'espace prévu pour préciser le contexte. Pas question non plus d'expliquer que drogues et médicaments sont désormais derrière moi et que je suis de nouveau un atout productif pour notre belle société, tout à fait digne d'être recrutée. Alors je me contente de cocher la case, même si je sais que cela m'éliminera automatiquement.

Certes, je pourrais mentir, et laisser la case vide. Mais ce serait contrevenir à la règle de base que je me suis fixée pour cette nouvelle vie : l'honnêteté radicale.

L'honnêteté radicale est un principe magnifique qui s'applique assez mal à la recherche d'un emploi… et aux sites de rencontre. J'ai tenté de m'y inscrire, mais on ne peut pas dire que j'y rencontre un franc succès. *Mère de quatre enfants à la veille d'un deuxième divorce*, on est loin du profil idéal. Ajoutez l'article du *Sentinel* et mon casier judiciaire, je vois mal comment je pourrais attirer qui que ce soit. Je suis seule, et je commence à me résigner à vivre la deuxième partie de ma vie sans histoire d'amour. De toute façon, je n'ai jamais été très douée pour choisir les bons partenaires…

Certains soirs, quand Kaden s'est endormi, je sors sur le porche de l'immeuble et je caresse le rêve de retrouver l'amour, un jour. Mais ce jour semble aussi distant que les étoiles dans le ciel. Alors je rentre et je me berce de mélancolie en écoutant des ballades irlandaises ou le blues de John Mayer.

En septembre, Kaden entre à l'école maternelle et je fais ce que je peux pour éviter tout contact avec les autres parents, ou l'équipe pédagogique, de peur que quelqu'un me reconnaisse. Kaden se fait des amis assez rapidement, ce qui me réjouit et me terrifie à la fois. Je suis gênée à l'idée d'inviter d'autres enfants dans notre minuscule appartement ; mais je le suis plus encore à la perspective de l'emmener jouer chez quelqu'un d'autre. Je ne suis pas prête encore pour affronter ces conversations de parents d'élèves ; je ne vois pas comment je pourrais m'en sortir sans révéler mon passé – ou sans briser mon vœu d'honnêteté.

Je finis par inscrire Kaden dans un centre aéré subventionné après l'école pour qu'il puisse socialiser un peu. Seuls les parents qui travaillent y ont mis leurs enfants, et quand ils viennent les chercher, ils n'ont ni le temps ni l'énergie pour s'arrêter boire un café. Soir après soir, nous nous saluons à distance, et cela me va très bien.

Par un miracle nommé Gemma, je deviens moi-même, pour quelque temps, une maman qui travaille. C'est Cynthia qui m'a proposé la mission d'accompagner d'autres ex-détenues, mères d'enfants en bas âge, et de les aider à retrouver un emploi auprès d'employeurs locaux. C'est un contrat à durée déterminée, lié à une subvention obtenue par l'ONG qui finance Gemma – le Community Action Board, ou CAB. Le salaire n'est pas très élevé, à peine de quoi payer le loyer… Mais au moins, il sera payé.

Ma mission : convaincre les employeurs d'embaucher d'anciennes détenues, faire le lien entre les entreprises et les candidates, puis suivre ces dernières pour vérifier qu'aucune ne pose de problème. C'est le retour de Mama Love, en version professionnelle. Je m'assure que mes protégées se rendent bien aux rendez-vous, j'en aide certaines à mettre fin à une relation toxique qui pourrait interférer avec leur travail, je les conseille sur leur tenue vestimentaire et sur l'attitude à adopter dans telle ou telle situation. Elles me racontent leurs difficultés au travail et je les aide à trouver des solutions ; je fais de même avec les employeurs. L'opération est une aubaine pour les entreprises puisque la moitié du salaire est payée par le CAB. Je n'en dois pas moins les rassurer et les persuader qu'une ex-taularde peut devenir une employée modèle.

Ce qui est plutôt facile, en réalité. Car elles le sont.

Quelqu'un qui a déjà été derrière les barreaux sait que le crime ne paie pas. Parce qu'elles ont tout perdu, elles sont heureuses de retrouver un travail. Parce qu'elles ont connu les querelles de prisonnières, elles se moquent totalement des chamailleries de bureau. Parce qu'elles sont en liberté conditionnelle, elles suivent parfaitement les règles. Elles comprennent les structures hiérarchiques, elles ont l'habitude de se lever tôt et après avoir travaillé pour rien pendant des mois, elles se contentent volontiers du salaire minimum. Mais le plus important est encore ailleurs : chacune d'elles a quelque chose à prouver au monde. Démontrer qu'elles ont des compétences, qu'elles sont dignes de confiance. Prouver qu'elles valent mieux que leur casier judiciaire.

Je sais très bien tout cela, car je suis l'une d'elles.

En prison, j'ai rencontré des femmes brillantes. D'anciennes dealeuses qui feraient des directrices commerciales de génie. Mais aussi des designeuses, des inventrices. J'aimerais bien voir Elon Musk concevoir un meuble parfaitement fonctionnel à base de boîtes de tampon et de pâte dentifrice. Je défie la moindre influenceuse beauté de relooker entièrement une femme avec de l'eau chaude et des crayons de couleur. Ou un chef étoilé de créer un délice à base de chips et de ramens, de restes d'œufs durs, d'eau chaude et de viande douteuse.

Je ne suis pas douée pour me vendre, mais je suis parfaite pour vanter les qualités de quelqu'un d'autre, et trouver le bon attelage entre un employeur et une employée. Je convaincs les femmes que j'accompagne de se coordonner pour faciliter les gardes d'enfants. Je sollicite des associations locales pour les aider à rédiger leur CV, trouver des vêtements adaptés ou des bons de transport. Arden adore lire ? Je lui trouve un job dans une librairie. Hannah me raconte son amour des chevaux avant de tomber dans la meth ? Je lui dégote un poste dans un programme d'équithérapie. Quand la subvention prendra fin, quelques mois plus tard, ils l'embaucheront à plein temps – avec une promotion.

Toutes ces femmes en font plus qu'il ne leur est demandé. Elles sont fières de leur travail et dépassent les attentes de leurs employeurs. Le programme est un succès sur tous les plans – et pourtant, pour des raisons qui m'échappent, l'État de Californie décide de ne pas le renouveler.

Cette expérience au CAB m'aura montré que je suis loin d'être la seule à affronter une course d'obstacles. En vérité, la réinsertion est un casse-tête quasi insoluble. Pour rester en liberté conditionnelle, il faut un travail. Pour trouver un travail, il faut remplir un dossier et cocher la case « Casier judiciaire », qui empêche de trouver un travail. Si vous y arrivez quand même, il vous faudra un toit pour être à l'heure chaque matin. Mais pour ça, il vous faut un travail. Le système tout entier est une absurdité, et pour quel résultat ? Les anciens prisonniers ont dix fois plus de chances que les autres de se retrouver SDF… et les SDF ont onze fois plus de chances d'être envoyés en prison. Quand j'entends de grands débats sur la prévention de la récidive, ils oublient toujours ce cercle vicieux. Tout le système de réinsertion est vicié, illogique dans sa conception et médiocre dans son exécution – à croire que tout est fait pour qu'il échoue dans sa mission.

***

Mon travail prend fin avec la non-reconduction du programme d'accompagnement. Me voilà de retour à la case départ – c'est-à-dire : nulle part.

Une nouvelle fois, Cynthia vole à mon secours. Peu de temps après, elle m'appelle pour m'apprendre que Cassandra quitte son poste de responsable du programme Gemma, et qu'un nouveau recrutement a été lancé.

— Je voudrais que tu poses ta candidature, dit-elle.

— Tu es folle ?

— Pas du tout. Tu serais parfaite. Tu connais Gemma, tu sais ce dont les détenues ont besoin, tu as parfaitement défendu leur cause ces derniers mois… Et tu as une expérience pédagogique puisque tu as déjà donné des cours à la fac.

Dit comme ça, elle a raison, ça peut être tentant.

— Que dois-je faire ? je demande.

— D'abord, il faut poser officiellement ta candidature. Ensuite, il y aura des entretiens avec moi, et avec nos financeurs : le CAB, le shérif et le département de Probation. J'adore travailler avec toi, tu es géniale. Ça va être parfait.

Il faudra que je trouve une aide pour emmener Kaden à l'école deux jours par semaine, quand j'irai chercher les filles à Blaine Street dans le van de Gemma pour les emmener à la paroisse. Mais avec une paie de 22 dollars de l'heure – une fortune pour moi à ce stade – ça devrait être tout à fait jouable.

Je dois reconnaître que mon CV est assez impressionnant quand on ne regarde pas le casier judiciaire – et voilà justement un emploi qui n'en tiendra pas compte. Les trois premiers entretiens se passent bien. Le quatrième et dernier me réserve une surprise : c'est la policière dont je nettoyais le bureau tôt le matin, lors de mes premières semaines à Blaine Street, celle qui me passait sa mère au téléphone. C'est elle qui dirige la maison d'arrêt, désormais. Elle se révèle une interlocutrice coriace, ses questions sont pointues, mais après une demi-heure d'entretien, son sourire et l'accolade qu'elle donne me confirment que j'ai passé le test.

Avant que Cynthia m'informe officiellement que le job est pour moi, j'ai déjà dressé une liste de bénévoles potentiels et d'ateliers qui aideront les détenues de Gemma à se préparer à la vie après la prison. Je ne me souviens que trop bien de tout ce que j'ignorais quand j'étais à leur place, et que j'aurais préféré savoir.

Je me projette déjà dans cette nouvelle carrière : la championne des perdantes du système, leur avocate et protectrice face aux dangers et aux absurdités du monde extérieur. Je repense souvent à la première fois où je me suis retrouvée dans le bureau d'Elizabeth, par une belle journée d'hiver, à évoquer la peine qu'elle tentait de négocier pour moi. Comme les douze millions de personnes arrêtées cette année-là, comme deux millions de personnes emprisonnées, je pensais alors qu'on *purgeait sa peine* en restant en prison puis en respectant les termes d'une libération conditionnelle. Qu'après cela notre dette envers la société était payée, et que la vie pouvait reprendre. Je mesure maintenant à quel point j'avais tort. Et je veux contribuer à changer cela.

J'ai parlé de ce nouveau travail à ma mère, à mes enfants, à mon agent de probation. Un lundi, Cynthia m'appelle pour m'annoncer que mes cartes de visite sont arrivées et que je pourrai commencer la semaine suivante. Le vendredi, je suis sur le point de partir pour un atelier des NA quand elle me rappelle.

— Salut boss, dis-je en décrochant.

— Salut, dit-elle. Tu es où ?

— Je file à une soirée des anonymes.

— Je… j'ai une mauvaise nouvelle, je suis désolée.

Mon estomac se noue instantanément. Je m'assois au pied d'un arbre.

— Quoi donc ?

— Le job, Gemma… Ça ne va pas être possible.

— Quoi ? Mais pourquoi ?

— Ça bloque au niveau de la Probation. Ils disent qu'il est hors de question que quelqu'un en période probatoire puisse sortir des femmes de Blaine Street. Ils ne veulent pas te les confier.

— Mais… C'est idiot : j'ai fait un entretien avec les

services de probation, ils sont au courant de tout depuis le début.

Cynthia reste silencieuse quelques secondes.

— Ça vient de plus haut, Lara. Je ne peux rien faire.

Et soudain je pense : *Tom.* Il est toujours procureur. Sa femme occupe toujours un poste élevé au département de probation. Ça doit venir d'elle.

— Je ne sais pas d'où ça vient, ajoute Cynthia. Tout ce que je sais, c'est qu'on ne peut pas t'embaucher.

— Bien sûr que si, tu peux. C'est toi qui diriges le programme, non ? Je ne vois pas comment ils peuvent te dire qui tu dois prendre ou non.

— En théorie, ils ne peuvent pas, c'est vrai. Mais on m'a fait comprendre que si je t'embauche, la Probation retire son financement. Et sans leur financement, plus de Gemma. On est coincées.

— Je comprends, dis-je.

— Je me sens mal, dit Cynthia. Je suis tellement, tellement désolée. Et en colère, merde, c'est tellement injuste...

Je sais qu'elle n'y est pour rien, mais j'en suis à un stade où je ne peux plus entendre des gens se plaindre de l'injustice du système dans lequel je me débats toute seule. Je l'interromps :

— Il faut que j'y aille.

— OK, mais...

J'ai déjà raccroché. Je regagne ma voiture, mais je n'ai plus d'énergie. J'ai moins envie que jamais de m'asseoir dans un cercle pour entendre un vieux type raconter que certains jours il se sent comme un cafard, et d'autres léger comme un oiseau, ou ces platitudes à la con, comme celle-là, répétées comme un mantra : « Votre pire journée de sobriété reste meilleure que votre meilleur jour sous drogue. »

Parce que c'est faux. Votre pire journée de sobriété peut être tout simplement le pire jour de votre vie – un jour où vous préféreriez nettement être défoncée.

Mais qu'en sais-je, après tout ? Ce soir, je ne suis qu'un cafard.

***

Je finis par trouver un télétravail à temps partiel pour une entreprise qui produit des contenus sur le Web, Content Divas. Aucun dossier à remplir, il n'y avait qu'un test de rédaction à passer. Je dois écrire dix posts différents par jour pour promouvoir des services financiers ou le tourisme à Hawaï. Le salaire ne me paie que l'essence et quelques paquets de riz, mais le job me laisse le temps de chercher un emploi plus stable. Je décide de le prendre comme un jeu. Je m'amuse à trouver le plus de métaphores possible pour mettre en avant les fabuleux avantages de tel service financier. Le lendemain, je m'imagine en pleine randonnée sur les pentes d'un volcan avec vue sur la plage de Waikiki, je laisse monter en moi l'odeur des gardénias et des frangipaniers, et je raconte comment cet endroit me change en profondeur, avec ce qu'il faut de conviction pour que les lecteurs du post se précipitent pour réserver leur billet pour Hawaï.

Bien sûr, Honolulu m'est aussi inaccessible que le moindre service financier. Je préfère rire de l'ironie de la situation. La vérité est que je suis à court d'argent, et à court d'espoir. La voiture de l'amie de ma mère ne va pas tenir longtemps : les fuites d'huile commencent à devenir inquiétantes, et elle n'accélère plus dans les côtes. J'ai fini par solliciter un rendez-vous avec les services sociaux du comté pour leur demander de me donner le droit de recevoir des allocations malgré mon casier judiciaire. Et j'ai élargi mes recherches.

Jusqu'ici, j'avais évité les offres d'emploi sur les sites de petites annonces, de peur de tomber sur une arnaque, ou un pervers. Mais il s'avère que c'est le seul endroit où je puisse contacter des employeurs sans que mon casier ne se mette en travers du chemin. Je décide que je n'évoquerai mon passé récent que si la question m'est expressément posée. Ce mensonge par omission me semble compatible avec mon engagement d'honnêteté radicale.

Parmi les quelques annonces intéressantes, il y en a une qui date d'une dizaine de jours – une éternité sur ce genre de sites. Je tente ma chance tout de même. Au téléphone, une femme m'informe que le recrutement est sur le point de se conclure et m'invite à répondre au plus vite. Le dossier à remplir paraît bien fourni pour un simple job d'assistante à temps partiel, mais il s'agit d'une agence littéraire. Travailler dans l'édition, pour moi qui ai toujours vénéré les livres, ce serait tout de même idéal. Je n'ai probablement aucune chance, mais je le prends comme un atelier d'écriture, avec une contrainte : pratiquer l'honnêteté radicale sans me griller par avance.

Outre le curriculum vitæ, on me demande d'illustrer, en quelques phrases, en quoi je réponds à chacune des qualités exigées par le poste : organisation, intégrité, pragmatisme, curiosité, maîtrise des outils informatiques, flexibilité, rigueur, engagement et gestion de budget. Avant de me lancer, je tape tout de même dans Google le nom du dirigeant de l'entreprise, Doug Abrams, pour vérifier qu'il ne s'agit pas d'un tueur en série. Il semble ne pas en être un, quoique je reste dubitative à l'idée qu'un homme qui dit travailler avec l'archevêque sud-africain Desmond Tutu ait besoin de recruter *via* un site de petites annonces.

Après une rapide prière, j'ouvre un nouveau fichier et me lance dans ma plus belle lettre de motivation. J'y raconte que je sais travailler sous pression, faire plusieurs choses à la fois et respecter les délais. Je précise que je ne considère aucune tâche comme mineure et que je suis prête à travailler dur. Et je détaille mes expériences d'écriture sans évoquer celle de Mama Love.

Je bute quelques minutes sur la question de *l'intégrité*. Je finis par préciser que je suis du genre à faire ce que je dis et que je mets toujours un point d'honneur à tenir mes engagements.

Je me relis, et suis plutôt satisfaite. J'ai glissé quelques allusions à des erreurs passées sans en dire plus – après tout, rien dans l'annonce ne demandait de raconter son histoire.

J'envoie l'e-mail avec la confiance d'une écolière qui sait avoir réussi un devoir sur table. Ce n'est que quelques heures plus tard que je me rends compte que j'ai mal orthographié ma propre adresse mail sur le CV. Tant pis pour ce boulot.

***

Cinq jours plus tard, me voilà dans la salle d'attente d'une administration pour tenter de rétablir mes droits à des bons alimentaires. Kaden est venu avec moi. Je m'efforce de le distraire en jouant aux Lego dans cet endroit lugubre où les chaises sont en plastique et les gens mal en point. Et je me demande : qui, en voyant cette petite bouille de 5 ans, oserait me dire qu'il n'a pas droit à une aide parce que sa mère a un jour été condamnée pour possession de drogue ? *Punissez-moi si vous voulez, mais ne le punissez pas, lui.*

Je sursaute quand mon téléphone sonne. Je le mets promptement sur silencieux et prie mes voisins de m'excuser – je suis peut-être une dangereuse criminelle, mais je suis polie. Je réponds en chuchotant :

— Allô ?

La femme qui m'appelle se présente comme Michelle, l'assistante de Doug Abrams de l'agence Idea Architects. Il aimerait me rencontrer suite à ma candidature, pourrais-je être là dans une heure ?

Je sors de la salle en réfléchissant à toute vitesse. Si je quitte cet endroit maintenant, je ne suis pas sûre de pouvoir obtenir un autre rendez-vous pour plaider ma cause. Et si je veux me rendre à cet entretien dans une heure, il faudrait que d'ici là j'aie eu le temps de trouver une solution pour garder Kaden, changer de vêtements, imprimer mon CV, prendre de l'essence en espérant que les bureaux de l'agence ne soient pas au sommet d'une colline trop pentue pour ma voiture… Autant dire : mission impossible.

Dans la salle d'attente, Kaden s'est levé et me regarde à travers la fenêtre. Ce petit bonhomme a besoin d'une mère courageuse qui le nourrisse, qui le protège, et qui l'aime. Je ne me sens pas très courageuse, mais…

— Allô ? dit la femme au téléphone. Vous êtes toujours là ?

— Oui, oui, pardon, dis-je en rangeant en vitesse les jouets de Kaden. Merci beaucoup – je serai là dans une heure, bien sûr. Je suis ravie de vous rencontrer, vous et M. Abrams.

***

Idea Architects n'a pas réellement de bureaux : c'est une pièce attenante à la maison de Doug Abrams – laquelle est située au sommet d'une colline abrupte. J'arrive pile à l'heure.

Au cours de l'entretien, nous passons en revue mon CV et les « expériences significatives » que j'y ai mentionnées. Doug Abrams est particulièrement curieux de mon expérience d'enseignement à l'université d'Irvine où j'ai donné des cours d'écriture créative, et de la revue littéraire à laquelle j'ai collaboré quand j'étais étudiante. Je me suis gardée d'évoquer mon passé d'entrepreneuse, et ce cimetière pour chiens que nous avions ouvert avec DJ – inutile de raconter comment l'entreprise est partie en fumée. La conversation se fait de plus en plus précise, et je redoute à chaque instant que Doug me demande : « Ah, j'allais oublier : vous n'avez pas d'antécédents judiciaires, par hasard ? », mais il n'en fait rien. À la place, il conclut :

— Je pourrais vous mettre à l'essai sur quelques petites missions ponctuelles, histoire que vous et moi voyions si nous travaillons bien ensemble. Ça vous irait ?

— J'adore les petites missions, dis-je avec un sourire gourmand.

— J'aimerais aussi vous confier un petit texte à éditer, et un manuscrit pour que vous me disiez ce que vous en pensez. Ce sera rémunéré, bien sûr.

Je dis oui à tout. Les premières missions sont assez éloignées de la littérature – il est surtout question de location de minivans et de changement de filtre à air. Puis, un samedi, Doug m'envoie le texte d'une biographie de Desmond Tutu à corriger. J'apprends très vite à utiliser la fonction *Corrections apparentes* sur Word, et lui renvoie douze chapitres le dimanche soir.

La semaine suivante, Doug m'envoie un autre manuscrit – l'histoire d'un médecin atteint d'un cancer de l'œsophage et qui décide de vivre pleinement sa vie en voyant les choses du bon côté tout en défiant la mort. L'auteur y paraît sympathique, et ses aventures sont réellement exceptionnelles ; mais le texte lui-même n'a ni queue ni tête.

Je suis en train de rentrer d'un atelier NA un soir avec Kaden quand Doug m'appelle. Il est plus de 21 heures.

— Alors, vous en pensez quoi ?

— J'ai bien aimé, dis-je, mais l'histoire est difficile à suivre. L'auteur saute du coq à l'âne, je me suis sentie un peu perdue.

— Et vous voyez comment on pourrait améliorer ça ?

Je me gare sur le côté pour pouvoir poursuivre la discussion sans activer le haut-parleur. Kaden est en train de s'endormir à l'arrière, et Doug a la voix qui porte.

— Eh bien…

J'ai une idée pour améliorer la structure du texte, en effet. Une idée assez précise, même, dont je suis sûre à 100 %, mais j'hésite encore à la formuler à haute voix. Après tout, je ne suis pas une éditrice. Mais je regarde Kaden dans le rétroviseur, je prends une grande inspiration et je me lance.

— Je centrerais tout le livre sur le jour où on lui diagnostique son cancer, dis-je. On commencerait avant qu'il l'annonce à sa famille. Le deuxième chapitre raconterait en flash-back la rencontre avec sa femme…

J'esquisse rapidement ce que pourrait être la suite, et Doug me coupe.

— Restez en ligne, dit-il, je vais appeler l'auteur pour que vous puissiez lui raconter tout ça.

— Attendez, quoi ??

Mais Doug m'a déjà mise en attente.

Je n'ai pas parlé à un auteur depuis mes années de fac – et il s'agissait de mes professeurs. Et jamais de ma vie je n'ai parlé à un auteur doté d'un agent. Mon pouls s'accélère brutalement. Je sors de la voiture et me plante devant le capot pour pouvoir surveiller Kaden. J'essaie de m'installer dans une posture professionnelle, bien ferme sur mes jambes : je veux avoir l'air sérieuse. La dernière fois que je me suis retrouvée dans un appel à trois, c'était à Blaine Street, quand une codétenue avait accepté d'appeler clandestinement Dylan sur son portable, le jour de ses 18 ans, pour que je puisse lui souhaiter un bon anniversaire.

Syndrome de l'imposteur, réglage maximum.

Mais l'auteur réagit favorablement à toutes mes idées.

— C'est brillant, dit-il.

Doug lui assure que je travaillerai avec lui sur les premiers chapitres. Je ne sais pas ce que désigne le terme *écriture collaborative*, mais je dis que oui, bien sûr, je serai ravie de collaborer.

Je raccroche, un peu sonnée. Doug me rappelle aussitôt.

— C'était super, dit-il.

— Et je… Est-ce que ça veut dire que le job est pour moi ?

— Oh oui. C'est pour vous, clairement. Félicitations !

Je le remercie et entame quelques pas de danse devant la voiture. Kaden ouvre un œil et me voit.

— C'est bon, poussin. On a le job !

Il sourit dans son demi-sommeil.

Cette nuit-là, en le portant vers notre minuscule appartement, j'ai l'impression pour la première fois depuis longtemps d'être chez moi. À ma place. Je le couche tout habillé dans son lit et l'embrasse doucement sur le front. Puis je ressors sur le porche, je contemple les étoiles et je remercie l'Univers. Ce n'est qu'un travail à temps partiel, mais c'est un travail, un vrai. Je peux m'arranger pour tout faire pendant que Kaden sera à l'école. En travaillant sur des livres qui ont du sens, je sens que j'en retrouverai, moi aussi. Une paix intérieure s'installe timidement en moi. J'avais oublié cette sensation.

***

Pour mon premier jour au bureau, c'est Michelle qui m'accueille. Elle a travaillé avec Doug pendant cinq ans, me dit-elle. Elle me donne le code wifi, les clés de la maison de Doug et un carnet vert « à ne surtout pas perdre » où sont consignés les mots de passe, les coordonnées bancaires de l'agence et les numéros de carte de crédit que Doug est amené à utiliser.

Puis elle s'en va.

Je pense d'abord à un piège. Me voilà seule dans la maison de Doug Abrams, avec tous ses codes bancaires. Même pas besoin d'algorithmes. Je m'attends à voir débarquer à tout moment mon agent de probation. Je suis soufflée de cette confiance aveugle. Et je me promets de ne jamais la trahir.

Outre les travaux d'édition, j'aurai pour mission de payer les factures de l'agence et les factures personnelles de Doug, d'organiser les rendez-vous, de faire le lien avec le cabinet comptable et d'assurer l'administration quotidienne de l'agence. Ce que cela recouvre exactement, je ne saurais le dire : Michelle ne m'a accordé que trente-cinq minutes avant de filer pour de bon.

J'ouvre mon ordinateur et commence par me créer une adresse mail au nom de l'agence. Michelle m'a signalé que Doug envisageait de créer une newsletter, je décide de commencer par cela. Je n'y connais rien, mais en quelques recherches sur le Web je trouve une application dédiée, crée un compte et prépare le terrain pour un premier envoi. L'offre d'emploi stipulait cinq à vingt heures de travail hebdomadaires, mais je veux en faire plus. Chaque soir, j'emporte du travail avec moi, sans le dire à Doug. Quand Kaden est couché, je fais des heures supplémentaires clandestines. Doug et moi ne tardons pas à trouver notre rythme de travail, et les cinq à vingt heures se transforment rapidement en vingt-cinq. À 20 dollars de l'heure, c'est une petite fortune. Le week-end, je travaille sur le livre du docteur, en peaufinant la structure et l'argumentaire – un document qui résume le livre et que Doug utilisera pour tenter de vendre le projet à des éditeurs avant que le livre ne soit écrit.

N'ayant pas de bureau attitré, je décide de m'installer dans un grand fauteuil confortable, face à Doug, et de travailler avec mon ordinateur portable sur les genoux. D'une oreille, j'écoute les conversations de Doug avec les auteurs, les éditeurs, ses amis. C'est un homme enthousiaste, intelligent, fourmillant d'idées de livres. Je ne tarde pas à faire connaissance avec sa femme, médecin, et leurs trois enfants, tous très sympathiques. Je les regarde parfois passer dans le jardin, et cela me rend à la fois joyeuse et triste. Leur fils a l'âge de Ty, il invite souvent ses amis et j'aime les entendre jouer ensemble. J'aime leurs rires, leurs joutes, leur désordre, leur énergie.

Doug et moi nous comprenons bien, je rebondis sur ses idées et il me consulte sur à peu près tout : des projets de couvertures, des auteurs potentiels, ses projets en cours ou de futurs livres à imaginer. Nous sommes encore dans cette phase où chacun apprend à connaître l'autre, mais de l'extérieur, on pourrait croire que nous travaillons ensemble depuis des années. Et si sa gentillesse m'a paru presque suspecte au début, je mesure désormais que Doug est un homme sincèrement bon. Le jour où il me qualifie de « brillante », il me semble briller dans ma voiture sur le chemin du retour. Il ne pouvait pas savoir que ce jour marquait ma deuxième année d'abstinence complète ; j'ai envie d'y voir un beau présage pour l'avenir. Ça fait du bien d'avoir l'esprit clair, et de sentir l'énergie qui revient sans le moindre stimulant chimique.

Cinq jours plus tard, je travaille avec le sourire dans mon

fauteuil tandis que Doug est au téléphone avec un auteur, quand soudain je sens l'atmosphère changer. Comme avant un orage, le silence se fait, l'air devient plus lourd et se charge d'électricité. Un mauvais pressentiment. Je lève lentement la tête de mon ordinateur et mes yeux rencontrent ceux de Doug. Ils sont écarquillés, en état de choc.

Pâle comme un linge, il met promptement fin à sa conversation.

— Gary me disait que de nos jours tous les patrons googlisent leurs salariés, dit-il en bégayant presque. Alors j'ai tapé votre nom dans Google…

Soudain je n'arrive plus à respirer.

— Je… je n'avais pas vérifié vos références, ajoute-t-il.

Je ne sais que dire, ni que faire. J'ai envie de courir. De pleurer. Je voudrais me défendre aussi, mais je reste pétrifiée, incapable de réagir.

— J'ai vu que vous avez été condamnée pour usurpation d'identité. Que vous êtes la voisine…

Il ne termine pas sa phrase – même choqué, il reste un homme bienveillant.

Mes joues brûlent, la pièce vacille autour de moi.

— Je suis clean depuis deux ans, dis-je. J'ai commis des erreurs. J'ai fait du mal à des gens. Mais ce n'est pas qui je suis, en vrai. Tout ça est derrière moi.

Je voudrais lui dire que parce qu'il m'a donné sa confiance si spontanément, je ne la trahirai jamais. Que je fais tout ce que je peux pour récupérer à la fois mon fils et mon amour-propre, que ce travail m'y aide grandement et que pour rien au monde je prendrais le risque de le perdre. J'aimerais lui faire comprendre que je ne conduis plus jamais au-dessus de la limite de vitesse autorisée car je ne compte plus jamais enfreindre la moindre loi. Que je ne veux plus rien faire qui puisse nuire à mon fils. Je voudrais dire tout cela à la fois mais ma gorge est sèche et je crains de me mettre à pleurer si je dis un seul mot.

— Je crois qu'il vaudrait mieux que vous ne restiez pas ici

pour l'instant, dit Doug. Il faut que je réfléchisse à tout ça. Que j'appelle vos anciens employeurs, et que j'en parle à ma famille.

Je parviens à me lever. Comme une automate, j'attrape la pochette contenant les papiers de la banque ainsi que les clés du bureau, et les dépose devant lui.

— Revenez demain à 11 heures, et on discutera de tout ça, conclut-il.

— D'accord. Je suis désolée, Doug. Vraiment désolée...

— On en parlera demain.

Je quitte la pièce mortifiée, honteuse, perdue.

À mort Google.

***

À peine rentrée chez moi, j'appelle Cynthia pour tout lui raconter.

— Je suis au courant, me coupe-t-elle. Il m'a déjà appelée. Je lui ai dit que tu avais piloté un budget d'un demi-million de dollars, que tu avais accès à tout et que j'ai pleinement confiance en toi.

— Oh, merci, dis-je. Il t'a paru comment ?

— Pour être honnête, il avait l'air stressé. Il s'en voulait surtout de n'avoir vérifié aucune de tes références avant de t'engager.

— Et s'il l'avait fait, tu lui aurais dit que j'avais fait de la prison ?

— Pas s'il n'avait pas demandé.

— Je crois que je ne peux pas y retourner, dis-je. Je me vois mal le regarder dans les yeux après ça, et je ne veux pas faire tout le chemin pour perdre le boulot de mes rêves une deuxième fois.

— Oh mais si, tu vas y aller, dit Cynthia. Tu as tellement de choses à lui apporter, rappelle-toi bien ça. J'ai l'impression que c'est un type bien. Qu'il va prendre la bonne décision.

Je me lève vers 4 heures du matin, et m'en vais sur le

porche guetter l'arrivée du jour. La perspective de revoir Doug me terrifie, mais l'idée de fuir la confrontation me semble pire encore, et je ne veux rien avoir à regretter. *S'il veut me virer, il me virera*, me dis-je. Mais s'il m'a trouvée *brillante* un jour, alors je dois pouvoir l'être encore.

***

Il est assis à son bureau quand j'arrive à 11 heures. Je m'assois dans mon fauteuil, j'inspire longuement et me mets à parler avant qu'il n'ait dit quoi que ce soit.

— Je suis sincèrement désolée de vous avoir mis dans cette situation, Doug. Mais je voulais vous dire que je suis aussi brillante aujourd'hui que vous pensiez que je l'étais avant de tomber sur cet article. Et je veux aussi que vous sachiez que je ne vous ai pas menti. Si vous m'aviez posé la question, je vous aurais dit que je sortais de prison. Et soyons honnêtes : si je vous l'avais dit avant que vous le demandiez, vous ne m'auriez pas embauchée. Mais je suis vraiment désolée que vous l'ayez appris comme ça.

Ma voix frémit par instants, mais le ton reste ferme.

— Merci, dit Doug d'une voix sombre. J'ai appelé les personnes avec qui vous avez travaillé. J'en ai parlé avec ma famille. Et j'ai passé la matinée entière à réfléchir à ce que tout ça peut signifier, pour vous et pour moi…

Je hoche la tête.

— … et j'ai fini par me dire que je ne peux pas travailler avec Desmond Tutu sans mettre un minimum en pratique ses convictions sur le pardon, la rédemption et l'ubuntu. Donc, disons-le : j'ai envie de vous faire confiance.

— Vraiment ?

— Oui. Et j'ai envie que vous travailliez ici. L'agence a besoin de vous.

Des larmes coulent sur mes joues. Doug me tend un mouchoir.

— Je me suis dit aussi qu'on pourrait peut-être embaucher quelqu'un pour les questions financières ? Vous pourriez vous concentrer sur l'écriture et l'édition.

— Je comprends, dis-je.

Sa proposition me blesse un peu, mais l'essentiel est ailleurs.

Dans la semaine, nous embauchons une femme pour s'occuper des factures, mais je continue de superviser l'ensemble. Quelques semaines plus tard, Doug me redonne le précieux carnet vert, et la nouvelle employée s'en va. Nous ne reparlerons plus jamais de tout ça.

***

J'en suis à plus de cinq mois chez Idea Architects quand nous détectons une fraude sur l'un des comptes bancaires – un achat de vin pour plus de 700 dollars. Nous fermons le compte, la banque rembourse la somme, et Doug ne semble pas trop gêné. Il n'a pas perdu d'argent, c'est l'essentiel.

Mais je ne peux pas laisser passer ça sans rien faire. Je trouve sur Google les coordonnées de l'entreprise dont le nom figurait sur l'empreinte bancaire, et j'appelle. L'employé sur lequel je tombe m'assure qu'il n'a pas le droit de dévoiler le nom de ses clients, mais je parviens à le persuader de me donner l'adresse à laquelle les caisses ont été livrées, dans l'Ohio. Pas de chance : c'est un immeuble. À force de persévérance, je trouve sur le Web une longue liste de noms de personnes qui semblent habiter là. Je rappelle le magasin, tente de convaincre mon contact, mais il s'abrite toujours derrière la loi. Je le comprends.

— Et si je vous donne une liste de noms ? Vous pourriez juste me signaler si l'un d'eux vous semble familier – ça vous va ? Comme ça, vous ne me livrez rien de confidentiel. Je vous en prie, il y a mon boulot en jeu…

Ce n'est pas vrai, certes. Mais j'ai vraiment l'impression que c'est le cas.

J'entame la liste de noms, jusqu'à entendre un raclement de gorge.

— Ce nom-là vous dit quelque chose ?

— Ça ressemble à un nom que j'ai entendu récemment, oui.

Victoire.

— Je vous dirais bien que je vous aime, mais ce serait déplacé, dis-je. Alors : merci !

Trouver un numéro de téléphone fixe associé à ce nom et à cette adresse est un jeu d'enfant. J'appelle sans réfléchir – ce n'est qu'en entendant la tonalité que je prends conscience que je n'ai pas pensé à ce que j'allais pouvoir dire si je trouvais notre fraudeur. Après cinq sonneries, un homme répond.

— Bonjour monsieur. Dites-moi, vous n'auriez pas acheté du vin en avril ? De très bonnes bouteilles ?

L'homme raccroche. Je rappelle aussitôt. Je suis presque surprise quand il décroche.

— Écoutez, dis-je, n'ayez pas peur, je ne suis pas de la police.

— Vous êtes qui, alors ?

— Je voudrais seulement savoir comment vous avez eu le numéro de carte que vous avez utilisé pour cet achat.

Il reste silencieux un long moment puis il finit par lâcher :

— Un type m'a donné les numéros, il m'a dit que ça devrait marcher.

— Est-ce que cet homme vit en Californie ?

— Je ne sais pas. Je ne le connais pas.

Il ment. Je sais qu'il arrive que des employés de restaurant prennent discrètement en photo la carte de crédit d'un client pour l'envoyer à des amis dans un autre État. De la sorte, il est impossible de remonter jusqu'à la source de la fraude.

— Faites attention, dis-je. La police est au courant de l'arnaque. Et comme ça implique plusieurs États, c'est remonté jusqu'au FBI.

J'improvise totalement, et j'avoue que j'y prends plaisir.

— Vous n'utiliserez plus jamais des numéros de carte de crédit qu'un inconnu ou qu'un ami pourra vous confier, c'est entendu ? Ça ira pour cette fois, mais la prochaine fois vous n'échapperez pas à la prison. Et croyez-moi, vous n'avez aucune envie d'aller en prison.

Le type raccroche.

Le lendemain, je raconte à Doug que j'ai fini par trouver le numéro de la personne qui a utilisé sa carte.

— Il faudrait appeler la banque, dit-il.

Quand je les appelle, ils me disent simplement d'appeler la police.

Je décide de ne rien en faire. J'espère avoir suffisamment fait peur à ce type avec mon coup de téléphone. Je tenais à le retrouver pour être lavée de tout soupçon, mais je ne tiens pas à ce qu'il se fasse arrêter. Dieu sait combien d'années il lui faudrait payer pour ces quelques caisses de vin, et je ne souhaite cela à personne.

Ce soir-là, je m'endors satisfaite, fière d'avoir mené l'enquête à moi seule comme si j'étais la CIA et la NSA réunies. Mais ce n'est pas tellement d'avoir résolu cette affaire qui me remplit de joie. C'est la certitude que je ressens que désormais, j'utilise tous mes pouvoirs pour faire le bien.

Chapitre 17

LE MARATHON EN DEUX HEURES

Le travail est devenu ma nouvelle addiction.

J'ai repris les finances et la gestion administrative de l'agence, et après avoir revu avec moi l'argumentaire et quelques premiers chapitres en guise d'appât, Doug parvient à vendre les droits du livre du docteur pour une somme qui dépasse toutes nos espérances. Je deviens la *plume* officielle d'Idea Architects.

Mais quand Doug me propose le projet suivant, je blêmis.

— Tu es fou, dis-je.

— Pas du tout. Tu es la personne idéale pour écrire ce livre. Avec l'auteur, bien sûr.

Il parle du *Livre du pardon*, de Desmond Tutu. Je ne connais strictement rien au pardon. J'en connais un rayon sur l'oubli, ça oui, mais je crains que cela n'intéresse moins les éditeurs.

Je suis en liberté conditionnelle, en pleine procédure de divorce, et tous les gens que je connaissais il y a encore trois ans me détestent. Je suis la dernière personne à pouvoir écrire un livre sur le pardon. Au contraire : j'en veux encore terriblement à DJ d'être sur un chemin d'autodestruction. Il y a quelques semaines, il n'est même pas venu pour l'anniversaire de Kaden. Je n'ai nul pardon en moi en ce moment. Un sentiment de revanche, plutôt – mais la revanche est interdite quand on est encore sous probation.

Par ailleurs, je n'ai encore jamais coécrit de livre. Le docteur avait déjà écrit son histoire : je n'ai fait que la remanier. J'ai réécrit, oui, j'ai inventé quelques passages ici ou là, mais j'avais toujours une matière existante sur laquelle m'appuyer. Écrire un livre entier me semble bien trop ambitieux. Pendant mes études de lettres, j'ai écrit de courtes nouvelles, jamais de roman. Je ne saurais même pas par où commencer.

— Voyons ensemble comment s'articule la philosophie du pardon de Desmond Tutu, propose Doug. On peut commencer par écrire un plan détaillé, ça vous fera une base pour travailler...

Il pourrait aussi bien me demander de parler mandarin. J'ai appris à développer des fictions, mais je ne suis pas du genre à faire des plans. Je n'ai jamais compris comment certains auteurs parviennent à bâtir le plan de leur livre dans leur tête avant même de commencer à écrire. Mais je fais confiance à Doug, et ensemble nous esquissons une trame de livre tandis que je note toutes les questions qu'il nous faudra poser à l'archevêque Tutu et à sa fille Mpho sur ce qu'est ou n'est pas le pardon. Doug a déjà travaillé avec lui auparavant, et ce livre était déjà en projet avant que je n'arrive dans l'agence. Il a déjà les idées claires sur ce que pourrait contenir chaque chapitre – à moi ensuite de mettre tout cela en mots, en puisant dans les discours et sermons existants de Mgr Tutu, en échangeant avec lui et sa fille, et en cherchant avec eux les exemples les plus pertinents pour illustrer chaque idée. La trame générale tient sur une feuille de papier. Au dos, Doug et moi inscrivons les « quatre étapes du pardon » définies par l'auteur et qui donneront sa structure au livre. L'ensemble nous a pris moins d'une heure.

— Il nous reste à ajouter un dernier chapitre, dit Doug alors que je pensais en avoir terminé.

— Quel chapitre ?

— Celui sur le pardon de soi.

Je me rassois dans mon fauteuil et le regarde en grimaçant.

— J'ai dit quelque chose de mal ? demande Doug.

— Je ne connais rien au pardon de soi.

— Bien sûr que si.

Il griffonne rapidement six idées clés pour ce chapitre et me tend la trame comme s'il me transmettait un flambeau.

— Tu peux le faire, crois-moi, dit-il. Je pense que ton expérience en prison fait de toi la personne idéale pour coécrire ce livre.

Dans ma tête défilent des images de Kiki, Daddy, Lonnie ou Cassandra. Doug n'a pas la moindre idée de ce que peut être la vie en prison, et de ce que la prison a pu me faire ou non. Mais je vois bien qu'il veut me mettre en avant, et j'en suis reconnaissante.

Nous mettons en place un calendrier de rencontres par Skype avec l'archevêque Tutu et sa fille Mpho. Avec le décalage horaire, nos discussions doivent avoir lieu en soirée. Après avoir couché Kaden, j'installe mon ordinateur sur la petite table de cuisine, et règle l'angle de la caméra pour qu'on ne voie pas le frigo jaune situé à moins d'un mètre derrière moi. Je prends des notes pendant que l'archevêque parle, même si notre conversation est enregistrée. Nous passons en revue le plan esquissé par Doug, chapitre après chapitre… Et soir après soir, je n'arrive toujours pas à croire que le grand Desmond Tutu est là, chez moi ou presque.

Au collège, j'avais fait un exposé sur l'apartheid en Afrique du Sud, dans la classe de M. Miller. C'était mon professeur préféré, et il m'encourageait à écrire chaque jour. J'écoutais ses cours, cachée derrière mes mèches à la Farrah Fawcett, puis rentrée chez moi j'écrivais une histoire inspirée de ce qu'il nous avait appris. Je me souviens de m'être imaginée en soldate, au Vietnam, refusant le combat. Je me rappelle aussi une longue nouvelle sur fond de génocide arménien. Mais quand M. Miller nous avait enseigné l'apartheid, je m'étais passionnée pour la figure de l'archevêque Tutu. Non seulement j'avais écrit un texte sur lui, mais j'avais aussi préparé un exposé que j'avais présenté devant toute la classe avec la ferme conviction que mon travail allait contribuer au rétablissement de la justice et de l'égalité en Afrique du Sud.

Aujourd'hui, j'enchaîne les Skype avec le grand homme comme si c'était tout à fait banal.

Desmond Tutu est un homme doux, sage et drôle à la fois. Il a la parole généreuse, parfois précieuse, toujours précise, et je prends note de chacune de ses particularités de langage pour les utiliser plus tard. Plus tard, oui, car en vérité je procrastine. Ou disons plutôt : je retarde la phase d'écriture. Le livre ne doit pas être rendu à l'éditeur avant un an. Au lieu de me mettre à écrire, je multiplie les questions à poser à Mgr Tutu, je recherche des histoires de pardon et prends toutes sortes de notes sur le sujet. Quand je finis par m'y atteler, j'ai accumulé tant de matières que les chapitres viennent aisément. Mais la date de rendu approche, et je me retrouve sous pression au moment de rédiger ce fameux dernier chapitre sur le pardon de soi. Doug reste confiant : « Je sais que tu vas y arriver », me dit-il. Mais il parle trop fort au téléphone et je n'arrive pas à me concentrer. Le lendemain, à 10 heures, je décide de m'installer dans un café du quartier pour écrire. Je choisis une table au fond, assez grande pour étaler toutes mes notes et les retranscriptions de nos conversations avec Desmond et Mpho Tutu. La page blanche sur l'écran de mon ordinateur est effrayante, mais je n'ai plus le choix. Quelques paroles d'encouragement, un coup d'œil à l'horloge du café et je décide que je ne quitterai pas cet endroit avant d'avoir terminé le chapitre. Défi.

Je calcule rapidement : il reste douze heures avant la fermeture, et le chapitre devrait faire entre vingt-cinq et trente pages. Si je tiens un rythme de deux à trois pages par heure, c'est jouable. Je repense à ce que dit souvent Doug : « L'angoisse de la page blanche est un mythe. Si tu te sens bloquée, c'est qu'il te manque des informations. » Les informations, je les ai. Je décide de transformer ma journée en jeu : si je parviens à écrire trois pages en moins d'une heure, je m'accorderai une pause sur Facebook ou une partie de Candy Crush. Au pire, me dis-je, j'aurai un mauvais premier jet que Doug pourra m'aider à éditer.

J'écris contre la montre – comme au collège, et comme en prison. Doug avait raison, en un sens : j'étais prête. Ma confiance revient, l'énergie est là. Je ne parviens pas toujours à boucler mes pages en vingt minutes, mais je n'en suis pas loin. J'écris qu'il faut avoir la force de regarder en face le tort qu'on a causé à l'autre ; qu'il faut être prêt à présenter des excuses ; à accepter aussi que l'autre préfère prendre ses distances, même s'il choisit de pardonner. Je ne m'arrête d'écrire que pour reprendre du café, aller aux toilettes ou appeler Cody, qui a accepté de garder Kaden. Je mets le point final au son des chaises que le serveur du café range avant la fermeture. J'ai écrit trente-deux pages. Je ne relis rien et me contente d'envoyer le fichier à Doug, non sans le prévenir qu'il faudra certainement tout revoir. Il est dix heures et quart et je me sens fière : je viens d'écrire un chapitre entier en une journée.

Quand je retourne au bureau trois jours plus tard, Doug m'intercepte au pied de l'escalier.

— Asseyons-nous, propose-t-il en s'installant sur une marche.

Ça ne sent pas bon. Je prends les devants, prudemment :

— Quelque chose ne va pas ?

Doug me regarde, l'air très sérieux.

— Pourquoi devrait-il toujours y avoir un problème ?

— Tu poses la question, vraiment ? On dirait que tu ne me connais pas, dis-je en riant.

Doug rit avec moi, mais je reste crispée.

— J'ai lu le chapitre que tu as écrit, dit-il.

— Ah. Je sais qu'il faut le retravailler, hein. Je…

— C'est vraiment très bon.

— Vraiment ?

— Vraiment. Tu veux savoir l'effet que ça m'a fait ? J'avais l'impression d'assister en direct à un record du monde. Genre, le marathon en moins de deux heures. Tu as écrit un chapitre de trente-deux pages en une seule journée. C'est impossible, normalement. Mais tu l'as fait, et c'est génial.

— Waouh. Merci, j'ai un peu de mal à te croire, là…

— Bon, j'ai coupé ton image de « la roue de hamster du châtiment », ça me semblait un peu exagéré.

— Ah ? dis-je en riant. J'aimais bien, moi, mais je corrigerai.

— Pas la peine. J'ai changé la phrase et j'ai envoyé le tout à Mgr Tutu.

— Oh. Et il a réagi ?

— Il dit que nous sommes un meilleur Desmond Tutu que lui.

Devant mon absence de réaction, il précise :

— Il a adoré, et il m'a chargé de te remercier. Il ne reste plus qu'à l'envoyer à Mpho.

Je suis sonnée et excitée à la fois. Heureuse.

— Tu sais quoi ? dis-je. Je me disais qu'on pourrait tester les exercices de pardon du livre, pour de vrai.

— Et comment on ferait ça ?

— Je pense à un certain groupe de femmes qui ont particulièrement besoin de s'exercer au pardon – et d'abord au pardon de soi.

Doug réfléchit un instant, et acquiesce.

— Ce serait super de voir comment ce qu'on a écrit résonne chez des lectrices, oui. Tu pensais à quel groupe ?

— Au programme Gemma. Proposer un cours sur le pardon aux femmes qui sont en prison, ça a du sens.

— Voilà qui me semble une excellente idée, Lara. Pour elles comme pour toi.

Quand j'en parle à Cynthia, le jour même, elle ne dit pas autre chose.

***

Quand j'entre dans la salle du presbytère, le premier jour, la scène me semble surréaliste. Sandy, qui a été embauchée à ma place après le veto de la Probation, m'accueille avec chaleur. Dans l'assistance, je reconnais une femme qui était avec moi au G, mais je ne me rappelle pas son nom.

— Bonjour, dis-je. Je m'appelle Lara.

— Mama Love ! s'exclame la femme du G.

Je lance un regard circulaire.

— C'était mon surnom, c'est vrai. Et moi aussi, j'ai suivi le programme Gemma.

Ce seul mot me vaut l'attention de toutes.

— Maintenant je travaille pour une agence littéraire, et notamment sur un projet qui s'appellera *Le Livre du pardon*, de l'archevêque Desmond Tutu. Certaines d'entre vous le connaissent peut-être ?

Une seule femme lève la main. C'est la plus âgée du groupe, elle doit avoir la soixantaine.

— Quand est-ce que vous êtes sortie ? demande une autre.

— Il y a presque quatre ans, dis-je. J'ai été la première à sortir grâce au plan de libération anticipée du comté.

Je sais que le plan a été reconduit plusieurs fois, elles savent de quoi je parle. Avant que je puisse continuer, elles m'assaillent de questions. Combien de temps m'a-t-il fallu pour trouver un travail ? Avais-je un toit en sortant de Blaine Street ? Suis-je encore sous probation ?

Je réponds à tout. Et oui, je suis encore sous probation.

— Le gars que vous aidez pour le livre, il est au courant ?

— Mon patron sait tout. L'archevêque Tutu n'est pas au courant – mais comme c'est un expert du pardon, j'imagine que ça ne lui poserait pas de problème.

Je suis certaine que tel est le cas, mais je sais aussi que je ne veux surtout pas que lui ou Mpho l'apprennent. Je ne veux pas que les auteurs avec qui nous travaillons apprennent ma situation. J'ai trop peur de ce qu'ils pourraient penser de moi. J'ai peur que cela diminue ma valeur à leurs yeux.

Je ne m'ouvre pas de ces états d'âme auprès des femmes de Gemma. Je leur parle surtout de Desmond Tutu et de l'apartheid, de la Commission Vérité et Réconciliation qu'il a présidée. Je leur raconte comment les mères sud-africaines ont pardonné aux hommes qui avaient tué leurs fils.

— Dans le livre, nous allons inclure des exercices de pardon, des méditations et des prières écrites par Mpho Tutu. J'aimerais les tester avec vous, pour voir ce qui marche ou pas. Vous me direz ce qui peut vous aider, ça nous servira pour choisir ce qu'on mettra dans le livre…

— Vous voulez dire que si on n'aime pas un exercice, vous n'allez pas le garder ?

— Probablement pas. Ou alors, les auteurs essaieront de les améliorer, peut-être d'en trouver de meilleurs. J'ajoute une chose : au cours des six séances que nous aurons ensemble, nous allons sans doute échanger beaucoup d'histoires de pardon. Certaines de ces histoires seront peut-être utilisées dans le livre – si vous l'acceptez. Et je changerai les noms, bien sûr.

La sexagénaire du groupe lève la main et demande, d'une voix douce :

— Si on préfère que vous ne changiez pas le nom, c'est possible ?

Sa question m'émeut, car je comprends soudain tout ce qu'elle n'ose pas dire.

— Bien sûr, dis-je pour elle et pour les autres. Si vous voulez que votre nom apparaisse dans le livre, je l'y mettrai.

La séance est déjà presque terminée, il me reste tout juste assez de temps pour lire la prière de Mpho Tutu qui pourrait figurer en ouverture : la *Prière avant la prière*.

J'aimerais avoir la volonté de pardonner
Mais je n'ose pas te la demander.

Tu es peut-être prêt à me la donner
Moi, je ne suis pas encore prête.
Je ne suis pas encore prête à apaiser mon cœur.
Je ne suis pas encore prête à me sentir à nouveau vulnérable.
Je ne suis pas encore prête à voir l'humanité dans les yeux de celui qui m'a fait du mal.
Ou à voir que celui qui m'a blessée a peut-être pleuré lui aussi.
Je ne suis pas encore prête pour ce voyage.
Ce chemin ne m'intéresse pas encore.
Je suis la prière avant la prière du pardon.
Donne-moi la volonté d'aller vers le pardon.
Accorde-moi cette volonté – pas encore, mais bientôt.
Saurai-je prononcer ces mots : « Pardonne-moi » ?
Oserai-je seulement le regarder en face ?
Oserai-je voir le tort que j'ai causé ?
Je peux distinguer les morceaux épars de cette chose fragile,
Cette âme qui tente de s'élever, sur les ailes brisées de l'espoir
Mais je ne regarde que du coin de l'œil.
Cette vision me fait peur.
Et si j'ai peur de voir,
Comment n'aurais-je pas peur de dire :
« Pardonne-moi » ?
Y a-t-il un endroit où nous puissions nous rencontrer ?
Toi et moi.
Un endroit au milieu de nulle part, où nous pourrons bouger les lignes,
Où tu auras raison, et où j'aurai raison aussi
Ce lieu où nous aurons tort tous les deux, à la fois bourreaux et victimes.
Pouvons-nous nous rencontrer là ?

Ensemble nous chercherons où commence le chemin,
Ce chemin qui s'achève quand nous pardonnons.

Quand j'achève la prière, plusieurs des femmes sont en larmes. Le moment prend une dimension plus grande encore dans cette pièce exiguë. Je laisse sa place au silence, puis je détends l'atmosphère :

— OK. Si je comprends bien, celle-là on la garde ?

***

Je distribue des carnets aux femmes de Gemma, et une heure par semaine pendant un mois et demi, nous pratiquons les exercices de pardon. Les participantes sont heureuses de contribuer à un projet de livre, et je les comprends : elles sentent que leur avis compte, pour de vrai. Qu'elles sont embarquées dans un projet qui dépasse leurs histoires personnelles. Les exercices sont délicats : il est si difficile parfois de demander pardon. Difficile aussi d'accepter de dire la vérité et d'accepter d'entendre le tort qu'on a causé à autrui. Mais le sujet le plus délicat reste celui du pardon de soi – surtout dans le cadre d'un système carcéral basé sur la seule punition.

Ces femmes sont dures avec elles-mêmes. Elles se sentent coupables, honteuses, frustrées des choix qu'elles ont pu faire, et je leur enjoins de se pardonner pour pouvoir avancer. Je leur raconte ce que l'archevêque Tutu m'a souvent répété : dire la vérité, regarder en face le tort qu'on a causé et demander pardon, même si ce pardon n'est pas accordé – voilà le chemin vers la liberté. La seule façon de ne pas se perdre dans l'aigreur. De ne pas se détester, et de se donner une chance d'aller de l'avant, au-delà des pires de nos fautes. Je leur enseigne ce que je ne suis pas encore capable de pratiquer moi-même. Quatre ans après ma sortie de prison, il m'est encore difficile de ne pas m'abandonner aux sables mouvants de la culpabilité.

Quand le livre paraît, je vais voir les remerciements : Desmond Tutu m'y salue comme « le compagnon littéraire » qui l'a accompagné de version en version – *un génie au cœur d'or qui porte si bien son nom*. Je suis fière de figurer dans ce livre et de pouvoir le montrer à mes fils. Chapitre après chapitre, livre après livre, je construis une sorte d'héritage que je pourrai leur transmettre. Je suis peut-être la voisine de l'enfer pour les magazines, mais je suis aussi la fée qu'on salue dans les remerciements des livres que je contribue à faire exister.

Je suis officiellement *plume*, désormais, et chaque chapitre que je termine me procure un vrai plaisir. Ce n'est pas la même euphorie qu'avec la vicodine ou l'héroïne ; ce n'est plus une peur que je transcende, c'est une confiance que j'exerce, et qui me porte. Je ne sais pas encore que ce sentiment de plénitude m'accompagnera à la fin de chaque chapitre pour les huit années à venir – mais je sais déjà que je n'ai pas fini de lui courir après, comme je courais après la drogue.

***

Un soir, tard, mon téléphone sonne. Le nom de Darcy s'affiche sur l'écran. Je glisse hors du lit et m'enferme dans la salle de bains pour ne pas réveiller Kaden.

— Les garçons vont bien ? je demande avant même de dire allô.

Pour que Darcy m'appelle si tard, c'est forcément qu'il s'est passé quelque chose.

— Euh… Ils vont bien, oui. Salut.

Nous restons toutes deux silencieuses. Avec le temps, une sorte de trêve s'est instaurée entre nous. Nous avons posé pour la photo quand Cody a terminé le lycée. Nous avons dîné ensemble la veille du départ de Dylan qui partait étudier en Corée du Sud. Retrouver des réflexes amicaux avec Bryan a été facile : il est trop distrait de nature pour garder la moindre rancune. Avec Darcy, en revanche, je marche toujours sur des œufs, si bien que je me sens maladroite à chaque fois que nous nous retrouvons ensemble. Je me rappelle cette soirée où je leur ai parlé de mon travail chez Idea Architects. Je leur ai annoncé la nouvelle avec une voix qui ne me ressemblait pas – comme si je venais quémander leur approbation. En me voyant dans leurs yeux, j'avais l'impression d'être en train de mentir. Je m'efforce de me concentrer sur le fait qu'ils ont sauvé Kaden d'un placement chez des inconnus. Mais je n'arrive toujours pas à pardonner pleinement à Darcy pour tout le mal qu'elle a pu me faire quand j'étais au plus bas.

Je l'entends qui prend une profonde inspiration, et je me prépare déjà à affronter une fausse accusation. Je déteste le conflit – surtout à cette heure-ci. Je travaille sur cinq livres en même temps, et j'ai besoin de sommeil.

— Je suis allée voir ma psy aujourd'hui, dit-elle.

Assise sur le rebord de la baignoire, je joue avec le masque et le tuba de Kaden.

— … Elle m'a dit qu'on devrait se voir plus, toi et moi.

— Quoi ??

Elle se met à pleurer.

— Tu es la seule personne à qui je puisse faire confiance à Santa Cruz, dit-elle. Bryan me trompe.

Je ne peux pas dire que la nouvelle me surprend. Mais que Darcy dise me faire confiance ? Je suis sous le choc.

— Je suis désolée, dis-je.

Je garde pour moi le fait que je m'en doutais un peu depuis que j'avais surpris Bryan à envoyer des textos pendant un match de basket de Cody. Je pouvais lire sur son visage ce mélange d'excitation et de mélancolie qui, chez lui, trahit l'infidélité.

— Mais tu as beaucoup d'amis, non ? Pourquoi ta psy a-t-elle parlé de moi ?

— Parce que tu es déjà passée par là. Tu peux me comprendre, tu sais exactement ce que je ressens. Et puis... mes amis sont aussi ceux de Bryan.

Darcy vient de Boston. Ses meilleures amies vivent loin d'ici. Que pourrais-je bien lui dire ?

— Je sais que c'est dur. Mais ça va aller...

Je n'ai rien trouvé de mieux, et les pleurs de Darcy redoublent. Je suis bien mal placée pour jouer les confidentes auprès de la future ex-femme de mon ex-mari, la femme que je soupçonne d'avoir comploté dans mon dos pour me renvoyer en prison.

— Je suis au fond du trou, sanglote-t-elle. Je n'arrive même plus à sortir de mon lit.

Elle se lance dans une litanie de détails sur l'adultère de Bryan, et je choisis de débrancher mon cerveau – après tout, ce n'est pas mon affaire. Je ne suis pas scientifique, mais je suis prête à parier que des recherches concluraient que si votre mari est du genre volage, il y a toutes les chances qu'il finisse par vous tromper. J'ai de la peine pour elle en tant que femme. Je compatis aussi en tant qu'ancienne compagne de Bryan. Je dois avouer qu'une petite part de moi se réjouit bassement de la situation, mais l'heure n'est pas aux mesquineries.

— Essaie de dormir, dis-je. Je t'appellerai ce week-end.

***

Le lendemain, Ty me confirme que Darcy ne quitte plus sa chambre. Le dimanche, je l'appelle. C'est la fête des Mères, et je sais que la journée est toujours difficile pour elle qui n'a pas pu avoir d'enfant. Elle ne répond pas. J'appelle Ty à nouveau : il m'informe que Bryan est sorti, et que Darcy n'a pas bougé de son lit. Je décide de me rendre chez eux.

Je confie Kaden à son demi-frère, monte l'escalier et frappe à la porte de la chambre.

— Entrez, dit une voix faible.

Darcy est assise sur le lit, les yeux rougis. Du coin de l'œil, je note sur la commode des flacons de pilules au milieu de mouchoirs usagés. Elle semble vraiment mal en point.

— Comment ça va ? je demande. Je nous ai pris deux cafés en chemin, tiens. C'est un moka.

— Merci, dit-elle.

— Joyeuse fête des Mères.

Darcy se remet aussitôt à pleurer. Je m'assois près d'elle sur le lit.

— Écoute, dis-je. Je sais que tu dois avoir l'impression que c'est la fin du monde, mais tu ne peux pas rester au lit comme ça. Ty me dit qu'il y a plusieurs jours que tu n'es pas sortie.

— J'arrive même pas à me lever, dit-elle.

Elle a l'air shootée. Je tente discrètement de lire l'étiquette sur les flacons de pilules.

— Il fait beau dehors, viens, on va se promener sur la plage.

Elle me regarde d'un air ahuri. Je suis moi-même surprise par ma proposition. Je pensais lui apporter un café et m'éclipser après cinq minutes. Mais elle a l'air anéantie. Je me suis sentie anéantie, moi aussi, à l'époque, je sais ce que c'est.

— Allez, viens. Il fait un temps magnifique.

Il fait plutôt froid en vérité, mais la situation exige de pieux mensonges. Je me lève.

— Allez, on y va. Juste une petite promenade. Et puis, Kaden est en bas, il tenait à te souhaiter une bonne fête des Mères.

Ça aussi, c'est un mensonge. J'ai dû lui promettre de nouveaux Lego pour qu'il accepte de venir.

Darcy prend la main que je lui tends. Elle trébuche en tentant de se lever, et soudain ma compassion pour elle devient entièrement sincère. Je ne serai pas celle qui enfonce une femme déjà brisée. Je veux me comporter mieux qu'elle ne l'a fait avec moi, pour qu'elle-même un jour se comporte mieux avec moi ou avec d'autres.

Kaden refuse de venir avec nous et nous voilà toutes les deux en route vers la plage. Darcy s'arrête régulièrement – chaque rue ou presque lui rappelle un souvenir avec Bryan : ici ils se sont rencontrés, là ils avaient l'habitude de se promener, là encore ils se sont embrassés. Je l'écoute sans rien dire. Je m'étonne un peu que Bryan lui soit resté si longtemps fidèle, malgré cette amertume que je sentais s'instiller entre eux. Mais je comprends ce qu'elle ressent, et je tâche de la réconforter tandis qu'elle continue de maudire l'injustice du monde et me raconte à nouveau tout ce qu'elle m'avait déjà dit au téléphone.

Arrivées sur la plage, elle cesse de se plaindre, nous poursuivons notre marche en silence et, étrangement, je me sens bien. Il y a des années que je ne me suis pas promenée avec une amie.

— J'ai rencontré quelqu'un, dis-je soudain.

Je reste méfiante à l'idée de me confier à Darcy, mais j'y vois une façon de faire un pas vers une nouvelle relation. Rien de tel qu'un bon commérage pour détourner l'attention. Darcy bondit sur l'occasion :

— Ah bon ? Qui ça ? Raconte !

— Il s'appelle Sam. Il est super, mais il a sept ans de moins que moi, alors je ne sais pas…

— Bryan aussi a sept ans de moins que moi, dit-elle, pensive.

La tristesse revient sur son visage, et je sais comment cela va se terminer.

— J'espère qu'il est gentil, dit-elle avant de fondre à nouveau en pleurs.

— Je l'espère aussi, dis-je en passant mon bras par-dessus son épaule.

Sam a réellement l'air d'un type bien. Chaque matin, il prépare un café qu'il dépose devant ma porte en partant travailler.

Il a deux enfants d'un précédent mariage, et il les adore. Depuis ma rupture avec DJ, j'ai eu des aventures avec deux autres hommes. Le premier se disait en instance de divorce alors qu'il était encore avec sa femme. Le deuxième lui aussi était un menteur ; quand je l'ai quitté, il a menacé de me dénoncer auprès des services de probation. Tous les deux suivaient les mêmes ateliers que moi, aux Narcotiques anonymes. Tous les deux disaient accorder une grande importance à l'honnêteté. Après cela, je m'étais juré que tout ce jeu était fini pour moi. Puis j'ai croisé la route de Sam. Dès le début, j'ai aimé la personne que je voyais dans ses yeux. Il m'adore et j'adore ça, bien sûr, mais cette histoire ne fait que débuter, et je ne lui ai pas encore tout dit de cette vie que j'essaie tant bien que mal de mettre derrière moi pour de bon.

Avant de sortir, j'avais demandé à Ty et Kaden de nous préparer un petit-déjeuner. Quand nous rentrons, Darcy et moi nous installons sur son lit et les garçons nous apportent deux plateaux parfaitement assortis. Je repense à ce jour de fête des Mères où ils m'avaient tous rendu visite à Blaine Street. J'étais si heureuse de passer la journée avec eux. Pas un instant je n'ai pensé que pendant que Bryan et les enfants étaient avec moi, Darcy avait dû passer la journée seule.

Les années ont passé depuis, et nous voilà étrangement réunies. Le chemin du pardon prend parfois des virages inattendus. Ce matin, il ressemble à deux omelettes baveuses et des tartines trop beurrées sur un plateau en bois.

— Ça va aller ? je demande quand les garçons repartent avec les plateaux.

Darcy hoche la tête.

— Tu sais, dit-elle… Je ne l'ai jamais dit à personne ici… Moi aussi, j'ai affronté mes démons…

Je repense à sa colère, à sa perfidie, au plaisir qu'elle semblait prendre à me voir sombrer. Je la revois au tribunal, menant la horde des voisins exaspérés, et soudain tout prend un sens nouveau. Peut-être me détestait-elle pour ces raisons troubles qui font qu'on peut détester les gens qui nous ressemblent plus qu'on ne voudrait l'admettre ?

Ou peut-être ne m'a-t-elle jamais détestée.

***

Sam me rejoint dans la soirée, après que j'ai couché Kaden. Ses enfants sont avec leur mère. Quand j'ouvre la porte, il a encore aux pieds ses bottes de travail, et dans les mains un bouquet de fleurs et des carottes.

Je lui raconte ma matinée avec Darcy. Puis je lui raconte cette fête des Mères à Blaine Street avec mes fils, mon arrestation, la prison, le *Sentinel* et Doug qui découvre le tout sur Google. Sam ne m'interrompt pas une seule fois, puis me sourit.

— Merci de me dire tout ça. Je suis désolé pour tout ce que tu as dû traverser, mais je continue à te trouver formidable. Ton passé ne compte pas.

— Pourquoi ?

— Il n'y a que celle que tu es ici et maintenant qui m'intéresse. Et je peux te promettre une chose : je ne taperai jamais ton nom dans Google. Pas besoin.

Comment ne pas tomber amoureuse d'un type qui refuse de vous googliser ?

***

Quelques semaines plus tard, Darcy, Bryan et moi sommes réunis pour célébrer la fin du lycée de Ty. L'atmosphère est étrange. Au dîner, Darcy force sur le vin et la tension entre elle et Bryan porte une ombre sur la soirée. Je ne peux m'empêcher de lui reprocher de tout ramener à elle au détriment de Ty, et m'excuse aussitôt.

C'est la dernière fois que je vois Darcy avant que Bryan et elle ne se séparent officiellement et qu'elle ne retourne à Boston.

Je lui envoie un message en lui souhaitant le meilleur.

Quant à moi, je ne sais ce que la prochaine fête des Mères me réserve, mais je sais qu'elle sera toujours un jour particulier – que ce soit avec les femmes de Blaine Street, avec Darcy dans son lit… ou avec la femme qui la remplacera comme belle-mère de mes trois grands.

J'ai pardonné à Darcy. J'espère qu'elle me pardonne aussi.

Chapitre 18

INÉPUISABLES JOIES DU VOISINAGE

Idea Architects a bien grandi. L'agence quitte la maison de Doug pour s'installer dans de vrais locaux, de l'autre côté du comté. Je dis au revoir à mon fauteuil : cette fois, j'ai droit à un vrai bureau.

J'ai entamé l'écriture d'un livre avec un neurochirurgien. Tous les vendredis matins, je me lève aux aurores et le rejoins dans la Silicon Valley pour m'entretenir avec lui avant qu'il ne prenne son service. Un matin, je l'accompagne à l'hôpital, j'enfile blouse et gants et entre dans la salle pour l'observer tandis qu'il pratique une opération du cerveau. Pendant les deux mois qu'il nous reste à travailler ensemble, je porterai souvent cette blouse.

J'approche de la fin du livre quand nous décidons d'emménager ensemble avec Sam. Doug a choisi de déménager plus près de nos nouveaux bureaux, et il a proposé de nous louer sa maison. Il n'est pas question de mariage pour autant : Sam semble avoir été vacciné par son divorce. Pour ma part, j'ai déjà été mariée deux fois et ne tiens pas à l'être une troisième. Je ne suis pas Elizabeth Taylor. Je dois admettre toutefois que je n'aurais rien contre le fait que Sam me demande en mariage, et d'expérimenter ce que peut être une vie commune pendant dix, vingt ou trente ans. Mais saurais-je rester mariée si longtemps ? Aucune de mes précédentes unions n'a duré plus de cinq ans. J'ai peut-être quelque chose d'Elizabeth Taylor, finalement.

Je prépare les cartons avec Kaden, nous emballons soigneusement ses Lego, et le jour du déménagement arrive. C'est un grand changement après tant d'années passées dans trente mètres carrés et je suis à la fois excitée et tendue. Le quartier est parfait, et la maison proche de l'école où entreront bientôt Kaden et Chase, le fils de Sam. Les deux garçons n'ont que dix-huit mois d'écart, et depuis deux ans que Sam et moi nous fréquentons, ils s'entendent comme larrons en foire. J'espère que cette complicité perdurera maintenant qu'ils vont faire chambre commune. Je me réjouis que Kaden ait désormais un compagnon, et une maison plus animée que ce petit appartement qu'il devait partager avec moi et mon hypervigilance. La fille de Sam, Dahlia, aura sa chambre à elle. Une dernière chambre a été aménagée pour que Dylan, Cody et Ty puissent venir quand ils le veulent. Il m'aura fallu cinq ans, mais j'ai enfin un toit sous lequel réunir tous mes enfants ! Les trois grands ont tous quitté le lycée, Ty partira bientôt pour l'université après une année de césure passée à voyager, mais nous pourrons partager les vacances scolaires. Je suis enchantée de redevenir une mère de famille. J'aime mettre la table pour le dîner, regarder un film ensemble. Quand je fais la vaisselle ou lessive les sols, je me réjouis d'être en train de le faire ici, et pas à Blaine Street.

Hormis une opération chirurgicale avec un auteur et une nuit blanche de temps en temps pour tenir les délais, il me semble avoir enfin trouvé la petite vie tranquille dont je rêvais depuis mon arrestation. Je n'aimais pas notre vie à Aptos. Aujourd'hui, le calme domestique me va parfaitement. Je sais le prix du confort, de la sécurité et du signe de la main des voisins quand je passe devant chez eux.

***

Nous sommes installés depuis quelques jours quand Ty, Kaden et moi décidons d'aller faire des courses et de rentrer fêter notre nouvelle maison avec un dîner mexicain. Sur le chemin du retour, la voiture sent la friture, les épices et la joie d'être ensemble, quand apparaissent dans mon rétroviseur des lumières clignotantes que je connais trop bien. Du bleu et du rouge.

Je me gare sur le côté dès que je le peux. Je sais que je n'ai rien à me reprocher, mais la frayeur est instinctive. Peu importe ce que dit mon cerveau, mon corps n'oubliera jamais le jour de l'arrestation. Sur le siège passager, Ty ne semble pas préoccupé. À l'arrière, Kaden regarde fixement par la fenêtre.

— T'inquiète, dis-je. Ce n'est rien.

Ty allait retirer sa ceinture de sécurité. Je l'arrête dans son geste.

Nous sommes sur une partie du comté qui dépend du shérif. Je suis soulagée de ne pas reconnaître le policier qui s'avance vers moi. Ce n'est ni l'un de ceux qui m'ont arrêtée, ni l'un des agents qui travaillent à la prison. Je me rappelle que je ne suis qu'une mère de famille qui rentre chez elle avec deux enfants et un tex-mex.

L'agent éclaire la voiture de sa torche. Il observe Kaden, puis Ty, et se plante sans un mot devant ma vitre baissée.

— Bonsoir, dis-je en me demandant toujours pourquoi il m'a arrêtée.

— Vous avez un feu arrière défectueux.

— Oh ! Pardon, je ne savais pas.

— Je peux voir votre permis de conduire et votre assurance ?

Je cherche mon permis dans mon sac et Ty sort la carte d'assurance de la boîte à gants. L'agent dirige à nouveau sa torche vers lui.

— C'est votre fils ?

— Oui.

Ty affiche un sourire de circonstance. Kaden n'a pas dit un mot.

L'agent prend mes papiers et retourne à sa voiture. Un autre que je n'avais pas remarqué se tient juste derrière nous.

— Ce sera juste une amende, dis-je. Rien de grave.

Kaden fixe ses genoux.

— Ça va, poussin ? Il n'y a vraiment pas de quoi s'inquiéter, tu sais.

Je me demande s'il repense à la dernière fois qu'il m'a vue avec des policiers et que je lui ai dit que tout allait bien se passer.

Pendant ce temps, le dîner refroidit.

Il s'est déjà écoulé près d'un quart d'heure et les deux policiers sont debout près de leur véhicule quand arrivent soudain cinq voitures noire et blanche, sirènes hurlantes et gyrophares allumés. Les deux premières se mettent devant nous pour m'empêcher d'avancer, les trois autres nous encerclent par l'arrière. Deux policiers sortent de chaque voiture. Ty commence à s'agiter, Kaden reste mutique.

Le premier policier revient à ma hauteur.

— Vous êtes en conditionnelle. Ce n'est pas un cas de violation mais on a appelé les services de probation.

— Pour un feu arrière cassé ?

La seule raison pour laquelle je suis encore sous probation est que je n'ai pas encore pu rembourser la totalité des indemnités que je dois.

— Nous avons le droit de fouiller votre véhicule, mais nous préférons attendre de joindre votre agent de probation.

— Oh, mais je vous en prie, fouillez.

— Pardon ?

— Vous pouvez fouiller mon véhicule, pas de problème. N'attendons pas que mon agent vous rappelle.

Le policier semble désarçonné. Il s'en va se concerter avec les dix agents qu'il a convoqués pour se pencher sur le cas de mon feu arrière. L'un d'eux finit par revenir vers nous et nous demande de sortir. Ty ouvre la porte à Kaden, et je me retourne pour prendre le sac du tex-mex. Qu'au moins nous puissions manger.

— Ne touchez à rien dans la voiture, madame. Sortez !
Il faut croire que notre dîner doit être fouillé aussi.

Assis sur le rebord du trottoir sous la surveillance de quatre lampes torches, Ty, Kaden et moi assistons à la fouille. Ils ont renversé le contenu de mon sac sur le capot, et trois policiers regardent attentivement sur, sous et entre les sièges. Ils démontent le tableau de bord, inspectent l'intérieur des portières. Entre peur et contrariété, je me fais surtout du souci pour Kaden. Il s'est installé entre mes genoux et a calé sa tête dans mon cou. La nuit est douce mais je le sens qui tremble. Je passe la main dans son dos. Il a 10 ans.

— Ça va aller, Pirate, le rassure Ty en l'appelant par son surnom préféré.

Vingt minutes plus tard, le premier policier me rend mes papiers, ainsi qu'une amende pour le feu arrière.

— Vous savez qu'on aurait pu embarquer le véhicule à la fourrière, pour le feu ?

Il me regarde comme s'il attendait que je le remercie. Je ne lui ferai pas ce plaisir. Je ne ressens que de la colère contre lui et ses collègues, contre tout le système qu'ils représentent et qui me fait bien comprendre qu'il a le pouvoir de bousiller la petite vie que j'ai eu tant de mal à reconstruire, pour une simple ampoule à 5 dollars.

— Votre agent de probation dit que vous pouvez y aller. C'est un sacré casier que vous avez, dites donc.

Il y a bien longtemps que je n'ai pas croisé mon agent de probation. Je n'ai plus à pointer là-bas, je me contente d'actualiser mon dossier en ligne une fois par mois. J'en avais presque oublié que je suis susceptible de retourner en prison à n'importe quel moment. Plus tôt dans l'année, j'avais envisagé l'enseignement à domicile pour Kaden, mais j'ai appris que je n'en avais pas le droit en raison de mon casier judiciaire. Je viens d'écrire un livre pour deux professeurs de Stanford mais non, je ne peux pas faire l'école à mon fils.

Après le départ des policiers, nous remettons tout en ordre aussi vite que possible. Six voitures de police, les sirènes, les gyrophares : je ne peux m'empêcher de penser que tout cela était intentionnellement exagéré. Une démonstration de force. Avais-je donc l'air si dangereuse au volant de ma voiture, avec deux enfants et un sac de courses ? Aucune violation de probation en cinq ans : les deux policiers l'ont bien vu quand ils ont vérifié mon dossier. Ça ne les a pas empêchés d'agir comme si j'étais en train de m'enfuir après avoir braqué une banque.

Quand enfin nous approchons de la maison, je regarde Ty puis Kaden dans le rétroviseur.

— On se commande une pizza, ça vous va ?

***

Quand je raconte à Sam ce qui s'est passé, il s'énerve contre la police. Voilà plusieurs fois que je lui parle de la peur avec laquelle je vis au quotidien, la peur des forces de l'ordre mais surtout celle que les gens découvrent mon passé, et je vois bien qu'il ne saisit pas tout. « On s'en fout, non ? » dit-il souvent. Il n'a jamais été arrêté, il n'a jamais fait la une du journal local, il n'a jamais connu la prison, la menace d'une violation de probation. Il ne peut pas comprendre la terreur qui couve sous le bonheur retrouvé.

Cette nuit-là, je n'arrive pas à dormir. À 2 heures du matin, je me relève et vais faire un tour sur ma boîte mail. Un message de Doug m'attend : nos voisins immédiats se sont plaints qu'il m'ait loué sa maison sans leur en parler au préalable. Il s'avère qu'un ami d'un autre voisin, un certain Bobby que j'ai rencontré aux NA, a cru bon de parler de moi – et maintenant tout le monde est au courant que la *voisine de l'enfer* vient d'emménager près de chez eux. *Parlons-en demain matin*, m'écrit Doug. *Je leur ai déjà dit que je serai dispo pour en discuter samedi matin.*

Quand Sam se lève, à 5 heures, il me trouve assise à la table de la cuisine.

— Qu'est-ce qui se passe ? demande-t-il.

— Bobby a cafté. Il a parlé de mon passé à un de nos voisins, qui a parlé à un voisin… Et maintenant Zack et Karen sont fâchés, et ils veulent en parler avec Doug et nous.

Je termine ma phrase et des larmes montent. J'aurais mieux fait de rester dans mon petit appartement avec Kaden.

— On n'a pas à se justifier auprès de qui que ce soit, assure Sam.

— Doug veut qu'on discute tous ensemble.

— Il n'en est pas question. Les voisins, on les emmerde. Non mais quoi : ça doit faire cinq ans que tu viens ici presque tous les jours pour travailler avec Doug ? Ça ne leur a jamais posé de problème, à ce que je sache.

— … Jusqu'à ce que Bobby s'assure qu'ils soient bien au courant.

— J'emmerde Bobby aussi. Surtout lui : tout ce que vous racontez dans vos ateliers, ce n'est pas censé rester anonyme ? S'il y a quelqu'un qui a enfreint une règle, ici, c'est lui.

Je hausse les épaules.

— Tu voudras bien venir avec moi pour voir Zack et Karen avec Doug, samedi matin ?

Sam réfléchit un instant, puis il me dit que non. Je suis soulagée, en un sens. Il ne sera pas le témoin de mon humiliation.

— Je ne suis pas d'accord avec l'idée même de cette réunion, dit-il, et je n'ai aucune envie de leur donner ce plaisir. Tu n'as pas à te défendre de ton passé. Et puis de toute façon, je travaille samedi.

Je comprends sa position. Pour Sam, le passé est le passé, il n'a pas de prise sur notre présent ou notre futur. En un sens, j'admire ce détachement – Eckhart Tolle lui-même approuverait. Mais je me sens bien seule au moment d'affronter un nouvel obstacle.

La perspective de cette réunion me rend nerveuse. Le samedi, Doug me rejoint plein de cette énergie positive qui me réconforte toujours. Zack et Karen ont préparé un plateau de fruits, et nous nous retrouvons, tous un peu mal à l'aise, autour de leur table de cuisine.

— Lisa et Will ne viendront pas, finalement, disent-ils.

Ce sont pourtant eux qui avaient lancé la rumeur.

— Will n'est pas d'accord. Il dit que vous pouvez vivre où vous voulez et que ce n'est pas notre affaire. On est assez d'accord sur le premier point, mais on pense que oui, c'est notre affaire à tous. Doug, tu aurais dû nous en parler avant de louer la maison.

Doug leur sourit et répond d'une voix douce.

— Je ne voyais pas pourquoi vous en parler puisque vous connaissez Lara depuis des années. En vrai, ça ne m'a même pas traversé l'esprit. J'ai toujours eu confiance en Lara – chez moi, et dans le travail. Je vais vous dire : embaucher Lara, c'est la meilleure décision que j'ai prise de ma vie – après mon mariage, bien sûr.

Mes yeux se mouillent en l'entendant. Zack et Karen semblent se rendre à ses arguments, mais ils veulent tout de même entendre mon histoire.

Je commence par leur dire que mes soucis sont derrière moi depuis plusieurs années déjà, mais je m'arrête après trois phrases. Je ne sais que dire et je me sens épuisée. Une petite voix me murmure que Sam avait raison : je n'ai pas à me justifier. Je ne devrais pas avoir à me justifier. Doug intervient à ma place. C'est lui qui évoque ma condamnation pour usurpation d'identité et mon séjour en prison, avant de conclure en rappelant qu'il s'agit d'une époque révolue.

— Mais avec mon boulot, vous pouvez comprendre que cela n'est pas neutre, dit Zack.

Je ne sais pas quel métier exerce Zack, Doug semble l'avoir oublié aussi.

— … Je suis dans la cybersécurité, explique mon nouveau voisin. Lutter contre l'usurpation d'identité, c'est une grosse partie de mon travail.

Faudrait-il que je précise que je n'ai aucune intention d'usurper son identité ? Je suis bien trop occupée à écrire des livres que d'autres que moi signeront.

— Vous avez ma parole, il n'y aura aucun problème, conclut Doug. Lara est la voisine idéale.

Karen et Zack ne semblent pas entièrement convaincus mais ils laissent le dernier mot à Doug, comme s'ils m'accordaient avec magnanimité la permission d'habiter à côté de chez eux. Quand nous nous levons pour partir, ils insistent sur leur attachement à la justice sociale et à la solidarité. Je préfère ne pas relever. Je n'ai qu'une envie : retourner me coucher et pleurer un bon coup.

Le lendemain matin, Doug m'envoie un message :

Comment vas-tu, avec vingt-quatre heures de recul ? J'espère que tu penses comme moi que cette entrevue s'est bien passée. J'espère que tu te sentiras bien ici. Je suis persuadé que ce genre d'expérience nous fait progresser, et que la sincérité des échanges d'hier ne peut que renforcer les liens qui nous unissent tous.

Je lui réponds par un smiley. Mais en accompagnant Kaden à l'école le lundi matin, notre nouveau quartier me semble déjà moins riant et moins prometteur que la semaine précédente.

***

Peu après cet épisode, Sam et moi passons la soirée dehors dans le jardin, profitant d'un samedi soir sans les enfants. Dylan, Cody et Ty ont embarqué Kaden pour un *road trip* d'une semaine dans l'Oregon. C'est une belle nuit d'été, et je me sens comblée – un sentiment qui ne m'est pas naturel mais que je tente d'apprivoiser.

Sam commence une phrase, puis s'arrête. Il semble soudain tendu, et mon naturel inquiet reprend vite le dessus.

— Quelque chose ne va pas ? je demande.

— Non, non.

Il reste en suspens, et l'espace d'un instant je crois comprendre ce qui se passe : serait-il en train d'essayer de rompre avec moi ? Immédiatement mon sang se glace, et je suis surprise de la puissance avec laquelle je refuse cette situation. En une seconde, je viens de mesurer combien j'aime cet homme.

— Veux-tu m'épouser, Lara ?

— Tu… tu veux m'épouser ? Tu veux qu'on se marie ?

— Oui.

— Mais pourquoi ? Tu disais que tu ne voudrais jamais te remarier…

— Oui, mais je voudrais me marier avec toi, parce que je t'aime.

Son visage s'éclaire à ces mots et il se met à rire :

— Maintenant, est-ce que tu veux bien répondre à ma question, s'il te plaît ?

— Oui. Je veux dire : moi aussi je veux me marier avec toi… Donc oui – la réponse est oui !

Sam lance un grand cri dans la nuit, je saute de mon siège et me précipite dans ses bras. Nous nous embrassons, nous crions de joie ensemble, fort. Je me moque bien de ce que pourront penser les voisins. Je me moque aussi de tous mes échecs précédents en amour. Tout ce que je sais, c'est que j'aime Sam, et que Sam m'aime. Qu'il est bon de se sentir choisie.

Nous fixons une date pour le mois de juin suivant et passons l'automne et l'hiver à préparer une grande fête. Mais en mars, soudain, je me mets à douter – non pas de notre amour, mais de l'événement. Un soir, avant de nous coucher, je lui confie que je n'arrive plus à *voir* notre mariage.

— Que veux-tu dire ? demande Sam, inquiet.

— C'est que… On passe tellement de temps à préparer la

cérémonie, depuis des mois, et je me connais : si je ne *vois* pas un événement, il finit par ne pas se produire.

Sam demeure silencieux.

— ... Et je n'en peux plus du mot *faire-part*. Si quelqu'un me parle encore de *faire-part*, je crois que je vais péter un plomb.

— Mais, heu... Tu veux quand même te marier avec moi ?

— Bien sûr.

— Et si on s'enfuyait ? Si on filait se marier, là maintenant ?

Les préparatifs sont déjà bien entamés, des gens nous aident depuis des mois, et je sais que les parents de Sam seraient dévastés. Et puis, je tiens absolument à ce que les garçons soient là. S'enfuir serait tentant. Mais ça semble impossible.

Sam, lui, s'est déjà redressé sur le lit :

— Allez, on fait ça. Après-demain. On s'offre un grand week-end, rien que tous les deux. On pourra faire une fête pour la famille plus tard.

C'est une idée folle, mais je sens l'énergie qui revient, et je commence déjà à imaginer ce qu'on pourrait faire. Planifier un mariage en vingt-quatre heures me semble bien plus simple que de le faire en un an.

Filer en douce se révélera impossible. Trente-deux personnes – dont Dylan, Cody, Ty et les parents de Sam – décident de laisser tomber leurs plans pour s'enfuir avec nous. C'est insensé, c'est chaotique, c'est drôle. C'est parfait.

La nuit qui suit la cérémonie, Sam et moi contemplons les lumières de Reno, Nevada, depuis la fenêtre de notre chambre d'hôtel.

— J'espère que tu te rends compte qu'on vient de vivre un truc vraiment spécial, dis-je.

— Bien sûr que je m'en rends compte. Je vous aime, madame Lara Love Hardin.

— Je voulais dire : c'est la première fois que je me marie sans être enceinte. C'est un moment important, dans une vie de femme.

Sam me regarde sans répondre un instant, puis nous rions tous les deux.

Commencer un mariage par un éclat de rire, voilà qui me semble un beau présage.

Chapitre 19

LE DALAÏ-LAMA NE M'AIME PAS

Doug a vendu sa maison, et Sam et moi en avons trouvé une autre à louer non loin de l'appartement où nous habitions avec Kaden. Il n'a pas été facile de trouver un endroit qui compte assez de chambres pour les enfants, qui accepte la présence d'un chien et dont le propriétaire n'est pas regardant sur les antécédents judiciaires.

Le temps d'emménager, et je dois déjà partir. Depuis plusieurs mois déjà, alors que l'agence continue de grandir, je travaille avec Doug sur un nouveau projet – sans doute le plus extraordinaire des voyages d'affaires que l'on puisse imaginer. *Le Livre de la joie* sera un livre d'entretiens entre deux grands hommes : l'archevêque Desmond Tutu et Sa Sainteté le Dalaï-lama, qui va fêter son quatre-vingtième anniversaire.

Nous sommes quelques-uns de l'équipe à faire le voyage en Inde, à Dharamsala, et personne à part Doug ne connaît mon passé. Aucun de nos auteurs non plus, et je compte bien garder le secret encore longtemps. Je ne peux m'empêcher de penser que si cette histoire venait à refaire surface, cela ne pourrait que nuire à la réputation de l'agence, et torpiller nos affaires. Est-ce que j'exagère ? Peut-être. Je n'ai aucune envie de le vérifier.

Je sais que je ne pourrais m'empêcher de me sentir honteuse, et surtout, je ne veux pas que cette histoire vienne biaiser le jugement que les gens portent sur moi. Suis-je intelligente, ou brillante *pour quelqu'un qui sort de prison* ? Suis-je une bonne écrivaine, ou une plume exceptionnelle *pour une ancienne héroïnomane* ? Par ailleurs, puisque j'ai la responsabilité des finances de l'agence, je ne veux pas que mon intégrité soit remise en question. Alors je garde le secret, pour le bien de l'agence, et pour moi-même.

Deux des livres que j'ai coécrits ont eu les honneurs de la liste des best-sellers du *New York Times*. Je suis l'arme secrète d'Idea Architects, et je cache mon passé comme jadis je cachais mon addiction aux opiacés. Mais vivre dans le secret, c'est aussi se condamner à l'isolement. Comment pourrais-je me faire de nouveaux amis si je fuis les conversations qui dépassent les platitudes d'usage, de peur d'avoir à mentir, fût-ce par omission, sur les trous béants de ma biographie ? Je crains le jugement des autres car je suis moi-même constamment en train de me juger. Et je sais que cela, en soi, me cause déjà du tort.

Avant de partir pour l'Inde, je travaillais sur un livre dans lequel les auteurs, se basant sur des recherches récentes, expliquent que plus une femme a d'amies, plus elle a de chances de vivre longtemps en bonne santé. J'en ai déduit que j'étais probablement condamnée à une mort précoce et douloureuse si je ne changeais rien à ma vie sociale. Mais la peur me retient encore. Alors je tente d'épurer mon karma, et de prouver que je suis du côté du bien parce que je fais du bon travail. Je ne me soucie guère d'être jugée dans un autre monde, cela dit. Seul celui-ci m'importe.

N'ayant pas terminé de rembourser mes dettes, je suis encore et toujours sous probation. J'ai fait ma demande de passeport et de visa sans savoir si elle serait acceptée. Ma première demande de visa pour l'Inde est rejetée. J'avais entré « écrivaine » sur le formulaire. J'ai retenté ma chance en me présentant comme « secrétaire », et me voici maintenant avec un visa. Je n'ai pas le loisir de m'appesantir sur la signification de cet épisode, car préparer le voyage d'une équipe entière chez le Dalaï-lama occupe tout mon temps. Je suis un peu tendue, mais de plus en plus excitée par cette nouvelle aventure. À quelques jours du départ, je prends mon courage à deux mains et contacte Kate, une vieille amie de mon époque de mère célibataire, que je sais bouddhiste et fervente admiratrice du Dalaï-lama. Elle m'invite pour le thé et m'enseigne les comportements à adopter là-bas avec les moines.

— Comme tu es une femme, ils ne te serreront pas la main et ne te toucheront pas, m'explique-t-elle.

J'avoue que cela me donne une furieuse envie de leur serrer la main pour les introduire au XXIe siècle.

— Ne fais pas ça, s'il te plaît, supplie Kate, qui poursuit, très sérieuse : Sa Sainteté voit tout. Il peut te connaître instantanément en regardant droit dans ton âme. Écoute bien quand il te parlera. Il te dira exactement ce que tu as le plus besoin d'entendre.

Je n'aime pas beaucoup l'idée d'un octogénaire fouillant dans mon âme comme une fille qui fouillerait dans les tiroirs de son petit copain en son absence. J'ai surtout peur de ce qu'il pourrait y voir. Je ne voudrais pas qu'il grille ma couverture.

— Tu as vraiment une chance exceptionnelle de faire ce voyage, tu sais ? insiste Kate. Normalement, il faut beaucoup de mérite pour se voir offrir une telle opportunité.

— C'est mon travail, dis-je avec modestie. Mais je sais bien que c'est exceptionnel !

— Hmm…

Kate me regarde encore avec un brin de suspicion, comme si j'avais commis une sorte de fraude au mérite. Mais elle me raconte l'Inde avec passion, et partage quelques-unes de ses aventures, à Dharamsala et ailleurs. Son travail d'éducatrice est basé sur la vision de l'enfance du Dalaï-lama. Elle-même a des enfants de l'âge de Dylan et Cody ; ils ont fréquenté ensemble une école maternelle bouddhiste. À l'époque, nous formions un groupe de mères très soudé, mais je ne l'ai pas revue depuis. Je lui suis infiniment reconnaissante de m'accorder tout ce temps et de partager son savoir avec moi.

Notre thé est bu depuis longtemps quand elle m'annonce qu'elle attend certaines des femmes de notre ancien groupe pour une soirée de jeux. J'adore les jeux de société, et la perspective de revoir ces anciennes amies me remplit de joie. Je réalise à cet instant à quel point les amies sont précieuses. À quel point ce groupe-là en particulier me manque, tout comme me manquent les assemblées de femmes en général – je crois que c'est la seule chose que je puisse regretter de tous ces mois de prison.

— Elles ne vont pas tarder à arriver, dit Kate.

Je hoche la tête avec enthousiasme.

Elle se lève et débarrasse la table.

— Du coup, il faudrait peut-être que tu y ailles maintenant. Je suis désolée, je n'avais pas vu qu'il était si tard.

— Oh ! Oui, bien sûr.

Mon sourire s'est mué en rougissement, et je me sens maladroite en la saluant.

— Ah, et je voulais te demander..., dit-elle alors que je vais franchir la porte.

— Oui ?

— Ce n'est pas toi qui as volé les chèques de voyage de Pali ?

Pali est sa fille, une ancienne camarade de Dylan.

— N... Non, je bégaie.

— OK. Tant mieux, dit-elle.

***

Au cours des jours qui précèdent le voyage, je m'interroge sur mon mérite (un autre nom pour le karma, apprends-je) et me demande ce que le Dalaï-lama pourra bien voir dans mon âme. Dans mes rêveries, parfois, j'imagine qu'en me voyant pour la première fois il reconnaîtra immédiatement quelqu'un de spécial. En bien ou en mal, selon mon humeur – mon imaginaire est très flexible.

Encore faudrait-il que je puisse le rencontrer. Dans l'avion, tandis que mon collègue Andrew profite pleinement du champagne de la classe affaires, je ne pense qu'à une chose : que va-t-il se passer quand je montrerai mon passeport à l'arrivée ? J'imagine une lumière rouge qui s'allume, une alarme qui se déclenche, des policiers qui débarquent. J'ai obtenu la permission des services de probation pour quitter les États-Unis, mais j'ignore ce que feront les autorités indiennes si elles découvrent que je suis encore sous probation.

Andrew ne sait pas qu'il voyage à côté d'une femme en liberté conditionnelle. Si je le lui disais maintenant, le champagne aidant, il s'en ficherait sans doute. Mais je garde tout pour moi et l'angoisse monte à mesure que nous progressons au-dessus de l'océan Pacifique.

Un flash d'excitation me traverse tout de même au moment de descendre vers Hong Kong. Même si je devais me faire refouler en Inde, me dis-je, je suis maintenant cette femme qui s'apprête à prendre une correspondance à Hong Kong – j'ai l'impression de le faire au nom de toutes les filles du bloc G.

Nous devons rencontrer une équipe de tournage à New Delhi avant de filer à Dharamsala pour préparer le plateau où s'installeront l'archevêque Tutu et le Dalaï-lama. Doug conduira les entretiens avec Thupten Jinpa, le traducteur historique de Sa Sainteté, et tout sera filmé. J'ai préparé toutes les questions en amont avec Doug – l'objectif étant de recueillir suffisamment de matières pour le livre, et peut-être pour un film. Je suis censée revoir les questions chaque jour avec Doug, mais mon rôle sur place sera essentiellement logistique : repérer les lieux avec l'équipe de tournage, gérer les hébergements, m'assurer que tout se passe conformément au programme établi – et parer aux imprévus. Doug appelle cela « management de crise ».

Jusqu'ici, la seule crise que nous ayons à affronter se passe intégralement dans ma tête.

Andrew et moi descendons de l'avion à Hong Kong, et deux agents de la compagnie aérienne nous attendent avec des panneaux portant nos noms. Prise de panique, je fais demi-tour pour remonter dans l'avion.

— Madame Love ?

Je me retourne lentement. C'est bien moi.

— Votre avion a du retard et vous avez manqué votre correspondance pour New Delhi. Nous avons dû reprogrammer votre voyage : vous prendrez un vol pour Bangalore, où vous passerez les contrôles d'immigration, puis vous prendrez un vol intérieur pour New Delhi. Si vous voulez bien me suivre…

Andrew ronfle durant le vol pour Bangalore tandis que je me demande à quoi ressemblent les prisons indiennes. À notre arrivée, les contrôles d'immigration semblent rapides. Quand vient mon tour, ma gorge est soudain sèche. Un officier en uniforme me demande l'objet de mon séjour. « C'est… pour le travail », dis-je. Il a noté mon trouble, je le vois. Mais il hausse les épaules et tamponne mon passeport.

***

Enfin arrive le grand jour. Celui de la rencontre avec le Dalaï-lama. Je me suis préparée mentalement, en remplissant mon esprit de pensées positives pour éviter que le maître spirituel n'ait accès aux recoins les plus sombres de mon passé. Nous sommes plusieurs à lui être présentés aujourd'hui, et tandis que mon tour approche je m'imagine seule avec lui, le monde disparaissant autour de nous. Je suis prête pour ce moment historique où les yeux du Dalaï-lama vont plonger dans les miens, et où mon âme sera nue. Que me dira-t-il ? Mon cœur bat de plus en plus vite.

Il se déplace lentement, et le voici face à moi.

Il me regarde rapidement, hoche légèrement la tête.

Et c'est tout.

Le soir, je rejoins Doug et l'archevêque Tutu pour dîner. L'homme à qui j'avais consacré un exposé au collège est assis à côté de moi, à partager de succulents raviolis tibétains. Entre deux *momos*, il me remercie du travail effectué sur *Le Livre du pardon*, et sans nous prévenir, Doug nous prend en photo.

Sur cette image, Desmond Tutu et moi nous regardons dans les yeux en riant à propos de je ne sais plus quoi. Doug me l'a envoyée par SMS à notre retour à l'hôtel, et je la regarde pendant un long moment, incapable de trouver le sommeil. Et soudain, je sais ce que j'ai vu sur cette photo : j'ai vu cette fille heureuse et rayonnante que j'ai toujours rêvé d'être. Sauf que cette fois, je ne joue pas un rôle. Sur mon visage, la joie est bien réelle.

***

Le dialogue entre les deux hommes démarre au quart de tour. Le matin du deuxième jour, le Dalaï-lama nous invite à méditer avec lui dans sa résidence. C'est un honneur immense que d'être assise non loin de lui dans ce lieu sacré. En méditant avec lui, j'ai l'impression de léviter.

Que dis-tu de ça, Eckhart Tolle ?

À un moment, mes yeux se détachent de l'autel et rencontrent ceux de Doug. Il me sourit. Il sait combien mon chemin a été long et tortueux pour arriver jusqu'ici. Je lui rends son sourire avec émotion. Je me sens envahie par une immense gratitude – pour Doug, pour Mgr Tutu, pour le Dalaï-lama et pour cette vie étrange qui m'a menée du Massachusetts à ce sanctuaire en passant par le bloc G. Je n'ai pas triché pour être là. Je n'ai rien usurpé. On m'a invitée. On m'a accueillie.

Et si c'était cela, mon *mérite* à moi ?

J'en suis encore à méditer sur cette idée quand l'archevêque Tutu propose à notre petite assemblée de prier avec lui. Il célèbre l'eucharistie, et j'accepte l'hostie qu'il me propose.

Quand il se penche vers moi pour murmurer une bénédiction, je baisse les yeux et repense aux moments où j'ai prié en prison. Je me revois sur le sol en ciment de la cellule du premier soir, quand je demandais de l'aide. Je me revois avec l'aumônière, priant pour me libérer de la drogue et trouver ma voie.

Et tandis que l'hostie fond lentement sur ma langue, ma prière cette fois tient en un seul mot.

Merci.

***

Je n'en vais pas moins passer la semaine en étant persuadée que l'homme le plus empathique du monde ne m'apprécie pas. Le Dalaï-lama ne manque jamais d'un petit mot ou d'une attention envers les membres de notre équipe. Mais pour moi, rien. De deux choses l'une, me dis-je : soit il ne m'aime pas, soit c'est une leçon qu'il veut me donner. Une vieille part de moi se dit qu'il me déteste, bien sûr – on ne se débarrasse pas si facilement de quatre décennies de complexes variés. Mais la nouvelle Lara, celle qui grandit peu à peu avec les livres qu'elle écrit et les difficultés qu'elle surmonte, voit les choses autrement. Après tout, je ne suis qu'une parmi sept milliards d'êtres humains. Qui commet des erreurs, comme tout le monde. Qui progresse, tombe et se relève, encore et encore.

Le soir, je me promène entre les temples, je regarde les singes qui bavardent dans les arbres, et peu à peu la leçon m'apparaît. Je comprends qu'il est plus simple pour moi de penser que le Dalaï-lama ne m'aime pas que d'admettre qu'au fond de moi, même en ce lieu fantastique entourée de personnes exceptionnelles, je ne suis pas encore sûre de m'aimer moi-même.

Cette semaine va me changer – à force de promenades solitaires, mais surtout en observant Desmond Tutu et le Dalaï-lama dialoguer ensemble, tantôt plaisantant en se demandant lequel des deux est le plus saint, tantôt s'affligeant sur la douleur profonde de l'expérience humaine. Jour après jour, leurs échanges me font mieux voir ce qui compte le plus au monde, et la façon dont je veux mener ma vie à l'avenir. Je veux me mettre au service des autres, accepter mes imperfections tout en cherchant à m'améliorer, exercer mon empathie, et pardonner. Vivre dans la gratitude. En rentrant chaque soir, je repense à leurs paroles, et mesure combien leur sagesse semble être exactement ce que j'avais besoin d'entendre.

Ces deux saints hommes entrevoient la possibilité de la joie même dans les pires moments. Je veux suivre leur exemple. Ils s'écoutent l'un l'autre avec une immense attention, et se prennent parfois la main lorsque quelqu'un dans l'assistance leur raconte une histoire douloureuse. Le Dalaï-lama s'intéresse moins à la caméra qu'aux personnes qui le filment, et il est curieux de tout : les cheveux roux de la photographe, les tatouages du preneur de son, la barbe du cameraman… « À choisir, je préférerais l'enfer plutôt que le paradis, dit-il un jour à l'archevêque Tutu. Il y a plus de gens à aider en enfer. » C'était dit sur le ton de la plaisanterie, mais en l'entendant je me suis mise à pleurer.

Nos matinées de travail sont entrecoupées d'une pause que le Dalaï-lama et Desmond Tutu partagent avec nous. Le thé n'est pas exceptionnel, mais ce moment tout simple me fait lui aussi l'effet d'une leçon. Bien qu'ayant porté sur leurs épaules le destin de leur pays pendant des années, les deux hommes dégagent une légèreté qui fait terriblement envie. Ils m'apprennent à ne pas me prendre trop au sérieux. Et quand Sa Sainteté rappelle que nous sommes tous égaux et que nul n'est meilleur ou pire qu'un autre, il me semble qu'il s'adresse directement à moi.

Chaque soir, après ma promenade dans les temples de Dharamsala, je rentre dans ma chambre d'hôtel et note tout ce que j'ai vu et entendu dans la journée, les émotions qui m'ont traversée – et chaque soir s'affine l'image de la femme que je voudrais devenir.

Le dernier jour, nous terminons la session par une photo souvenir. Chaque membre de l'équipe reçoit une écharpe de félicité tibétaine appelée *khata*, et Miranda la photographe nous fait tous poser individuellement avec les deux grands hommes. Quand arrive mon tour, je me sens rougir d'être là entre eux deux. Le Dalaï-lama prend ma main dans la sienne. Sa peau est plus douce encore que celle d'un bébé. Nos regards se croisent, et soudain il fait signe à Miranda de ne pas prendre la photo. Aussitôt je pense : *OK, c'est donc maintenant.* L'heure du grand moment. Il a lu dans mon âme, et le verdict est imminent. Je retiens ma respiration en attendant la suite. Alors le Dalaï-lama passe sa main dans mes cheveux, il dénoue légèrement mon écharpe… et libère le badge de sécurité qui s'y était accroché. Il me recoiffe, sourit à la photographe et Miranda déclenche son appareil. Je sais déjà que je regarderai cette photo encore et encore, quand le monde autour de moi remettra en cause mon mérite. Quand *je* douterai de mériter quoi que ce soit. Mais en cet instant, entre ces deux guides spirituels, je me moque bien de ce que le monde pense de moi. Je suis là, debout dans la lumière sacrée d'un temple bouddhiste, au service d'une cause qui dépasse de loin mes petits défauts et mes insécurités. Loin, très loin des erreurs de mon passé.

Mes mains encore serrées dans celles de ces deux hommes, je leur dis à tous deux : « Merci. Vous avez changé ma vie. » Je m'en vais pour quitter la pièce quand le Dalaï-lama me rattrape et prend à nouveau ma main. Lentement, très lentement, il se penche en avant et pose son front contre le mien. Je ferme les yeux et nous restons ainsi en silence pour quelques secondes, une éternité.

Chapitre 20

TANT DE VIES

Doug passe les mois suivants à écrire *Le Livre de la joie* d'après nos entretiens de Dharamsala. De mon côté, je rédige un petit guide sur les huit grandes questions à se poser à deux avant de se marier. Et je me rends compte que je n'avais abordé aucun de ces sujets avant chacun de mes mariages.

J'écris aussi pour une grande figure de la Silicon Valley un traité sur le *Design de vie* qui, hasard du calendrier, sort le même jour que *Le Livre de la joie*. Les deux livres se retrouvent ensemble sur la liste des best-sellers du *New York Times*, et j'en conçois une immense fierté. Toutes ces nuits blanches à écrire trouvent soudain leur sens.

Chaque succès dans le monde de l'édition représente pour moi une sorte d'assurance-vie – un pécule de confiance que je peux mobiliser pour compenser tout ce qui, par ailleurs, ne va pas pour le mieux.

L'argent, par exemple. Les livres à succès m'assurent de quoi vivre, plus que je ne l'aurais espéré en sortant de prison, mais ils ne garnissent pas encore assez mon compte en banque pour que je puisse enfin solder le remboursement de toutes mes indemnités judiciaires, et ces intérêts n'en finissent pas d'augmenter.

Deux ans après la fin théorique de ma peine, je me retrouve

donc encore sous probation – et cette situation devient insupportable. Voilà pourquoi je me retrouve un matin de nouveau au tribunal, tandis qu'Elizabeth tente de plaider ma cause : qu'on me laisse donc payer mes dettes sans la menace de retourner en prison au moindre défaut de paiement ! Qu'on retire l'épée de Damoclès suspendue au-dessus de ma tête !

Elizabeth brandit devant le juge la liste des best-sellers du *New York Times*, où *Design de vie* est désormais numéro un. N'est-ce pas une preuve que ma situation professionnelle est désormais solide ? La société ne peut-elle pas me faire confiance pour honorer mes dettes ?

Le juge ne semble guère impressionné. Il nous demande de sortir pendant qu'il délibère, et ces quelques heures dans les couloirs du tribunal sont atroces. Je sens remonter en moi de vieux relents de culpabilité. Comme si je pouvais sentir le goût amer de la prison dans ma bouche – un goût de métal rouillé, de portes fermées et d'isolement. Avant d'être arrêtée, la liberté n'était pour moi qu'un concept vague mais aisément reconnaissable, comme le vent. Maintenant que je l'ai perdue, je comprends très concrètement le privilège qu'est la liberté. Tant que je resterai sous probation, je ne serai pas libre.

Le juge me donne finalement le choix entre deux options. Soit je demeure en liberté conditionnelle jusqu'à ce que les indemnités soient intégralement réglées, soit je m'acquitte de mes dettes auprès d'une agence de recouvrement du comté – mais alors, insiste le juge, ma note de crédit sera réduite à zéro. Comme si je me déclarais en faillite personnelle – sept ans au moins sans pouvoir emprunter 1 dollar, sept ans à devoir tout payer *cash*.

Il était écrit qu'on ne me laisserait pas sortir du système de probation sans une punition supplémentaire.

Il n'est jamais facile de choisir entre deux mauvaises options, mais je finis par opter pour la deuxième solution. Plutôt vivre avec une note de crédit abyssale que de vivre sous la menace de la prison. Le système de probation aura transformé ma peine d'un an en une peine de sept ans – à laquelle il faut maintenant ajouter sept ans sans crédit. Mais je préfère encore dormir en paix.

Il est ironique de penser que la probation se voulait au départ une véritable alternative à la privation de liberté. Au milieu du XIXe siècle, un commerçant de Boston avait convaincu un juge de lui confier un homme reconnu coupable d'ivresse plutôt que de l'envoyer en prison : il se portait garant de ce que le prévenu se comporterait mieux à l'avenir. La pratique s'est développée, et au début du XXe siècle l'État de New York l'a érigée en système. La probation était vue alors comme « un châtiment sans disgrâce, efficace sans pour autant provoquer amertume, ressentiment ou démoralisation ».

Disgrâce, amertume, ressentiment et démoralisation : voilà bien le quotidien des personnes sous probation, aujourd'hui, aux États-Unis.

Et si j'ai eu tant de mal à me sortir de ce monde d'exigences contradictoires et d'absurdités bureaucratiques, moi qui suis blanche et diplômée, que dire de toutes celles qui n'ont pas ces privilèges, et qui, souvent, n'ont personne pour les aider ? Tard le soir, parfois, je vais faire un tour sur le site du tribunal du comté. Ainsi je peux savoir quand Kiki retourne sous les verrous – pareil pour Vivian, Nina ou la fille-araignée. Les seules que je ne vois jamais retourner dans la maison d'arrêt sont celles qui ont été envoyées en prison purger une peine plus longue. Alors, régulièrement, je leur envoie quelques cadeaux *via* la cantine – barres chocolatées, griffes d'ours ou ramens. Je sais que je devrais employer cet argent à payer mes indemnités, mais c'est une autre dette que j'acquitte ici. Ces filles m'ont sauvé la vie, elles m'ont entourée de leur amitié au moment où j'en avais le plus besoin. Je leur dois tant.

Desmond Tutu, le Dalaï-lama et tous les auteurs avec qui je travaille me rassurent chaque jour sur ma valeur. Mais ces filles-là l'ont fait tout autant, au bloc G. La différence, c'est qu'avec elles, je pouvais tout dire. Aujourd'hui, un livre que j'ai coécrit se retrouve numéro un des ventes mais j'ai l'impression de vivre sous couverture, et tous ces efforts pour cacher mon passé finissent par peser lourd. Si lourd qu'il y a quelques jours, j'ai décidé que j'en avais assez.

Pas assez au point de vouloir révéler tous mes secrets, non. Mais assez pour avoir envie de tout envoyer balader. Mon plan est simple : travailler, travailler encore et gagner assez d'argent pour pouvoir tout rembourser et m'envoler loin d'ici. Je veux vivre à Hawaï, à quatre mille kilomètres de Santa Cruz où j'ai passé les vingt-cinq dernières années de ma vie, mais où je ne me sens plus vraiment chez moi.

Je finis par m'ouvrir de ce projet à Doug :

— Kaden aura son bac en 2023. D'ici là, je veux économiser assez d'argent pour aller vivre à Hawaï. Je pourrai travailler à distance.

— C'est vraiment ce que tu veux ?

— Oui. Là-bas je pourrai avoir une maison assez grande pour accueillir les garçons s'ils veulent venir – et leurs enfants aussi quand ils en auront.

Je pense aussi : *Et quand je ne serai plus là, j'aurai quelque chose à leur léguer*, mais de cela je ne parle pas à Doug.

— J'en ai marre de fuir. Je veux avoir un but. J'ai l'impression de courir comme un canard sans tête, je veux courir vers un objectif. Et cet objectif, c'est Hawaï.

— OK, dit Doug. Si je résume, tu veux t'enfuir en courant à Hawaï ?

— Voilà ! dis-je en éclatant de rire. Un jour je courrai jusqu'à Honolulu.

Doug reprend son sérieux :

— Si c'est ton but, alors je te soutiendrai. Je t'assure un job à vie, si tu veux. J'ai envie qu'on travaille ensemble jusqu'à nos 100 ans. Toi et moi, on est le beurre et la confiture. Lennon et McCartney.

— À la vie à la mort.

Depuis quelques années, je m'amuse à initier Doug aux rudiments du langage de la rue. Il me répond avec un signe de la paix renversé comme je lui ai appris à faire, l'index et le majeur écartés horizontalement, et il me fait rire à nouveau.

À chaque livre que j'écris, je vis une autre vie, dans la peau de quelqu'un d'autre. Cette liberté, j'aimerais l'avoir dans ma vie à moi. Me réinventer autant que je veux. À Hawaï, cela devrait être possible. À condition de ne pas m'écrouler d'ici sous le poids de mes secrets.

***

— Lara, est-ce que tu accepterais de parler de ton passé à Bryan ? me demande Doug un matin autour de la table du petit-déjeuner d'un hôtel de Montgomery, Alabama.

Je m'étrangle avec mes œufs brouillés et avale un verre d'eau pour tout faire passer. Doug ne parle pas de mon ex-mari, mais de Bryan Stevenson, un des auteurs avec qui nous venons de signer un contrat, et qui se trouve assis juste en face de moi.

Ne jamais parler de mon passé à nos auteurs, c'est la règle numéro un de notre duo. Mais cette fois, Doug a raison, les choses sont un peu différentes. Bryan Stevenson est un avocat pas comme les autres. C'est un véritable activiste, investi dans un combat : celui d'une justice égale pour tous. Doug et moi avons voyagé jusqu'en Alabama, où se trouvent les bureaux de son ONG, Equal Justice Initiative. Pour le voir lui, mais surtout pour rencontrer pour la première fois l'homme dont Bryan Stevenson s'est fait gracieusement l'avocat et dont Idea Architects pourrait bien écrire l'histoire : Anthony Ray Hinton. L'Amérique entière connaît le nom de cet homme, condamné à mort pour un crime qu'il n'a pas commis et qui vient de passer trente ans dans une prison de l'Alabama, libéré grâce à quinze ans d'un rude combat judiciaire. Depuis un mois que ce rendez-vous a été pris, à l'initiative de Bryan Stevenson, je rêve de devenir la coautrice de ce livre.

Je retrouve mes esprits et respire profondément. L'air de Montgomery est humide, lourd d'un long passé d'esclavage et de lutte pour les droits civiques. Je n'étais absolument pas prête, mais je comprends que Doug a raison, alors timidement je raconte la prison, la honte, et mon engagement auprès des détenues en réinsertion.

Bryan sait tout de ma collaboration avec Doug et des livres que j'ai écrits, mais il ne savait rien de toutes ces vies passées. Il m'écoute sans juger, en complète empathie. Il me regarde avec douceur, et conclut en disant qu'il est très heureux de pouvoir mettre Ray Hinton, son client, entre les mains d'une coautrice qui a vécu le système judiciaire de l'intérieur.

Et de fait, lorsque je rencontre Ray quelques minutes plus tard, l'entente entre nous est immédiate. Ray Hinton n'accorde pas sa confiance facilement, mais il accepte de s'ouvrir à moi parce que je sais ce que c'est que d'avoir été enfermée. Lui était innocent, et j'étais coupable. Le bloc G et Blaine Street ne sont rien comparés à trente années passées dans le couloir de la mort. Mais ce vécu commun de la captivité transcende nos différences.

— Combien de temps tu as tiré ? demande-t-il alors que nous marchons en ville derrière Doug et Bryan.

— Seulement un an en maison d'arrêt, dis-je, et il comprend aussitôt que je mesure le gouffre qui sépare nos deux expériences.

— Je suis content que tu comprennes, dit-il.

— J'imagine que tu ne t'attendais pas à ce qu'une femme blanche quadragénaire puisse t'aider à écrire ton histoire…

Ray éclate d'un rire doux.

— Tu peux le dire, oui ! Mais ça me fait plaisir que ce soit toi.

***

Ma mère meurt une semaine après mon retour de Montgomery. Depuis deux ans, elle était atteinte d'une démence sévère – la démence à corps de Lewy. Je l'avais installée à Santa Cruz pour prendre soin d'elle à la fois financièrement et physiquement. Elle était redevenue comme une enfant, elle que j'avais connue si intelligente, distante, triste et vaniteuse. Depuis deux ans, j'ai mis de côté toutes les rancœurs passées – je tenais à être présente pour elle comme elle ne l'avait jamais été pour moi. M'occuper d'elle comme une mère.

Ray me console à distance – lui dont la mère est décédée alors qu'il était en prison. Je lui confie que je n'arrive pas à mettre de mots sur mon deuil et que je repense sans cesse à ses derniers jours en me demandant si j'ai bien agi avec elle. Il me suggère d'écrire sur le sujet.

— Je l'ai fait, dis-je. J'ai écrit un peu chaque nuit, quand elle était mourante.

— Tu veux me lire ce que tu as écrit ?

L'idée me gêne. Ce ne sont que des phrases jetées sur le papier, pour tenter de trouver un peu de sens dans une épreuve terrible. Et puis, je m'en veux un peu. Il faudrait que je travaille sur le synopsis du livre de Ray avant que Doug le propose aux éditeurs, mais la mort de ma mère occupe tout mon esprit. Nous n'avions jamais été proches, elle et moi, mais ma perte est inconsolable. Ray insiste ; il m'assure que cela m'aidera à aller mieux. Alors je lui lis ce que j'ai écrit cette dernière semaine.

Il reste silencieux pendant près d'une minute une fois que j'en ai terminé.

— Tu étais là pour elle, dit-il finalement. Dans le couloir de la mort, tu sais, on meurt seul. En prison, tu meurs seul. Et tu ne peux pas être avec les gens que tu aimes quand ils sont mourants. Toi, tu as été là. Tu n'étais pas derrière les barreaux. Tu as pris soin d'elle pendant ses derniers instants. Tu peux te réjouir de ça.

Il a raison. Et ce n'est qu'une des nombreuses leçons que je recevrai de lui sur la gratitude et la liberté.

« Je vais marcher chaque jour, juste parce que je le peux », dit-il.

« Je mange toujours le dessert d'abord. Hors de question de n'avoir plus faim quand arrive quelque chose de sucré qui me fait envie. »

« Je sors parfois sous la pluie parce que tu ne sais jamais quand tu n'auras plus la liberté de sentir l'eau sur ta peau. Désormais, je me fiche complètement du temps qu'il fait. »

Je note tout ce qu'il peut me dire, et dans la semaine qui suit l'enterrement de ma mère, j'écris trois chapitres entiers et l'argumentaire complet du livre. Plusieurs éditeurs se montrent intéressés, et Doug les réunit à New York pour rencontrer Ray, parler du livre et faire jouer les enchères. Restée sur la côte Ouest, j'attends le verdict avec anxiété – et le résultat est au-dessus de toutes nos espérances. Jamais Idea Architects n'avait obtenu un tel contrat pour un livre.

À son retour, Doug me fait écouter une partie des échanges qu'il a enregistrés à New York. Certains éditeurs ont émis d'excellentes suggestions quant à la structure du livre, mais je suis surtout attentive à la fin de chaque entretien, quand vient le moment d'évoquer la personne qui aidera Ray à écrire.

— Vous savez à quel point il est difficile de trouver une plume expérimentée qui a déjà fait de la prison ? demande Doug à chacun de ses interlocuteurs après leur avoir parlé de moi.

— Je ne savais pas, pour Lara ! s'exclame une éditrice. C'est formidable...

Voilà donc mon plus grand secret révélé, et ma honte suprême transformée en argument commercial. Ça change tout.

Le titre du livre est fixé : il s'appellera *Dehors, le soleil brille*. Ray et moi y travaillons tout au long de l'année qui suit. Page après page, nos douleurs se fondent l'une dans l'autre, et nous devenons très proches. Il me fait confiance et me raconte toute son histoire. Et je lui raconte la mienne sans réserve.

Semaine après semaine, Ray me donne des leçons d'espoir, de gratitude, de foi et d'amitié, et je mets dans ce livre tout ce que je gardais en moi depuis si longtemps. Écrire ce que Ray pouvait ressentir dans le couloir de la mort me fait toucher du doigt la solitude qui me minait en prison. Parfois, les réminiscences sont si intenses que je me retrouve à pleurer seule dans mon bureau, allongée sur le sol. Je ne sais même plus si je pleure pour moi ou pour Ray, mais au fond peu importe. D'autres jours, je me sens portée par l'âme si généreuse de Ray, et les mots viennent aisément. Cet innocent qui vient de passer trente années en prison m'en apprend autant sur le pardon que Desmond Tutu. Tous les deux ont souffert mais ces souffrances les ont fait grandir au lieu de les remplir d'aigreur.

— Je pardonne parce que j'ai choisi de ne plus donner à l'État d'Alabama la moindre seconde de ma vie, dit Ray.

Je tente de m'inspirer de sa sagesse et d'adopter son point de vue sur le monde. C'est en pensant à Ray que je décide d'évoquer mon passé auprès d'une autrice dont je m'apprête à écrire le livre un peu plus tard. Et non, elle ne s'enfuit pas en courant.

J'avance ainsi à petits pas, en fendant mon armure. Je livre une partie de mes secrets, et marque une pause en guettant les réactions. Quand l'univers ne s'écroule pas autour de moi, je respire un bon coup et pense au pas suivant.

Pour mon anniversaire, je m'offre un pas de géant. J'avais toujours eu envie de faire du théâtre d'improvisation, mais je n'avais jamais osé. Pour une introvertie comme moi, l'idée de me retrouver sur une scène est terrifiante. Mais j'aime tout autant faire rire les gens, alors pourquoi pas ? Cette fois, je décide de dépasser ma peur. Un samedi matin, je me pointe dans un cours ouvert à tous. Il y a là des gens de tous les âges et de tous les horizons. Je tremble au moment de me lancer, mais je finis par m'amuser. Il y a si longtemps que je n'avais pas eu l'occasion de jouer, de faire des choses idiotes, de vivre simplement le moment présent sans peser soigneusement chaque mot… La petite troupe de marginaux et d'artistes en tous genres m'accueille avec chaleur, et m'invite à déjeuner avec eux après le cours. Depuis ce jour, tous les samedis matins, j'oublie le travail, mes peurs et mon hypervigilance, et je me retrouve sur une scène à raconter des absurdités et à rire pendant deux heures. J'ai trouvé ma nouvelle tribu, et personne ici ne connaît mon passé.

De fil en aiguille, le plaisir de monter sur scène me mène à un cours de stand-up. Et quand pour la première fois je me produis devant un public, la petite troupe d'improvisateurs vient me soutenir.

Seule sur une minuscule estrade, je me lance.

— Vous avez déjà été en prison ? Non ? Eh bien, moi…

En cinq minutes, j'enchaîne les anecdotes : comment j'ai cumulé trente-deux chefs d'inculpation, comment on gagne un surnom en prison, et comment on se retrouve un jour à côté d'une folle aux cheveux longs qui menace de vous poignarder avec une sucette taillée en épée.

— C'est vrai ? demande la troupe quand je descends de scène après ma routine. Les trente-deux condamnations, la prison, tout ça ?

Je leur réponds du tac au tac, comme nous avons appris à le faire en cours d'impro.

— Je n'étais pas en prison, non. On appelle ça une « maison d'arrêt ».

Je n'ai pas le temps de m'inquiéter des réactions que mon amie Eileen dit : « Cool ! » Les autres lui emboîtent le pas, impressionnés, puis nous allons manger tous ensemble en parlant de tout et de rien, et ma définition de la liberté s'élargit encore.

Je réalise que j'ai toujours cru vouloir être aimée, alors que tout était bien plus simple. Je n'avais pas besoin d'être aimée, j'avais besoin d'être *acceptée*. Pour toutes les versions de Lara qui cohabitent. Pour toutes ces vies comme un grand huit.

***

Les heures passées sur scène avec ma nouvelle tribu se passent si bien que lorsque le Rotary Club me demande de venir un soir parler de mon travail, j'accepte volontiers. La personne qui m'a contactée n'a fait aucune mention de mon passé, et je suis enthousiaste à l'idée de parler d'écriture, de l'agence et de l'impact que peuvent avoir nos livres. Idea Architects a bien grandi, ces dernières années. Doug a embauché d'autres agents pour travailler avec lui. De mon côté, j'ai recruté et formé une équipe de plumes. En ajoutant les assistants, nous sommes aujourd'hui une petite trentaine. Ty travaille avec nous à plein temps, et Cody crée parfois des vidéos pour présenter nos livres : mon succès est aussi le leur, et j'en suis fière.

Les affaires marchent si bien que je travaille souvent le week-end. Ce samedi après-midi, j'ai dû me rendre au bureau et suis en train de chercher un contrat sur l'ordinateur de Doug quand j'aperçois cet e-mail de une@victimedelaralove.com.

Je l'ouvre, et je lis.

HONTE À VOUS D'AVOIR DONNÉ DES RESPONSABILITÉS FINANCIÈRES À CETTE PERSONNE MALFAISANTE ! LE TRIBUNAL LUI A INTERDIT D'OCCUPER DE TELLES FONCTIONS, ET VOUS ÊTES TOUS LES DEUX EN INFRACTION. JE VAIS EN RÉFÉRER AU PROCUREUR ET AUX TRIBUNAUX.

L'auteur de e-mail a ajouté un lien vers l'article du *Sentinel*, au cas où Doug ignorerait tout de mon passé.

L'attaque de panique est immédiate. Je ne contrôle plus ma respiration, le bureau semble bouger autour de moi. Je voudrais m'enfuir, courir, mais je ne sens plus mes jambes. *Je vais retourner en prison, et Doug va tomber avec moi.* Je n'arrive plus à penser à rien d'autre.

J'appelle Doug, je voudrais lui raconter mais ma voix déraille et je n'arrive pas à être claire.

— Quelqu'un a envoyé… Sur ton mail… La prison… Menace.

— Lara, respire ! Tu es blessée ? Il s'est passé quelque chose ? Les enfants, ça va ? Sam ?

— Ça va. Mais tu as reçu… Un mail. Anonyme.

— Calme-toi. Tu es où, là ?

Je pleure sans pouvoir m'arrêter et je sens la peur dans la voix de Doug, mais je l'entends comme si j'étais plongée dans l'eau. Tout semble distant et étouffé.

— Je… Au bureau.

— OK, dit Doug. Tu ne bouges pas, j'arrive.

Je parviens à me calmer un peu et m'allonge sur un canapé, sous la bibliothèque où est rangé chacun des livres que nous avons écrits ces dernières années. *Aucun de ces livres n'aura donc rien changé.*

Doug ouvre la porte d'entrée comme s'il s'apprêtait à livrer une bataille. En le voyant si serviable, je me remets à pleurer.

— Je suis désolée, dis-je. Tellement désolée…

— Tu n'as à t'excuser de rien du tout, Lara. Tu ne vas pas aller en prison, et moi non plus.

J'entends ce qu'il dit, et je sais qu'il a raison, lui toujours si rationnel. Mais je ne peux m'empêcher de penser que ma crainte est devenue réalité : ma réputation est en train d'entacher la sienne, et je ne le supporte pas. Cet homme n'a jamais enfreint une seule loi, il n'a jamais consommé le moindre produit interdit, il n'a jamais été autre chose que gentil et prévenant – et maintenant on menace de l'envoyer en prison.

— Allons faire un tour, dit-il.

Je le suis comme une zombie, et nous marchons un moment en nous éloignant du centre de Santa Cruz. Je ne cesse de regarder par-dessus mon épaule, guettant l'arrivée d'une voiture de police.

Quand Doug s'arrête devant la banque qui gère le compte

d'Idea Architects, je ne pose pas de question. Il a abandonné ses projets du samedi pour me soutenir pendant une crise, s'il veut en profiter pour régler une affaire à la banque, après tout, pourquoi pas ?

Quelques minutes plus tard, nous nous retrouvons dans le bureau de Gustavo, notre chargé de clientèle. Doug le salue avec chaleur.

— J'aimerais que Lara puisse avoir la signature sur l'ensemble de nos comptes, dit-il.

Gustavo se tourne vers moi. Je dois avoir l'air pitoyable en cet instant. Je lui souris faiblement. Je viens de comprendre que c'était le meilleur moyen que Doug ait pu trouver pour me témoigner sa confiance.

— Je voulais le faire depuis longtemps, dit-il quand Gustavo s'éclipse un instant, et puis je n'ai jamais trouvé un moment où nous étions libres tous les deux. Aujourd'hui, c'est parfait.

Gustavo revient avec des papiers, et je les signe.

De retour au bureau, Doug s'assure que je vais bien avant de s'en aller. « Tu n'as pas à t'inquiéter, me dit-il. La personne qui a envoyé ce mail est un lâche. Si des gens se soucient vraiment de te voir gérer les finances de l'agence, ils peuvent venir m'en parler directement. »

Je sais qu'il a raison, et je me sens déjà un peu ridicule d'avoir pu penser un instant que nous pourrions aller tous les deux en prison. Quand il referme la porte derrière lui, j'appelle Eileen. En plus d'être devenue une vraie amie, elle a travaillé pour une agence de renseignements. Je lui parle du message anonyme, elle s'empare de l'affaire et en hackeuse, elle tente de trouver d'où vient le mail. Elle parvient à le relier à une adresse physique – je regarde aussitôt : c'est une zone d'activité avec des dizaines d'entreprises. Sans attendre, je prends ma voiture pour m'y rendre. Une agence graphique, un cabinet comptable, une entreprise de fournitures pour bateaux… Je passe en revue chaque entreprise en regardant sur Google le nom de ses dirigeants. Y trouverai-je le nom d'un ancien voisin ? D'une connaissance ? Mais aucune de ces entreprises ne me dit quoi que ce soit, et aucun dirigeant ou employé ne semble familier.

J'essaie de comprendre ce qui pourrait bien avoir motivé ce mail, sept ans après mes débuts chez Idea Architects et neuf ans après mon arrestation. Et soudain, j'y pense : et si cela avait un lien avec le Rotary ? Je vais voir sur leur site, et je vois qu'ils viennent de mettre en ligne l'annonce de la soirée au cours de laquelle je dois intervenir. Après sept ans à vivre sous les radars, je viens de relâcher la garde et le résultat est immédiat. L'auteur du message est certainement membre du Rotary Club. Alors j'appelle celle qui m'avait contactée pour le Rotary, et la prie de m'excuser. « Il y a eu du nouveau, dis-je, je ne pourrai pas m'exprimer devant vos membres. »

J'ai beau savoir qu'en toute logique rien ne peut me renvoyer en prison maintenant que je ne suis plus sous probation, l'effet de cet e-mail n'en est pas moins réel. Sans cesse je serai renvoyée à mon passé, et à la haine de toute une communauté. Pour deux pas en avant, il y aura toujours un pas en arrière – à moins que ce ne soit l'inverse ?

La grande différence, c'est que désormais je ne suis plus seule. Bryan Stevenson et Ray Hinton sont avec moi. Et Doug. Et Eileen. Sam et les enfants, bien sûr, et tous mes amis du théâtre. Autant de gens qui m'aiment et qui me font confiance – voilà qui devrait me suffire pour me sentir enfin en sécurité.

Chapitre 21

LE VRAI POUVOIR

Je ne sais pas combien de conversations imaginaires j'ai pu avoir avec Oprah Winfrey. Plus jeune, je la suivais tous les après-midis à la télévision. Je riais avec elle, je pleurais avec elle, et entre deux émissions, je m'imaginais volontiers assise sur son canapé, répondant à ses questions. « Alors, Lara, dites-moi, comment en êtes-vous arrivée là ? » Je m'échappais avec les livres. Je m'échappais aussi avec Oprah. Je l'incluais parfois dans mes prières quand j'invoquais Eckhart Tolle, au bloc G, car je sais qu'ils sont proches.

Et maintenant j'ai mon nom sur une couverture. Je suis, très officiellement, la coautrice du livre de Ray. Mais c'est lui que libraires et journalistes veulent voir, bien sûr.

Ce soir-là, je suis venue le voir au Book Passage, une des librairies les plus dynamiques de la baie de San Francisco. Et je ne suis pas seule. Il y a quelques mois, j'ai intégré le club de lecture de ces vieilles amies que je n'avais pas pu voir chez Kate à la veille de mon départ pour l'Inde. Elles ont lu *Le Livre de la joie*, et elles m'ont invitée. Je leur ai donné les épreuves de *Oui, le soleil brille* – ces exemplaires normalement destinés aux journalistes et aux libraires avant la parution d'un livre –, et elles ont adoré.

Le libraire les a repérées dès leur entrée.

— Vous n'êtes pas supposées avoir ces exemplaires, leur a-t-il dit.

Je suis intervenue avec mon plus grand sourire, en lui montrant mon nom sur la couverture.

— Je leur ai donné mes exemplaires, mais n'ayez pas peur : elles vont bien acheter le livre ce soir pour se le faire dédicacer !

Dylan et Eileen sont là aussi : c'est un grand soir, et Ray est plus qu'à la hauteur de l'événement. Il raconte son histoire avec tant de cœur qu'après une demi-heure, il n'y a plus un œil de sec dans toute la librairie.

Il passe plus d'une heure à signer, et nous avons à peine le temps d'échanger tous les deux avant qu'il ne soit exfiltré par son éditeur : sa tournée des libraires continue dès le lendemain, dans une autre ville.

Le lendemain matin, je suis au bureau quand il m'appelle sur mon portable.

— Hellooooo ! dis-je. C'était tellement bien, hier soir…

Il me coupe dans mon élan en chuchotant :

— Lara !

— Oh ! Mince. Je t'entends à peine, tout va bien ?

Il s'éclaircit la gorge.

— Je me suis caché dans les toilettes de l'hôtel pour t'appeler. Ils sont en train d'installer le plateau pour une interview à côté, donc je ne peux pas parler trop fort…

Mon inquiétude grandit.

— Qu'est-ce qui se passe ?

— *Elle* m'a appelé, Lara.

— Qui ça, elle ?

— Oprah. Oprah Winfrey vient de m'appeler. Au début, je ne l'ai pas cru, mais c'était bien elle.

— Tu plaisantes ?

Je n'ose encore y croire. Ray est volontiers facétieux, il pourrait très bien être en train de me jouer un tour.

— Elle a sélectionné le livre, Lara. Notre *Soleil* va passer dans son Book Club ! Je suis censé ne le dire à personne, mais évidemment je te le dis à toi, c'est notre livre à tous les deux. Mais vraiment, s'il te plaît, n'en parle à personne.

— Même pas à Doug ?

— Pas encore. Elle a insisté : *personne.*

J'ai envie de dire « Oh mon Dieu » ou « Putain de bordel de merde » mais Ray est un homme de foi qui fait toujours attention à son langage, alors je me contente de crier.

— Je suis tellement contente pour toi, Ray ! Des centaines de milliers de gens vont lire ton histoire, maintenant. C'est dingue !

— Il faut que j'aille répondre à cette interview, on s'appelle ce soir, d'accord ?

J'ai envie de rire, de pleurer, de hurler. Jamais encore Oprah Winfrey n'avait sélectionné de livre de notre agence. Et voilà qu'elle choisit celui sur lequel mon nom apparaît pour la première fois en couverture, aux côtés d'un homme qui est devenu un de mes amis les plus chers, un homme qui a subi plus d'injustices que quiconque que je connaisse. Je voudrais danser dans la rue et crier la nouvelle au monde entier, mais je ne peux pas.

Je reste ainsi pendant trois heures, incapable de me concentrer sur quoi que ce soit. J'aimerais tellement pouvoir appeler Doug – en tant qu'ami et en tant qu'associé. C'est l'agent de Ray, après tout, il devrait être au courant. Mais j'ai donné ma parole. Qu'il est difficile de n'avoir personne avec qui célébrer une telle nouvelle ! J'allais craquer et appeler Doug quand une salve d'e-mails arrive en provenance de l'éditeur du livre. Oprah a officiellement inscrit le livre au programme de son Book Club mensuel – mais nous allons devoir signer des accords de confidentialité afin de garder le secret encore pour plusieurs semaines.

Aussitôt, j'appelle Doug.

— Tu as regardé tes mails ?

— Non, dit-il. Pourquoi ?

— Regarde et rappelle-moi.

En raccrochant, je me rends compte qu'il doit s'imaginer une nouvelle lettre anonyme, alors je lui envoie rapidement un SMS : *C'EST UNE BONNE NOUVELLE.*

Il me rappelle quelques secondes plus tard, et nous hurlons de concert dans le micro de nos téléphones. J'informe Ray que Doug et Bryan sont au courant, mais je n'en parlerai à personne d'autre. L'éditeur vient de nous expliquer que le délai avant l'annonce officielle pourrait dépasser un mois – le temps qu'il faudra pour acheter plusieurs tonnes de papier et imprimer suffisamment d'exemplaires pour répondre à la demande. Alors seulement je commence à comprendre la réelle portée de cette histoire.

Le jour J arrive enfin, et Ray et moi sommes invités à New York pour l'occasion. C'est devenu une tradition : le prochain livre du Book Club d'Oprah Winfrey est annoncé dans la grande émission matinale de CBS, animée par Gayle King. Quoiqu'étant née à Boston, et quoique travaillant désormais dans l'édition, je n'ai encore jamais mis les pieds à New York de ma vie. Comme je n'ai pas le droit d'expliquer à quiconque les raisons de ce voyage, je me contente de dire que j'y vais pour le travail. Il se trouve que Dylan lui aussi a une obligation professionnelle là-bas, nous en profitons pour y passer deux jours ensemble avant qu'il ne reparte. Ray loge dans le même hôtel que moi avec son meilleur ami, Lester. Doug est venu en famille, il nous rejoint le matin de l'émission avec l'éditeur du livre. Nous partageons un petit-déjeuner tous les cinq avant d'entrer dans les locaux de CBS.

Cette matinée entière me paraît surréaliste. Mais tout est bien réel – et c'est fabuleux. Ray s'installe sur le plateau avec Gayle King et Oprah. Doug, Lester, l'éditeur et moi restons derrière une vitre où nous assistons à tout l'enregistrement en direct. Mon cœur bat à tout rompre, mais Ray semble aussi serein que d'habitude. Derrière lui s'affiche une gigantesque reproduction de la couverture qui recouvre un mur entier du studio. On y voit le titre, son nom – et juste en dessous : le mien.

Oprah m'adresse un petit signe de la main. Je lui retourne son salut.

Je la regarde, pour de vrai, et il me semble que tout m'est pardonné puisque pour moi Oprah Winfrey est la juge ultime de la culture dans ce pays. Si Oprah me valide, c'est le pays entier qui me valide.

Ray se révèle si passionnant que l'animatrice décide de le garder en plateau pour la séquence suivante. Quand il nous rejoint lors de la pause publicitaire, il me prend dans ses bras. Je n'ai pas fini de lui dresser la liste de mes compliments quand arrivent Gayle King et Oprah. Ray fait les présentations. Il me présente à Oprah comme sa coautrice, et elle m'adresse un grand sourire. Je lui dis : « Bonjour » sans rien trouver à ajouter. Trop intimidée.

— Vous avez fait un sacré boulot, me dit-elle. Vous êtes une autrice incroyable.

Voilà. Je peux mourir désormais. Ma vie a trouvé sa justification ultime.

— On prend une photo pour immortaliser ça ? propose-t-elle.

Un instant plus tard je me retrouve flanquée de Gayle et d'Oprah, toutes deux vêtues de jaune tandis que, les joues rougies, j'ai un sourire jusqu'aux oreilles. Doug prend les photos avec son téléphone.

Cette scène passe en coup de vent : Gayle doit retourner sur le plateau, et Oprah doit reprendre sa vie d'Oprah. Mais au moment où nous allions partir, un assistant vient nous annoncer que nous sommes invités à déjeuner avec la grande dame.

Dans une heure, je serai une femme qui déjeune avec Oprah Winfrey.

Nous patientons dans le hall de CBS, et notre occupation est toute trouvée : mon téléphone comme celui de Doug sont saturés de messages de gens qui ont vu l'émission. Le coup est parti.

— Cette table vous convient-elle ? me demande le manager du restaurant quand j'entre la première.

Toute l'arrière-salle a été réservée pour préserver l'intimité d'Oprah Winfrey. Je ne sais que répondre – et soudain je me souviens qu'en prison, jamais personne ne veut s'asseoir le dos à la porte. Alors je choisis une table sur le côté, afin qu'Oprah puisse voir qui entre et sort de la pièce.

Elle choisit la place que je lui réservais, et m'assoit à ses côtés. Quand le serveur vient prendre notre commande, elle lui désigne Ray.

— Savez-vous qui est cet homme ?

— Euh... Non, désolé.

— Eh bien, vous n'allez pas tarder à le savoir. Et croyez-moi, vous aurez envie de le connaître.

Elle commande du champagne pour toute la table, et nous portons un toast au héros du jour.

— Je vais me poster sur la Cinquième Avenue et présenter ce livre à tous les gens qui passent, dit-elle en levant son verre. Ce livre sera un best-seller !

Le déjeuner se passe dans une excellente humeur. Doug, Gayle, Ray et Lester se sont lancés dans une grande conversation que je ne parviens pas à suivre car je suis assise à côté d'Oprah. Depuis le début, elle n'a cessé de me gratifier de commentaires privés sur les échanges en cours, et je bois ses paroles comme une vraie fan.

Elle me raconte qu'elle a adoré le livre, mais que son équipe était réticente à le sélectionner parce qu'il était déjà question de prison dans le précédent roman du Club.

— Et vous savez ce que je leur ai dit ? me demande Oprah.

Je me le demande, en effet.

— Je leur ai montré le nom de notre entreprise au-dessus de la porte et je leur ai demandé : « Vous voyez votre nom écrit, là ? Non. C'est mon nom, et voici le livre que nous allons sélectionner ce mois-ci. » Ils ont fini par le lire, et ils m'ont donné raison.

Elle se penche vers moi et me murmure :

— C'est ça le pouvoir, Lara. Le vrai pouvoir.

Je me revois aussitôt parlant à Daddy du *vrai pouvoir* qui se doit d'être calme. Je regarde Oprah qui lance un nouveau toast, et je me dis que j'avais peut-être tort. Le vrai pouvoir, c'est le pouvoir de dire les choses à haute voix, et de contrôler sa propre histoire comme on contrôle une entreprise ou un organe de presse. Le vrai pouvoir, c'est celui de pouvoir mettre son nom sur les choses. Et de profiter de sa position pour mettre en lumière d'autres personnes, afin qu'à leur tour elles trouvent leur propre pouvoir.

Une petite foule commence à se réunir à la sortie du restaurant. Oprah parle maintenant à Doug d'une possible adaptation du livre au cinéma. Un instant plus tard, elle alertera Ray sur ces cousins de cousins qui risquent de le contacter dans les semaines qui viennent pour lui demander de payer leur facture d'électricité maintenant qu'il est célèbre. Elle a le don d'adapter son langage à chacun de ses interlocuteurs, et je comprends que ce don lui confère un pouvoir que Daddy ne peut même pas imaginer.

Je m'échappe un peu de la scène comme si je regardais tout cela de l'extérieur, et je prends conscience que je n'ai aucune idée de ce que je veux faire une fois ce moment de gloire passé. Tout passe si vite. La vie est étrange, elle vous brise le cœur, vous dépose en haut d'une montagne, et peut soudainement faire de vous une autre personne.

J'ai joué tant de rôles jusqu'ici : épouse, mère, agent immobilier, coach de base-ball, parent d'élève, amoureuse, combattante, toxicomane, voleuse… Et maintenant, écrivaine – ou plutôt, plume. J'ai endossé des dizaines de personnalités dans les livres que j'ai écrits pour d'autres – sans compter les différentes casquettes que j'ai portées à l'agence, dans ma frénésie de travail. Tout ce temps passé à chercher une validation, comme si je voulais absolument prouver ma valeur au monde et effacer mes fautes passées.

Et soudain je réalise que ce chemin-là est sans fin et que même la reconnaissance d'Oprah Winfrey ne sera jamais suffisante. Je suis fatiguée de jouer un rôle, de prétendre être une autre que celle que je suis, ici et maintenant. Qu'on m'aime ou qu'on me déteste, qu'on me loue ou qu'on me critique, cette Lara-là est la seule qui existe vraiment. C'est elle que je dois trouver, elle est là, à l'intérieur de moi, et je vais passer le reste de ma vie à la chercher.

Le temps que nous finissions notre repas, *Dehors, le soleil brille* s'est hissé en tête des ventes de livres sur Amazon.

— On l'a fait, me dit Ray dans le taxi qui nous ramène à notre hôtel après un moment de silence.

— Tu peux le dire, oui.

Nous nous regardons dans les yeux, et nous éclatons de rire. Ni lui ni moi n'avons de mots à mettre sur ce que nous ressentons. Des larmes me montent aux yeux. Nous étions si loin de ça, tous les deux, et maintenant nous voilà ici, ensemble. Il se penche vers moi, je me penche vers lui, et sur le siège arrière du taxi nous nous prenons dans les bras l'un de l'autre.

Il a passé des années dans le couloir de la mort. J'ai passé une nuit avec un drap de prison noué autour de mon cou. Aujourd'hui, nous sommes au sommet des ventes de livres.

***

Vingt-quatre heures plus tard, je suis de retour chez moi, à laver le linge et à balayer les poils de chien par terre. J'ai passé tout le vol New York-San Francisco à me repasser en boucle les paroles d'Oprah, mais ce déjeuner avec mon idole paraît déjà bien loin.

Il me reste encore tant de travail à faire sur moi-même. Je croyais devoir convaincre le monde entier que je valais mieux que la criminelle que j'ai été un jour, mais c'est surtout moi que je dois convaincre.

Le monde extérieur, lui, m'abreuve de validations. Maintenant que j'ai approché de près Oprah Winfrey, de vieilles amies que je n'avais pas vues depuis dix ans me couvrent d'éloges. Les gens veulent me revoir. Les gens veulent déjeuner. Les gens veulent savoir qui je suis.

Mais tout cela me semble si vain, désormais. Je ne veux pas que l'on m'accepte parce que soudain la vedette ultime de la télévision américaine m'a adoubée. Ce genre d'amitié superficielle ne m'intéresse pas. Je veux de vraies relations. Un vrai cercle d'amis. Et dans le même mouvement, je me rends compte que je n'ai plus envie de fuir Santa Cruz. Je veux rester ici, et m'y faire ma place. Hawaï est une destination idéale pour le tourisme, mais la tentation de m'exiler appartient désormais au passé.

***

Comme pour ancrer cette nouvelle décision, nous partons bientôt en vacances à Hawaï avec Kaden, Sam et Chase. Nous filons directement de l'aéroport à la plage, où Chase et Kaden s'essaient au surf tandis que Sam et moi les observons de loin. Soudain, sans prévenir, la mer se gonfle. Les vagues deviennent énormes et déferlent en interminables rouleaux. Chase parvient à regagner le rivage, mais Kaden a du mal, accroché à sa planche. Les vagues s'écrasent sur lui et le poussent vers le large. Rien ne m'y a préparée, et voilà que sur cette plage se joue le cauchemar qui hante mes nuits depuis mon arrestation : un enfant qu'on me retire sans que je puisse rien y faire. Mais ce n'est pas un rêve. La situation est bien réelle, et elle est grave. Je regarde comme au ralenti le surveillant de baignade sauter de sa tourelle pour se ruer dans l'eau, Sam sur ses talons. Un autre baigneur tente d'atteindre Kaden de son côté. Tout le monde s'est levé sur la plage pour observer la scène, mais je n'ai pas la force de supporter ça. Je n'arrive même plus à respirer. Je me retourne et ferme les yeux.

Je suis lâche. Je suis faible. J'ai peur.

Quelques secondes plus tard, je me force à regarder l'océan et la réalité en face. Sam, le sauveteur et le troisième homme ont rejoint Kaden. Ils le tiennent bien, mais doivent encore lutter contre les vagues pour regagner la terre ferme. Au moins, il n'est plus tout seul. Je reste là sur le sable au soleil, et je prie pour qu'ils rentrent sains et saufs.

Il n'y a pas si longtemps, j'aurais tout fait pour lui cacher ma peur. Mais quand Kaden pose le pied sur la plage, je me précipite vers lui et le prends dans mes bras.

— J'ai eu si peur, je sanglote. Tu vas bien ? Oh mon Dieu…

Il tremble encore et se plie à mon étreinte mais ne tarde pas à s'en dégager.

— Tout va bien, m'man, c'est bon.

— Je n'ai pas pu regarder, j'avais tellement peur… Je suis désolée.

Mes pleurs redoublent, un cercle de badauds se forme autour de nous et Kaden retrouve sa fierté adolescente.

— C'est bon, je te dis, ça va !

Ma sollicitude lui fait plus honte qu'un sauvetage en direct devant une plage entière.

Je le laisse tranquille et reviens en silence vers nos serviettes pour ranger nos affaires. De retour à notre voiture de location, Sam ouvre le coffre, glisse les planches de surf et monte à l'avant avec Chase.

Kaden et moi restons tous les deux devant le coffre encore ouvert et je le prends dans mes bras à nouveau. Cette fois, il pose sa tête sur mon épaule.

— Je t'aime, dit-il. J'ai eu trop peur, moi aussi.

— Je suis désolée, mon grand poussin. J'étais terrifiée, je t'aime tellement…

Nous restons ainsi un instant immobiles, pleins de sable et encore secoués, mais ensemble.

— Tout va bien, dis-je. Tu t'en es sorti, c'est fini.

***

Depuis cette année qu'il a passée loin de moi, je n'ai cessé de guetter les signes de trauma chez Kaden.

Un jour, alors qu'il était en sixième, il m'a dit qu'il avait un secret qu'il ne pouvait pas me révéler, et aussitôt j'ai craint le pire. Aurait-il été abusé pendant les quelques nuits qu'il a passées dans un foyer d'accueil avant que Bryan et Darcy ne l'accueillent chez eux ? J'ai supplié ses grands frères de mener l'enquête : il s'est avéré que Kaden avait embrassé une fille sur la joue.

Jour après jour, j'ai tâché de repérer tout ce que cette année avait pu briser en lui – et même si rien de saillant ne se manifestait, je restais sur mes gardes, prête à faire face le jour où le traumatisme referait surface.

Après dix ans, je m'apprêtais à conclure que Kaden s'en est sorti indemne, et voilà que soudain, sans le moindre signe avant-coureur, mon petit dernier devenu adolescent développe une anxiété paralysante. Il a peur d'être kidnappé. Il ne peut plus s'endormir dans le noir. Même descendre au rez-de-chaussée pour se servir un verre d'eau devient difficile. Du jour au lendemain, il cesse de sortir avec ses amis, puis de sortir tout court, submergé par ses peurs.

Je l'emmène aussitôt consulter un psy, nous tentons l'EMDR et la thérapie par les plantes, mais rien n'y fait. Est-ce lié aux hormones de l'adolescence ? Est-ce une simple phase à traverser, ou les prémices de troubles mentaux avec lesquels il va devoir composer toute sa vie ? Impossible de le savoir. Tout ce que je sais, c'est que l'anxiété est bien réelle, tangible, bien trop puissante pour que le seul amour d'une mère puisse la vaincre. Je n'ai jamais vu ça chez personne, et rien ne semble l'apaiser. Je me sens à la fois coupable et impuissante.

Nous en parlons souvent, lui et moi, et il répète que nous devrions déménager. Nous habitons encore cette maison que nous avions si péniblement trouvée après avoir quitté la maison de Doug – la seule dont le propriétaire ne se souciait pas de mes antécédents judiciaires. Louer une autre maison me semble impossible. Mais Kaden insiste. Il m'envoie même des listes de maisons à vendre.

— Nous ne pouvons pas acheter de maison, Kaden, lui dis-je.

— Et pourquoi pas ?

— Nous n'avons pas l'argent nécessaire. Et les banques ne m'accorderont pas de prêt. Les maisons sont trop chères par ici, ça n'est pas possible.

Mais quand je raconte à Doug l'anxiété persistante de Kaden et ses envies de déménagement, il voit la chose autrement.

— Tu devrais peut-être l'écouter, me dit-il.

— Mais je ne peux pas acheter de maison, Doug. Je n'ai pas cet argent, et ma note de crédit est toujours abyssale, tu te souviens ?

Il sourit comme il le fait toujours quand il entrevoit une solution que les autres n'avaient pas envisagée.

— Tu pourrais adosser ton emprunt à ton intéressement à venir sur les profits de l'agence…

— Sérieusement ?

— Très sérieusement.

Le soir même, Sam et moi veillons tard en dressant la liste de tout ce que contiendrait la maison de nos rêves. Des chambres pour les enfants, un bureau pour moi, un jardin avec de l'espace pour le chien et un atelier pour Sam. Le lendemain, nous demandons à Kaden et aux enfants de Sam de se prêter au même exercice.

Une semaine plus tard, à la veille d'Halloween, une amie

d'amie qui travaille dans l'immobilier me parle d'une maison à vendre. Le terrain s'étale sur deux hectares, et la maison coche toutes les cases de notre liste. Le week-end de Thanksgiving, nous faisons une offre, avec un prêt sur trente ans.

Jamais encore je n'avais possédé de maison en mon nom. Sam et moi allons ensemble signer les papiers à la banque, et en m'engageant sur les trois prochaines décennies, je prends conscience que je suis passée dans une autre dimension. Et ce n'est pas seulement une question d'argent. De responsabilité, aussi. En signant, je m'engage à vivre toutes ces prochaines années dans la stabilité – et j'intègre à nouveau le club des voisins respectables qui travaillent chaque mois pour payer leurs traites, loin de la drogue et de la prison. Le club des voisins respectables. Cette maison sera ma résidence permanente. Elle aura coûté cher, mais à mes yeux elle vaut encore bien plus.

Dans le week-end qui suit notre emménagement, je cherche Kaden sans le trouver, et je commence à paniquer.

— Sam, je ne trouve pas Kaden ! je crie depuis l'étage.

— C'est normal : il est sorti promener le chien.

— Qu'est-ce que tu veux dire ?

— Je veux dire qu'il est dehors et qu'il se promène. Avec un chien au bout d'une laisse.

Neuf mois sans parvenir à sortir de sa chambre, et le voilà qui s'aventure dans notre nouveau quartier ? Je n'arrive pas à y croire. J'attends son retour avec impatience, et m'efforce de faire comme si tout était normal.

— Alors, c'était comment ?

— Cool.

— Et tu as bien dormi, la nuit dernière ?

— Ben, oui.

— Mais alors, cette anxiété…

Il y avait encore de l'angoisse dans ma voix, alors je répète ma question avec un ton plus nonchalant. Cela fait rire Kaden.

— Je t'avais dit qu'il fallait qu'on déménage, maintenant c'est bon. Arrête de t'inquiéter pour rien comme ça, oh là là !

Il campe une telle caricature d'ado de 14 ans que je me mets à rire, et quand il lève les yeux au ciel je ris de plus belle.

***

Tous les garçons et leurs petites amies convergent vers notre nouvelle maison pour Noël. Dans un flash, je me revois au bloc G, quand pour garder espoir je formais des rêves fous d'une maison pleine de joie, de rires et de soleil. Il aura fallu une décennie, mais cette maison est finalement là. Et elle n'a pas seulement permis de guérir l'anxiété de Kaden : elle fait beaucoup de bien à la mienne aussi.

Je sais maintenant que si je continue à travailler comme je le fais, et comme j'aime tant le faire, personne ne pourra jamais me prendre cet endroit. J'y suis en sécurité, j'y suis entourée, j'y suis bien. J'avais toujours rêvé d'avoir un endroit qui soit vraiment à moi quelque part sur cette terre, et maintenant je l'ai.

Kaden et moi continuons de grandir. Et pour la première fois, en allant chercher le dessert, je me prends à penser que tout ira bien désormais, pour lui comme pour moi.

Chapitre 22

LA PIRE CHOSE QUE VOUS AYEZ JAMAIS FAITE

Qu'est-ce qui m'est donc passé par la tête ?

C'était une chose, quand j'étais encore dans l'euphorie de ma rencontre avec Oprah, de décider de reprendre le contrôle de mon histoire et d'arrêter de me soucier de ce que pensent les autres. C'en est une autre de venir raconter mon histoire sur une scène. Me voilà pourtant dans les coulisses d'un amphithéâtre, et c'est peu de dire que je ne suis pas prête. Nous avons eu une autrice importante avec nous toute la semaine, et je n'ai pas eu l'occasion de répéter mon speech. Je ne suis même pas sûre de connaître mon texte par cœur. Une demi-douzaine de témoignages comme le mien doivent être enregistrés ce soir, destinés à rester sur YouTube jusqu'à la nuit des temps. C'est une soirée TEDx, sur le thème de l'espoir. À quelques minutes de monter sur scène, j'espère seulement ne pas vomir avant. Ou pendant.

J'ai compté sur Doug pour me convaincre de renoncer à la dernière minute. J'ai fait valoir que beaucoup de nos auteurs ne connaissaient pas mon passé, et que certains pourraient ne pas être contents.

— Lara, m'a-t-il répondu, je te dirai ce que j'ai toujours dit : si des gens hésitent à bosser avec nous à cause de ton passé, alors nous ne voulons pas travailler avec eux.

— Je sais, mais…

— Écoute, si tu ne le sens pas, tu peux toujours annuler. Mieux vaut pas de TEDx qu'un mauvais TEDx.

Il savait très bien ce qu'il faisait en titillant mon esprit de compétition.

— Je peux le faire, j'ai dit. Donne-moi quand même quelques heures pour me préparer, histoire de ne pas me ridiculiser en plus de m'humilier en public.

Doug a ri.

Un peu plus tôt dans l'année, je suis allée voir une chamane, qui m'a dit que j'avais besoin d'un *recouvrement d'âme*. Je n'avais jamais entendu parler de ça.

— Il arrive qu'une part de notre âme se détache, m'a-t-elle expliqué. Ça peut arriver pendant l'enfance, ou après un traumatisme. Je peux tenter de pénétrer ton âme, et restaurer ton intégrité énergétique.

Je ne comprenais toujours pas vraiment de quoi il était question, mais si mon âme s'était éparpillée, je voulais bien en récupérer tous les morceaux. Être *entière* à nouveau, ça me parlait.

Elle m'a allongée sur une table, elle a fait tinter des objets étranges au-dessus de moi, et m'a dit qu'avant ma naissance en ce monde, mon âme avait signé un contrat.

— J'ai signé quelque chose ?

— C'est encore flou… Je ne sais pas très bien ce que cela signifie, mais cela aura peut-être du sens pour vous…

— Dites-moi.

Elle m'a regardée comme en s'excusant par avance.

— Il est question d'aller sur scène en n'étant personne.

— Qu'est-ce que ça veut dire ? C'est une bonne chose, ou une mauvaise ?

— Le contrat, c'est quelque chose que vous vous engagez à apprendre à faire dans cette vie-ci. C'est toujours quelque chose de difficile.

— Et… je ne peux pas le casser, ce contrat ?

— Une fois que vous avez appris ce que vous deviez apprendre, plus besoin de casser le contrat. Vous avez rempli vos obligations, vous êtes déliée.

J'ai repensé à tous ces secrets que j'ai cachés ma vie entière, à ma solitude, à l'addiction, aux mensonges, à tous ces livres écrits sous d'autres noms que le mien. Tout ce qui, depuis tant d'années, me tenait à l'écart de ma propre vie.

Alors j'ai décidé que j'en avais assez d'être sur la grande scène du monde en n'étant personne. Assez de vivre dans la honte. Assez de vivre dans l'ombre de ce qui avait été la pire version de moi-même. J'ai décrété que j'étais prête à monter sur scène en étant moi-même.

Quelques mois plus tard, donc, me voici sur la scène de ce TEDx, prête à raconter pendant un quart d'heure tout ce que, pendant dix ans, je me suis évertuée à cacher.

Je raconte la voisine de l'enfer. D'autres versions de moi-même, aussi – toutes ces vies que j'ai vécues.

À un moment de mon intervention, je demande aux personnes présentes dans le public de penser à la pire chose qu'ils aient jamais faite… Puis de la raconter à la personne assise à leur droite.

Je les rassure vite :

— Non, nous n'allons pas faire ça.

Mais chacun sur son siège a eu le temps d'avoir peur, même une seconde. Comme si j'avais pu les voir tressaillir.

— Ce que vous avez ressenti, juste là, vous voyez ? Ça, c'est la honte. Celle avec laquelle j'ai vécu, jour après jour, pendant des années.

La honte est derrière moi, désormais. Et le public rit de soulagement.

Je leur parle aussi de tous ces obstacles qui brident la réinsertion après un séjour en prison. Je leur fais toucher du doigt combien il est difficile de franchir ces obstacles avec sur son dos le poids du jugement des autres, des rumeurs, de la honte. Je leur raconte, au fond, ce que j'avais le plus besoin d'entendre moi-même.

Que je ne suis qu'humaine, et que les humains font des erreurs.

***

L'expression « voisine de l'enfer » ne me fait plus peur. Je l'ai intégrée. Oui, j'ai été cette femme pour un temps, un bref moment dans ma vie. Mais je n'ai pas toujours été cette voisine, loin de là. Elle est loin, désormais. L'article du *Sentinel* n'a plus de pouvoir sur moi. Je le laisse glisser.

Pour la première fois depuis plus de dix ans, je viens de taper mon nom sur Google. Le *Sentinel* n'apparaît pas en premier. L'article est encore là, bien sûr, il sera toujours là, mais il faut descendre loin sur la page pour le trouver, désormais, et cela me semble juste.

Ce même jour, je prends la voiture et décide de faire un tour à Aptos. Jamais je n'étais repassée devant notre ancienne maison depuis mon arrestation. La pelouse est jonchée de jouets d'enfants. La petite clôture que nous avions montée nous-mêmes avec DJ montre des signes de fatigue, mais elle tient encore. Je roule lentement dans l'impasse, à l'affût d'un voisin qui me verrait. Je m'attendais à sentir un poids sur ma poitrine, j'étais prête à faire face à la honte qui reviendrait, à sentir la peur revenir.

Mais je ne ressens ni honte ni peur.

Ce n'est jamais qu'une maison parmi d'autres, dans un quartier comme un autre, où derrière chaque porte vivent des familles avec leurs propres difficultés, leurs zones d'ombre, et certainement ici ou là un peu de honte, et la peur qu'un secret ne soit révélé au grand jour.

J'ai été la voisine de l'enfer, c'est vrai. J'ai aussi été des dizaines d'autres personnes, dans des dizaines de livres.

J'ai vécu bien des vies, et j'en vivrai encore d'autres. Mais pour le moment présent, je ne suis que moi, tout simplement.

Je pense avoir accompli beaucoup de bonnes choses dans ma vie. Beaucoup de mauvaises, aussi. Elles ne s'annulent pas mutuellement ; elles cohabitent, voilà tout. Et j'ai fini par comprendre que le pire que j'aie jamais fait n'était pas de tomber dans la drogue, de voler ou de mentir. La pire erreur que j'aie commise aura été de bâtir mon identité autour des pires choses que j'avais pu faire. J'en ai voulu à tant de gens de ne pas être capables de regarder au-delà de mon passé – mais la première qui restait bloquée sur ce passé sans parvenir à voir au-delà, c'était bien moi.

Il y aurait tant à dire sur les failles de notre système judiciaire. Peut-on vraiment parler de « justice » ? En tant que société, nous exigeons bien plus que leur peine aux personnes que condamnent nos tribunaux. De cela, il faudrait que nous débattions. La façon dont nous traitons les gens les plus faibles dit qui nous sommes. Fondamentalement, je crois que c'est ce qui définit notre propre humanité.

Nous ne nous contentons pas de condamner tel ou telle à cinq ou dix ans de prison. Notre système transforme chaque jugement en un jugement à vie.

Chaque peine de prison est à perpétuité.

***

Je crois qu'aller en prison est ce qui m'est arrivé de mieux. Je suis une meilleure mère, une meilleure amie, une collaboratrice plus attentive. Et toutes ces expériences ont fait de moi une meilleure écrivaine.

J'ai menti et j'ai dit la vérité. J'ai été égoïste et généreuse. J'ai été intelligente et stupide. Je me suis haïe et j'ai appris à m'aimer. Je me suis battue pour retrouver l'estime de moi-même. Je l'ai longtemps cherchée dans les choses que je possédais, ou dans les yeux des autres. J'ai fini par la conquérir et elle est enfin là, solide, indépendante de ce que je peux faire ou ne pas faire.

Il y a de la liberté à accepter ainsi d'être toutes ces parties de moi à la fois – le bon et le mauvais, le plus beau et le plus sombre. J'ai longtemps tenté de me recréer une identité à partir des pires choses qu'on avait pu dire de moi. Aujourd'hui, je fais un autre choix.

Et je me rends compte que j'aurais pu faire ce choix plus tôt.

***

J'ai fini par devenir codirectrice d'Idea Architects. Puis, en 2022, j'ai fondé ma propre agence littéraire. Je l'ai appelée True Literary parce que je voulais ne retenir que ce qui me semble *vrai* – des livres et des histoires qui nous aident à rendre le monde meilleur, à le rendre plus accueillant. Certains, je le sais, trouveront ce projet un peu naïf. Je répondrai en empruntant les mots du Dalaï-lama : tel est mon *dharma*. J'ai choisi de vivre selon ma propre loi naturelle.

Je repense souvent aussi à ce que m'a dit Oprah à propos du *vrai pouvoir*. Et je me dis aujourd'hui qu'il ne s'agit pas seulement d'avoir son nom au-dessus de la porte. Il s'agit aussi d'utiliser ce pouvoir pour mettre d'autres personnes en lumière. J'aurai toujours un faible pour les perdants, les marginaux, les addicts, les hors-la-loi. Et je veux être là pour quiconque est prêt à transcender sa souffrance et en faire une histoire susceptible d'inspirer lectrices et lecteurs. Je suis reconnaissante à toutes les personnes qui m'ont soutenue quand j'étais au plus bas ; je veux leur rendre la pareille en faisant de même pour d'autres, chaque fois que je le peux.

***

Mes trois aînés sont des adultes, maintenant. À l'heure où j'écris ces lignes, Kaden est sur le point d'entrer à l'université. Il ne se souvient plus vraiment de ce jour où des inconnus l'ont emmené loin de la maison d'Aptos. Il y a longtemps que je ne cherche plus à me racheter de ce moment douloureux, et lui ne me teste plus pour vérifier que je ne l'abandonnerai pas. Cette année que nous avons vécue séparés l'un de l'autre ne déteint plus sur notre relation, et elle ne hante plus mon sommeil.

DJ a fini par sortir du piège de la drogue. Il pratique désormais l'ultratrail, et se montre un bon père.

Sam et moi allons bientôt fêter nos dix ans de mariage, et chaque année qui passe nous rapproche un peu plus à mesure que j'accepte de me montrer vulnérable. Lui raconter une journée difficile, demander de l'aide quand je n'arrive pas à résoudre un problème, mettre sur la table nos désaccords pour mieux les dépasser : j'apprends tout cela avec lui comme on apprend une langue étrangère, et avec la pratique tout devient de plus en plus naturel. « Le troisième essai est le bon », dit-on souvent. C'est peut-être bien vrai.

J'habite une maison en désordre, pleine de bruits d'enfants et d'animaux, remplie d'amour. Mon besoin de m'échapper semble en voie de rémission. Je reste vigilante néanmoins, comme une abstinente qui se surveille. Mais pour l'heure, il n'y a nul autre endroit sur terre où je voudrais être. Je ne souhaite plus être personne d'autre que moi-même.

Et si ma vie d'aujourd'hui est un joyeux foutoir, c'est bien celle-là que je veux vivre, et aucune autre.

***

Remerciements

Accrochez-vous parce que ça risque d'être long. J'ai beau me définir volontiers comme une solitaire, il y a tant de personnes qui m'ont aidée à traverser ce grand huit...

Je veux d'abord remercier mon agent, mon ami, mon associé dans le crime (c'est une image), le premier qui a cru en moi et qui m'a ouvert un monde nouveau au moment où j'étais au plus bas : Doug Abrams. Si « merci » est la plus grande des prières, alors oui, sois remercié un million de fois, Doug !

Je tiens aussi à saluer mon autre agente – ma jumelle chic et choc, ma meilleure camarade de jeu, l'une des femmes les plus brillantes et les plus libres que je connaisse : Rachel Neumann. Quand je serai grande, je veux être toi ! Merci de m'avoir soutenue tout au long de l'aventure de ce livre, même quand j'en pleurais, et pour toutes ces fois où tu t'es contentée d'être là, une présence apaisante au milieu de la tempête.

Doug et Rachel font partie de ces gens qui rendent meilleures toutes les personnes qu'ils rencontrent. Je vous souhaite de croiser leur chemin un jour !

Un grand merci aussi à toute l'équipe d'Idea Architects : Janelle Julian, Mariah Sanford, Ty Love, Bella Roberts, Sarah Rainone, Mark Hitz, Jordan Jacks, Alyssa Knickerbocker, Kelsey Sheronas, Julia Shefcik, Staci Bruce, Stacie Sheftel, Kelly Miner, Andrew Mumm, Michael Matkin – et toutes les plumes que j'ai eu la joie de former et avec qui j'ai eu le bonheur de travailler. Je vous aime. Vous me manquez. Et vous avez ma reconnaissance éternelle pour tout ce que vous m'avez appris durant ces douze années.

Pour Eamon Dolan, mon éditeur chez Simon & Schuster : toi si brillant, si futé, à la fois doux et impitoyable, merci de m'avoir poussée hors de ma zone de confort quand il le fallait, de m'avoir rassurée quand j'en avais besoin... et de m'avoir appris à traquer toute « grandiloquence floue ». Je te dois toujours ce t-shirt ! Nous nous sommes choisis, et ce livre n'en est que meilleur. Tu me rends plus intelligente à chaque fois que nous parlons.

Merci à toutes celles et ceux chez Simon & Schuster qui ont cru en moi, et en ce livre : Jonathan Karp, Priscilla Painton, Tzipora Baitch, Lewelin Polanco, Beth Maglione, Sara Kitchen, Bri Scharfenberg, Alyssa diPierro, Omesha Edwards et Julia Prosser. Il y a tant de monde dans une maison d'édition qui travaille dans l'ombre sur le texte, la fabrication ou la commercialisation du livre. Je ne saurais vous citer tous et toutes, je ne connais pas toujours votre nom mais je sais que votre contribution a été importante – vous êtes le pont qui relie les auteurs à leurs lecteurs, on devrait vous ériger des statues.

Un grand merci également à Joseph Papa, de l'agence qui porte son nom, pour avoir accepté de me représenter en RP même si j'étais tout sauf une célébrité !

Merci à Scott Budnick, Ameet, Gabby, Katie, Lauren, Saul et toute l'équipe de One Community de vous être penchés sur mes traumas et d'avoir pensé que cela pourrait vraiment donner une série télévisée. Merci à Amy Welsh-Hanning et Mallory Edens d'avoir cru en ce projet et d'y avoir consacré votre passion, votre savoir-faire et votre humour. Un grand merci encore à Sylvie Rabineau et Elizabeth Wachtel, mes agentes chez WME pour l'audiovisuel, pour votre grand cœur et votre intelligence. Hollywood a besoin de gens comme vous !

Il n'a pas été facile d'écrire ce livre, et je dois une immense reconnaissance à toutes les personnes qui m'ont aidée à aller au bout. Merci à vous, amis, écrivains, lecteurs de mes premiers jets et soutiens de mes nuits blanches, pour vos conseils précieux et vos encouragements. Je tiens à citer ici Eileen Burke-Woodward, Heidi Rielly, Bill Rielly, Clifford Henderson, Dixie Cox, Erica Smith, Jiminez, Lori Cressy, Lisa Smith (merci de m'avoir finalement admise dans un club de lecture), Noel Diop, Evy Poumpouras, Silvia Vasquez-Lavado, Jane Chen, Emma Nadler, Crystal Hefner, Benjamin Gilmer, Mark Daley, Karen Sparks, Ren Ligon, Ben McBride, Eldra Jackson, Aaron Shulman,

Robert Waldinger, Ethan Kross, Jim Doty, Dave Evans, Bill Burnett, Cynthia Chase, Cassandra Byard, Tracy Van Hoy, Irene Tsouprake Holombo, Peggy Callahan, Boo Prince, Alexandra Metzler, Chris Metzler, DNA, Kristy Gateley, Carly O'Brien… Il y en a tant d'autres que je pourrais écrire un livre entier rien qu'en citant les noms de celles et ceux qui ont été là pour moi, quand j'ai enfin décidé de raconter cette histoire. Merci encore pour m'avoir aidée à trouver l'humour dans la tragédie… et à trouver un peu de sens dans tout ça.

Un merci tout spécial pour Bryan Stevenson et Anthony Ray Hinton, mon cher ami. Vous êtes pour moi une source d'inspiration inépuisable !

Avant d'entamer l'écriture de ce livre, je suis partie à Soltara, au Costa Rica, avec une vingtaine de parfaits inconnus. Nous avons partagé une semaine entière d'élucubrations mentales que peu de gens pourraient comprendre. Megan, Mike, Luke, Tariq, Will, Liz, Weslie, Bronson, Rachel, Banay, Irene, Phil, George, Anthony, Kazu, Bree, Beth, Alan et les deux Catherine – vous restez dans mon cœur !

Et merci à Kenton Bell pour l'animation, les rires et les conseils – et pour m'avoir rappelé que j'avais déjà en moi tout ce dont j'avais besoin.

Je veux enfin (gardez votre ceinture encore un instant !) remercier ma famille. Je commencerai par ma « nouvelle famille » (merci aux tests ADN – mais c'est une autre histoire, et un autre livre) : mon père, Dave Lawrence ; ma sœur, Shelley Welander ; mes deux nouveaux frères, Kevin et Craig Lawrence ; et mon beau-frère, Cam. Sans oublier ces sept neveux et nièces dont j'ai si longtemps ignoré l'existence : Copper, Ever, Jasper, Ella, Grace, Sofia et Mackenzie. Nous nous sommes retrouvés bien tard mais nous nous sommes reconnus instantanément, et vous m'avez donné le plus beau cadeau de ma vie d'adulte : une famille, une vraie. Vous êtes présents dans mon cœur, chaque jour.

Aux quatre enfants à qui j'ai donné naissance : Dylan, Cody, Ty et Kaden : je vous aime tant, et pour toujours. Vous êtes quatre jeunes hommes extraordinaires, malgré le bazar dans la vie de votre mère – merci, merci encore pour ce que vous êtes, pour votre pardon, et votre amour inconditionnel. Je n'oublie pas les enfants dont j'ai eu la chance d'être la belle-mère : Hailey, Logan, Chase et Dahlia, merci de m'avoir laissée être le parent-en-plus dans vos vies à mesure que vous grandissiez. Je vous aime de tout mon cœur.

Le mot de l'éditeur

Ce livre m'a été conseillé par Aaron Schulman qui fait le même métier que Lara : il aide les autres à raconter leur histoire. Je suis rentré dedans dès les premières pages, et ce paragraphe a tout emporté :

« La réinsertion est un casse-tête quasi insoluble. Pour rester en liberté conditionnelle, il faut trouver un travail. Pour trouver un travail, il faut remplir un dossier et cocher la case "Casier judiciaire", qui empêche de trouver un travail. Et si vous y arrivez quand même, il vous faudra un toit pour être à l'heure chaque matin. Mais pour avoir un toit, il faut d'abord trouver un travail. Le système tout entier est une absurdité, et pour quel résultat ? Les anciens prisonniers ont dix fois plus de chances que les autres de se retrouver SDF, et les SDF ont onze fois plus de chances d'être envoyés en prison. »

Je me suis dit qu'il fallait que ce livre soit lu. On n'aime pas trop réfléchir à la situation des prisonniers. Et là, on la ressent de l'intérieur. Si vous pensiez comme moi, comme Lara, que la prison permettait d'effacer sa dette pour repartir vers autre chose, ce livre remet les idées en place. Peut-être pourra-t-il contribuer à changer les choses ?

Tout y est vrai, le beau, le moche, et même l'épilogue survenu après la sortie aux États-Unis. Nous venions d'acheter les droits, quand Lara reçoit un coup de fil d'Oprah Winfrey. Elle est sélectionnée pour son club de lecture, une consécration pour un témoignage comme celui-ci, et son livre monte tout en haut des meilleures ventes du *New York Times*. Toutes les histoires ne finissent pas aussi bien, mais celle de Lara résonne comme une alerte : nous devons nous battre pour le droit à une seconde chance.

Si vous parlez anglais, vous avez droit à un bonus : un épilogue à l'épilogue, sorti trop tard pour cette édition, qui raconte les derniers développements depuis la parution du livre aux États-Unis, et auquel vous pouvez accéder par le QR code ci-dessous. Et pour ceux qui se demanderaient si les choses sont différentes en France, la postface de Dominique Simonnot nous rappelle que si le costume varie – pas d'orange dans nos prisons –, la situation reste proche des deux côtés de l'Atlantique.

J'espère que la lecture vous a plu. Si vous en êtes là, c'est bon signe. N'hésitez pas à en parler autour de vous !

François Saugier
L'arbre qui marche

POSTFACE

Et si Lara Love Hardin avait vécu en France

Par Dominique Simonnot
Contrôleuse générale des lieux de privation de liberté

Vous venez d'achever ce livre, j'espère que vous avez aimé Lara Love, son nom et son histoire tous deux extraordinaires. J'espère que vous avez frémi au récit de sa prison, et si vous vous demandez quel sort aurait été le sien dans des cellules françaises, il me revient de vous l'exposer. Son « profil » d'abord. Il n'est guère différent de ceux des femmes que le Contrôle général des lieux de privation de liberté rencontre dans les geôles d'ici. Une enfance affreusement cabossée, faute d'amour. Un frère et une sœur morts jeunes d'accident et de drogue, un frère « fou » et aucun souvenir heureux. Pas de souvenir du tout, d'ailleurs. Excepté cette sensation d'avoir vécu de violences et d'abandon. Très brillante, Lara, première étudiante de sa famille, verse vite dans la drogue et les larcins. De plus en plus, jusqu'à devenir une maniaque de l'escroquerie sans que rien ni personne ne la retienne, ne l'en empêche, ne l'aide. Là non plus, rien de bien différent. Mère de famille, elle décroche de temps à autre, replonge, et, à force, atterrit en prison.

Aux États-Unis, comme ici, les femmes sont bien mal récompensées de se tenir mieux que les hommes, ne représentant que 10,2 % des *inmates* ou détenues, et encore moins en France, avec 3,5 %. Malgré ce faible nombre, elles sont enfermées dans des lieux suroccupés. « Ils installent des cloisons entre les lits, c'est illégal mais ils s'en foutent », relève Lara dans sa prison peuplée à 200 %. Exactement comme ici, où l'inertie du gouvernement face à la surpopulation carcérale ne connaît pas de sexe. Il est d'ailleurs surprenant que si peu de voix féministes s'élèvent pour défendre la condition des femmes incarcérées.

Commençons par le début et l'arrivée en cellule. Ne pas oser aller aux toilettes, d'abord. Se retenir jusqu'à défaillir. Et puis...

Lara manque vomir à la vue des WC répugnants et des douches immondes, contrainte de satisfaire ses besoins naturels devant les autres, dans sa cellule bondée du quartier dit « Périphérique ». Même constat ici, où tant de femmes font part de leur humiliation, de leur dégoût de ces douches aux sols rendus glissants par des couches de crasse et des fissures, dont s'échappent des filets d'eau. Et cette trouille qui saisit avant d'y entrer, puisque c'est là, entre autres, que peuvent se régler certains comptes. Et ces coups de fil passés du téléphone commun, devant toutes, entendus par toutes... Ici, là-bas, tout est pareil, tout est honteux. De même qu'ici, dans certaines prisons, les femmes, durant leurs règles, se voient obligées de retirer et de montrer aux surveillantes leurs sanglantes protections menstruelles. Rien que d'imaginer la scène file la rage, non ? La fouille de cellule où « après tout est en l'air », raconte Lara, pourrait être celle de beaucoup de captives ici.

Quant aux cours de promenade, minuscules, elles offrent, grandes ou petites, les mêmes angles morts aux caméras de surveillance. Très pratique ! Pour se venger, pour frapper, mais aussi pour fumer, puisque là-bas – et non ici – le tabac est proscrit. Interdit mais pas inaccessible, loin de là. Il suffit de connaître les combines et les bonnes personnes. Il suffit d'arrangements, de paiements et aussi de corruption. C'est partout la même chose et pour tout. La drogue, entre autres, y circule dedans comme dehors. « Rester clean est un défi », souligne Lara. Un vrai défi, oui, d'une rive de l'Atlantique à l'autre. Combien de fois des juges lancent-ils à l'audience « Au moins en prison vous serez sevré ! » ? Quelle bonne blague ! On y trouve de tout : comprimés, poudres en tout genre, shit, amphétamines... La taule est pleine de trous par où passent les produits. Ici, on parle de yoyo pour ces fils qui volettent de fenêtre en fenêtre, attrapés par leurs destinataires et qui contiennent tant de « bonnes choses » interdites. Là-bas on appelle « avions » ou « sandwiches » les messages ou autres, dissimulés dans les plateaux-repas, quand ici, on parle de « fax » ? Ça se ressemble furieusement, pas vrai ? Et ces bagarres, ces trahisons, ces méchancetés, ces amitiés, ces amours, cette immense solidarité aussi, sont les mêmes ici et là-bas. La « bonne conduite » en amène certaines, ici et là-bas, à accéder enfin à un quartier plus apaisé, plus libre, où l'on peut travailler, jardiner, cuisiner. La carotte et le bâton. Les suicides et le désespoir. La volonté forcenée de s'en sortir. Tout cela relève du ressort humain.

Mais la sortie, c'est un peu autre chose. L'Amérique, de ce qu'en rapporte Lara Love, est un paradis de bureaucratie. Ne pas s'approcher de tel endroit, cela existe en France. Mais obéir à des obligations qui se contredisent entre elles, c'est plus rare. Entre autres, appeler trois contrôleurs chaque jour, alors que l'on n'a pas de téléphone, devoir se présenter sans cesse à un juge à 8 heures, quand on doit, à la même heure, travailler gratuitement à la prison, passer en permanence des tests. Et pointer au service de probation. Et parcourir, sans voiture, des dizaines de kilomètres. Et concilier ces horaires avec le reste ? Et encore chercher un « vrai » travail, quand on bosse huit heures par jour à la prison ? Mystère. En tout cas, un rendez-vous manqué et c'est le retour en prison. Ce qui, à force, finit par arriver.

Autre obstacle américano-français, le casier judiciaire, que tout futur employeur peut demander aux États-Unis, ce qui en France est interdit, mais se pratique par des moyens détournés. Ce casier qui, ici et là-bas, bannit de tout emploi public et d'autres professions, avocat ou chauffeur poids lourd, entre autres. À moins, en France, de le faire effacer, ce qui n'est guère aisé.

Ici, Lara verrait un seul conseiller pénitentiaire d'insertion et de probation, référent unique, et aux moyens trop pauvres, qui, plus ou moins régulièrement, ferait le point de ses efforts et démarches. Et possibilité de renvoi en cellule en cas de mauvaise volonté évidente, voire de rechute. Quant aux tractations avec les services sociaux pour récupérer les enfants, c'est un même calvaire, sauf qu'en France, et heureusement, un casier judiciaire n'interdit pas les allocations familiales – qui, rappelons-le, sont destinées aux enfants – alors que Lara Love doit supplier qu'elles lui soient à nouveau accordées.

C'est ainsi que ces pages bourrées d'absurdités, *made in USA*, renvoient à l'absurdité française, qui voit tous les jours l'immense majorité des détenus quitter une prison suroccupée « en sortie sèche ». Sans éducateur, munis d'un ticket de transport et d'un bon de secours. Au revoir, les gars, les filles, et surtout ne revenez pas hein ! Même si on a tout fait pour.

Merci à tous ceux qui ont participé
à la réalisation de ce livre.

Notre petite maison d'édition indépendante ne serait rien
sans l'aide éclairée de nos partenaires :

Traduction : Bertrand Guillot
Postface : Dominique Simonnot
Conception graphique et couverture :
Sébastien Jenger – Primo&Primo
Composition et mise en pages : Nord Compo
Relations presse : Anne Vaudoyer
Diffusion et distribution : Interforum
Impression : Normandie Roto Impression s.a.s.

Et surtout, merci à vous cher lecteur qui tenez ce livre
entre vos mains, car c'est grâce à vous
que notre aventure prend tout son sens !

Ce livre a été imprimé sur des papiers certifiés provenant de forêts durablement gérées, et par un imprimeur qui s'engage à réduire les impacts environnementaux liés à son activité.

Achevé d'imprimer en décembre 2024
sur les presses de Normandie Roto Impression s.a.s
Dépôt légal janvier 2025
ISBN : 978-99987-724-6-5
Numéro d'impression : 2405752

Imprimé en France